住房城乡建设部土建类学科专业"十三五"规划教材

房地产类专业适用
FANGDICHANLEI ZHUANYE SHIYONG

房地产经济

裴 玮 主编
邓培林 周朝林 主审

中国建筑工业出版社

图书在版编目（CIP）数据

房地产经济 / 裴玮主编. —北京：中国建筑工业出版社，2018.7

住房城乡建设部土建类学科专业"十三五"规划教材（房地产类专业适用）

ISBN 978-7-112-22324-4

Ⅰ.①房… Ⅱ.①裴… Ⅲ.①房地产经济学－高等学校－教材 Ⅳ.①F293.30

中国版本图书馆CIP数据核字（2018）第123617号

    本教材旨在以房地产经济运行规律和房地产资源配置为主线，对房地产经济的主要方面进行理论分析和探索。教材共分10章，第1~4章介绍房地产经济的基本理论——地租、区位和产权，第5~9章介绍房地产经济运行的基本规律，包括：房地产价格、房地产供给与需求、房地产市场、房地产金融和房地产税收，第10章介绍房地产周期与宏观调控。本书在编排结构时，既注重对房地产基本理论和知识的阐释，又注意结合中国房地产行业特性、制度特点和热点问题进行详解，对实践中的一些新动态做了很多阐述，既兼顾主要知识点的覆盖，又考虑高职和应用本科层次读者对内容的理解难度，尽可能做到专业性与通俗性的结合，以期反映我国近年来房地产经济实践中的新经验和房地产经济理论研究的新成果。

    本教材可作为房地产经营与管理、房地产检测与估价、物业管理、土地资源管理、工程管理等专业高职生和本科生的教材，也可作为房地产管理者及房地产研究者的参考读物。

    为更好地支持相应课程的教学，我们向采用本书作为教材的教师提供教学课件，有需要者可与出版社联系，邮箱：kejian_cabp@126.com。

责任编辑：张 晶 牟琳琳
版式设计：锋尚设计
责任校对：刘梦然

住房城乡建设部土建类学科专业"十三五"规划教材
房地产经济
（房地产类专业适用）
裴 玮 主 编
邓培林 周朝林 主 审

*

中国建筑工业出版社出版、发行（北京海淀三里河路9号）
各地新华书店、建筑书店经销
北京锋尚制版有限公司制版
北京建筑工业印刷厂印刷

*

开本：787×1092毫米 1/16 印张：18¼ 字数：419千字
2018年9月第一版 2018年9月第一次印刷
定价：38.00元（赠课件）
ISBN 978-7-112-22324-4
（32188）

版权所有 翻印必究
如有印装质量问题，可寄本社退换
（邮政编码100037）

教材编审委员会名单

主　任：何　辉

副主任：陈锡宝　武　敬　郑细珠

秘　书：陈旭平

委　员：（按姓氏笔画排序）

王　钊　邓培林　冯占红　刘　霁　刘合森

孙建萍　杨　晶　杨　锐　杨光辉　谷学良

陈林杰　陈慕杰　周建华　孟庆杰　章鸿雁

斯　庆　谢希钢

序 言

全国住房和城乡建设职业教育教学指导委员会房地产类专业指导委员会（以下简称"房地产类专指委"），是受教育部委托，由住房和城乡建设部组建管理的专家组织。其主要工作职责是在教育部、住房和城乡建设部、全国住房和城乡建设职业教育教学指导委员会的领导下，负责住房和城乡建设职业教育的研究、指导、咨询和服务工作。按照培养高端技术技能型人才的要求，围绕房地产类的就业领域和岗位群研制高等职业教育房地产类专业的教学标准，研制房地产经营与管理、房地产检测与估价、物业管理和城市信息化管理等房地产类专业的教学基本要求及顶岗实习导则，持续开发和完善"校企合作、工学结合"及理论与实践紧密结合的特色教材。

高等职业教育房地产类的房地产经营与管理和房地产检测与估价（原房地产经营与估价专业）、物业管理等专业教材自2000年开发以来，经过"优秀评估"、"示范校建设"、"骨干院校建设"等标志性的专业建设历程和普通高等教育"十一五"国家级规划教材、"十二五"国家级规划教材、教育部普通高等教育精品教材等建设经历，已经形成了具有房地产行业特色的教材体系。发展至今又新开发了城市信息化管理专业教材建设，以适应智慧城市信息化建设需求。

根据住房和城乡建设部人事司《全国住房和城乡职业教育教学指导委员会关于召开高等职业教育土木建筑大类专业"十三五"规划教材选题评审会议的通知》（建人专函[2016]3号）的要求，2016年7月，房地产类专指委组织专家组对规划教材进行了细致地研讨和遴选。2017年7月，房地产类专指委组织召开住房和城乡建设部土建类学科房地产类专业"十三五"规划教材主编工作会议，专指委主任委员、副主任委员、专指委委员、教材主编教师、行业和企业代表及中国建筑工业出版社编辑等参加了教材撰写研讨会，共同研究、讨论并优化了教材编写大纲、配套数字化教学资源建设等方面内容。这次会议为"十三五"规划教材建设打下了坚实的基础。

近年来，随着国家房地产相关政策的不断完善、城市信息化的推进、装配式建筑和全装修住宅推广等，房地产类专业的人才培养目标、知识结构、能力架构等都需要更新和补充。房地产类专指委研制完成的教学基本要求和专业标准，为本系列教材的编写提供了指导和依据，使房地产类专业教材在培养高素质人才的过程中更加具有针对性和实用性。

本系列教材内容根据行业最新政策、相关法律法规和规范标准编写，在保证内容正确和先进性的同时，还配套了部分数字化教学资源，方便教师教学和学生学习。

本系列教材的编写,继承了房地产类专指委一贯坚持的"以就业为导向,以能力为本位,以岗位需求和职业能力标准为依据,以促进学生的职业发展生涯为目标"的指导思想,该系列教材必将为我国高等职业教育房地产类专业的人才培养作出贡献。

全国住房和城乡建设职业教育教学指导委员会
房地产类专业指导委员会
2017年11月

前　言

伴随着多年来的快速发展，房地产业已经逐渐成为国民经济发展的基础性、先导性和支柱型产业，成为国民经济中一个重要的投资领域。但是，我国的房地产业和发达国家成熟的房地产业相比，还处于产业发展的初级阶段，存在着许多问题，发展还不平衡不充分，现实需要我们运用经济学的思维、视角和方法去研究、分析、解决这些问题。

房地产经济是一门研究对象独特、现实性强、新兴而引人注目的应用经济学科。任何个人、机构和部门都与房地产经济活动发生着直接联系。家庭的消费和投资选择、公司的投资和经营活动以及政府的经济政策和市场管制都离不开房地产经济理论的指导，房地产经济理论研究和实践探索日新月异。

作为一个房地产业、建筑业的相关从业人员，都应该掌握基本的房地产经济原理，要树立现代市场经济意识，切实提高对行业发展的科学判断、分析决策能力。因此，加强房地产经济基础知识的学习，对于完善房地产类相关专业学生的知识结构、培养学生经济分析思维和方法，至关重要。

为此，我们本着培养高素质技能型人才的宗旨，从房地产估价、经营管理、开发策划、营销经纪人员肩负的技术使命、经济使命和社会使命出发，着眼于房地产从业人员的实际工作需要进行编写了这本教材，力图展示现代房地产经济理论的先进成果，反映房地产经济运行的实际问题。本教材特点是博采众长、通俗易懂，注重理论联系实际，注重吸收最新的研究成果和发展动向，适合于房地产类专业专科、本科学生使用，也可供相关专业学生作参考用书。

本书由四川建筑职业技术学院裴玮副教授主编并负责全书的方案设计、总纂定稿。参与编写的人员依次为：成都职业技术学院黄晓懿博士（第1章、第10章），四川建筑职业技术学院裴玮副教授（第2章、第3章、第6章、第10章），四川建筑职业技术学院卢文桃讲师（第4章、第5章），四川建筑职业技术学院王艳博士（第5章、第7章），四川建筑职业技术学院向小玲讲师（第8章、第9章），成都职业技术学院李炼讲师（第6章、第10章）。裴玮副教授对第1、4、5、7章进行了修改完善。

尽管编者们在编写过程中作出了很多努力，但由于水平有限，书中错误和不当之处仍在所难免，望读者提出宝贵意见。

目 录

1 导论 /001

- 学习提要 002
- 案例引入 002
- 1.1 土地与房地产 004
- 1.2 房地产业及相关产业 017
- 1.3 房地产业与国民经济发展 021
- 1.4 房地产经济 022
- 本章实训 024
- 思考与练习 024
- 拓展知识 024
- 本章小结 026

2 地租理论 /027

- 学习提要 028
- 案例引入 028
- 2.1 资产阶级古典经济学地租理论 030
- 2.2 近现代西方经济学地租理论 035
- 2.3 马克思主义地租理论 037
- 2.4 社会主义地租 043
- 本章实训 048
- 思考与练习 049
- 拓展知识 049
- 学习资源 052
- 本章小结 052

3 区位理论 /053

- 学习提要 054
- 案例引入 054
- 3.1 区位论的产生及其发展 055
- 3.2 城市空间结构与功能分区 062
- 3.3 房地产业的区位选择 077
- 本章实训 083
- 思考与练习 084
- 拓展知识 084
- 学习资源 085
- 本章小结 085

4 房地产产权理论 /087

- 学习提要 088
- 案例引入 088
- 4.1 产权 089
- 4.2 土地产权和房屋产权 096
- 本章实训 112
- 思考与练习 113
- 拓展知识 113
- 学习资源 115
- 本章小结 115

5 房地产价格 /117

- 学习提要 118
- 案例引入 118
- 5.1 土地价格 119
- 5.2 建筑物价格 125
- 5.3 房地产价格类型与构成 127
- 5.4 影响房地产价格的因素 133
- 思考与练习 140
- 拓展知识 141
- 学习资源 142
- 本章小结 142

6 房地产需求与供给 /143

学习提要..144
案例引入..144
6.1 房地产市场需求....................................146
6.2 房地产市场供给....................................151
6.3 房地产供求均衡分析................................155
本章实训..158
思考与练习..159
拓展知识..159
本章小结..161

7 房地产市场 /163

学习提要..164
案例引入..164
7.1 房地产市场的类型和特点............................164
7.2 房地产市场结构....................................167
7.3 房地产市场体系....................................175
7.4 房地产市场运行机制与功能..........................181
本章实训..185
思考与练习..186
拓展知识..187
本章小结..188

8 房地产金融 /189

学习提要..190
案例引入..190
8.1 房地产金融的概念、特点和作用......................191
8.2 房地产金融市场....................................196
8.3 房地产证券化......................................202
本章实训..213
思考与练习..215
拓展知识..216
学习资源..216
本章小结..217

9 房地产税收 /219

学习提要	220
案例引入	220
9.1 房地产税收概述	221
9.2 我国的房地产税收制度	226
本章实训	242
思考与练习	244
拓展知识	244
学习资源	245
本章小结	245

10 房地产经济周期与宏观调控 /247

学习提要	248
案例引入	248
10.1 房地产经济周期	249
10.2 房地产经济宏观调控的含义	258
10.3 房地产经济宏观调控是市场经济的本质要求	262
10.4 房地产宏观调控的主要政策手段	264
思考与练习	276
拓展知识	276
学习资源	278
本章小结	278

参考文献 279

导论 1

土地与房地产　1.1
房地产业及相关产业　1.2
房地产业与国民经济发展　1.3
房地产经济　1.4

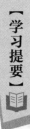

【学习提要】 本章主要介绍了房地产的特性和分类、房地产业与相关产业的关系、房地产经济的学科定位、研究对象和内容、房地产业在国民经济中的地位和作用。通过本章的学习,应掌握土地和房地产的基本概念及特性,了解房地产业的产业属性,能够判别哪些经济活动是房地产经济活动,并能利用市场经济运行原理分析房地产经济活动。

案例引入

我国房地产业的发展历程

中国房地产业受到建国初期社会经济条件的制约,长期处于停顿状态,直到改革开放以后才逐渐起步,并在经济高速增长的大形势下迅猛发展。回顾中国房地产业40年来的发展历程,大致可将其发展时期划分为以下六个阶段。

第一阶段:1978年至1988年

在这一阶段中,我国住房制度改革进入试点阶段,实行了三大改革:出售新、旧公房;住房商品化,实行综合开发,有偿转让和出售;租金改革。房地产市场经济、房地产业以此为契机迅速复苏。在1978年12月召开的党的十一届三中全会确定的"解放思想"战略方针的指引下,国家相继出台了"土地有偿使用"、"房屋商品化"、"住房制度改革"、"房地产综合开发"等重大政策,从而形成了房地产业赖以发展的四大政策支柱。1978年,明确提出城市建设实行"六统一",即"统一规划、统一投资、统一设计、统一施工、统一分配、统一管理"。1980年12月,国务院批转的《全国城市规划工作会议纪要》中指出:"实行综合开发和征收城镇土地使用费的政策,是用经济办法管理城市建设的一项重要改革。"根据这一精神,各地区的"统建办"纷纷变身为开发机构。1984年,六届人大二次会议政府工作报告中指出:"要着手组建多种形式的工程承包公司和综合开发公司。"1987年12月,深圳市在我国首次以拍卖方式转让土地使用权,揭开了土地供应市场化的序幕。商品房的问世,标志着我国房地产业的"零"的突破。在这一阶段,全国城镇综合开发商品房完成的投资逐年大幅增加。

第二阶段:1988年至1992年

1988年2月15日,国务院颁发《在全国城镇分期分批推行住房制度改革实施方案的通知》,决定从1988年起,用3~5年时间,在全国城镇分期分批把住房制度改革推开。2月25日,转发了国务院住房制度改革领导小组《鼓励职工购买公有旧房意见的通知》。8月,建设部于广州召开"沿海城市房地产工作座谈会"。到1989年底,全国的房地产开发公司由1986年的420家迅速增加到3000多家,完成开发工作量在200亿元以上,经营收入179.5亿元。1991年11月23日,国务院办公厅转发国务院住房制度改革领导小组《关于全国推进城镇住房制度改革意见的通知》（国办发〔1997〕73号）。至此，我国房改从分批分期转向全国推进，房地产业也相应地向前推进。改革的目标是把由国家、企业统包的住房投资体制转换成国家、集体、个人三方面共同负担的住房投资体制，并正确引导和改革房产开发的建设体制。明确了把向居民个人出售新旧公房作为推动住房商品化的基本措施之一，"新建住房以中小户型为主，先卖后租"，"公有旧住房按标准价出售，职工购买旧房5年后允许进入市场出售"，"大力发展经济实用的商品住房"等政策原则。同时，提出了"从改革公房低租金制度着手，将实物分配逐步改变为货币分配"和"确立政府对住房价格的有效调控和制约机制"的改革构想。这些改革政策，有力地改变着人们的住房消费观念，推动着住房商品化和房地产业发展的进程。1991年，建设部房地产业司编写出版了大型工具书《中国房地产业指南》，系统地阐明了房地产业的地位、作用、产业框架、四大政策支柱，以及生产、流通、消费各个环节的理论和实务，进一步奠定了房地产业的框架体系和理论基础。

第三阶段：1992年至1998年

1992年，邓小平同志发表南巡讲话，重申了深化改革、加速发展的必要性和重要性，极大地推动了我国社会主义市场经济的前进步伐。1992年11月，国务院发布《关于发展房地产业若干问题的通知》，指出"房地产业在我国是一个新兴产业，是第三产业的重要组成部分，随着城镇国有土地有偿使用和房屋商品化的推进，将成为国民经济发展的支柱产业之一"。并要求建立和培育完善的房地产市场体系。随之，房地产市场体系的重要环节——从20世纪80年代中期逐步规范的房地产交易中介服务代理得到了迅速发展，房地产经纪机构开始大量涌现。

第四阶段：1998年至2003年

这一阶段，房改工作取得了划时代的突破。1998年7月3日国务院颁发国发〔1998〕23号文件，规定从1998年下半年开始停止住房实物分配，逐步实行住房分配货币化。房地产经济与国民经济协调发展，市场供求两旺，商品房销售价格的走势与整体经济的状况也基本吻合。从住房供应来看，加快了建立和完善以经济适用住房为主的多层次城镇住房供应体系的步伐。对不同收入家庭实行不同的住房供应政策：最低收入家庭租赁由政府或单位提供的廉租住房；中低收入家庭购买经济适用住房；其他收入高的家庭购买、租赁市场价商品住房。为此，着手调整住房投资结构，重点发展经济适用住房（安居工程），加快解决城镇住房困难居民的住房问题。从住房金融来看，有了大的突破。1998年4月，中国人民银行出台《关于加大住房信贷投入，支持住房建设与消费的通知》，接着又发布《个人住房贷款管理办法》。所有商业银行在所有城镇均可发放个人住房贷款。从完善市场体系来看，物业管理（物业服务）得到强势推动。2003年6月，国务院发布《物业管理条例》。以建立业主自治与物业管理企业专业管理相结合的社会化、专业化、市场化的物业管理体制为目标，一个新型的物业服务行业迅速壮大。

第五阶段：2003年至2010年

针对一些地区住房供求的结构性矛盾较为突出，房地产价格和投资增长过快等突出问题，国务院于2003年8月12日发布了《关于促进房地产市场持续健康发展的通知》（俗称"国六条"）。首次在国务院文件中明确"房地产业已成为国民经济的支柱产业"，要求保持住房价格特别是普通商品住房和经济适用住房价格的相对稳定，加快建立和完善适合我国国情的住房保障制度。随后又继继发出"前国八条"、"后国八条"等一系列重要文件，着手对房地产市场进行调控。总体思路是，一方面加大供应，另一方面控制需求，通过缓解供求矛盾来稳定房价。2007年8月7日，国务院颁发《关于解决城市低收入家庭住房困难的若干意见》，重点是强化住房保障，要求到"十一五"期末，全国廉租住房制度保障范围要由城市最低收入住房困难家庭扩大到低收入住房困难家庭。这个文件标志着我国住房供应从"重市场、轻保障"向"市场、保障并重"的良性回归；住房消费模式从"重买房、轻租赁"向着"租赁、购买并举"的良性回归。从2007年第四季度开始，信贷紧缩政策效应逐渐显现，不断增高的房价和成交量开始回落，行业发展减速明显，调整深度和广度逐渐加大，房地产业开始进入深度调整期。

第六阶段：2010年至今

在供给侧结构性改革的背景下，从2010年开始我国房地产业开始进入新的发展阶段。前30多年房地产发展为改善老百姓居住、促进经济社会发展，发挥了重要的作用，但也积累了住房供给与居民需求不相适应的矛盾。部分城市前一阶段房价上涨过快、过高；住房供应在区域、城市、不同收入家庭之间的差距较大；住房质量方面还存在短板和弱项，无法满足人们对居住品质的追求；房地产发展不平衡、不充分等问题逐渐暴露。中央多次强调"房子是用来住的，不是用来炒的"，更加注重房地产的社会功能，房地产开发开始更加关注居住品质的提高和居住环境的改善。同时，中央实行"因城施策"的政策取向，不再像以往过分强调货币政策的效应，而更加注重长效机制建设，多措并举，在土地政策、货币政策、产业政策、税收政策等多方面发力，引导房地产良性可持续发展。

（资料来源：1. 张文洲. 房地产经济学［M］. 武汉：武汉理工大学出版社，2011：11–15.

2. 刘志峰. 完善住房供应，提升住房质量——以党的以十九大精神引领新时代房地产［J］. 上海房地，2017年12月：4–8.）

1.1 土地与房地产

1.1.1 土地

1. 土地的概念

从人类在地球上产生开始，土地就为人类提供了所需的一切生产要素和生活资料，与人类的生存和发展息息相关，是人类社会生存和发展的重要基础。

随着时代的演进，不同研究领域站在不同的角度对土地的概念进行了界定。土地规划学者认为："土地是指地球陆地表层，它是自然历史的产物，是由土壤、植被、地表水及表层的岩石和地下水等诸多要素组成的自然综合体。"自然地理学者则认为："土地是地理环境，主要是由陆地环境中互相联系的各自然地理成分所组成，包括人类活动影响在内的自然地域综合体。"从经济学理论上看，马克思认为："土地应该理解为各种自然物体本身"，"经济学上所说的土地是指未经人的协助而自然存在的一切劳动对象。"英国经济学家马歇尔则指出："土地是大自然赐予人类和有助于人类的，在陆地、海洋、空气、光和热各方面的物质及力量。"美国经济学者伊利认为："土地的意义不仅指土地的表面，因为它还包括地面上下的东西。"可见，土地的概念有狭义和广义之分。狭义的土地，仅指陆地部分；而广义的土地，不仅包括陆地部分，还包括光、热、空气、海洋等。

联合国也对土地的概念进行过界定。1972年，联合国粮农组织在荷兰瓦格宁根召开了"农村进行土地评价专家会议"，会议认为："土地包含地球特定地域表面及以上和以下的大气、土壤及基础地质、水文和植被，它还包含这一地域范围内过去和目前人类活动的种种结果，以及动物就它们对目前和未来人类利用土地所施加的重要影响"。1975年，联合国发表的《土地评价纲要》认为："一片土地的地理学定义是指地球表面的一个特定地区，其特性包含着此地面以上和以下垂直的生物圈中一切比较稳定或周期循环的要素，如大气、土壤、水文、动植物密度，人类过去和现在活动及相互作用的结果，对人类和将来的土地利用都会产生深远影响。"

尽管各个学科、不同学派对土地的概念有着不同的界定，但在土地既有物质属性又有社会经济属性这一理解上却是相同的。综上所述，我们认为，土地指地球表层的陆地部分及其以上、以下一定幅度空间范围内包括气候、水文、地质、地形、土壤、动植物等在内的全部环境要素，以及人类社会生产、生活活动作用于空间的结果和影响所组成的自然、经济、社会综合体。

专栏1-1　经济理论演进中对土地概念的认知

土地是人类生存和发展的基础，一直以来也是"不同利益主体之间的利益关系"的基础性条件。所以，在时代演进过程中，经济学家们根据当时的历史条件或自身理论建构的需要，对土地概念进行了不同角度的认识。

古典经济学时期的经济学家从生产角度对土地概念进行经济分析，他们强调客观劳动价值论，把土地作为生产财富的手段，运用土地报酬递减规律和地租理论，构建出人类劳动和作为自然存在物的土地之间的关系。

新古典经济学时期的经济学家从人类欲望的满足和价值决定角度对土地概念进行考察，把经济学研究的重点从国民财富的生产和分配领域转向消费领域，强调主观效用价值论。

现代经济研究对土地的概念从忽视到重新审视的过程。现代经济增长理论经济学家戴维·罗默在2006年把土地作为生产要素写进了现代宏观经济增长数量模型，明确提出"土地的固定供给可能对我们的生产能力是一种严格约束，或者，永久增长的产出会产生永久增加的污染量，这将会使增长停止"，并认为"尽管在过去的几个世纪内，技术已经能够超越资源与土地的限制，但它仍表明，那些限制必定最终成为我们生产能力的严格约束。"至此，现代经济研究时期长期被忽视的土地概念得到现代经济增长理论的重新审视。

（资料来源：任旭峰. 经济理论演进中的土地概念辨析［J］. 山东社会科学，2011（6）：101.）

2．土地的特性

（1）土地的自然特性

土地的自然特性又叫土地的物理特性，是由其本身的物理、化学、生物性能所决定，具有其与生俱来的、固有的、不以人的意志为转移的特性，包括面积的有限性、位置的固定性、质量的差异性、永续利用的相对性四个方面。

1）面积的有限性。人类虽能移山填海、扩展陆地，或围湖造田、增加耕地，仅仅是转换了土地的用途，并没有增加土地的面积。广义土地的总面积，由地球的表面积所决定，它具有有限性的特性。

2）位置的固定性。这是土地最大的自然特性，决定了土地的有用性和适用性随着土地位置的不同而有着较大的变化，这就要求人们必须因地制宜地利用土地。同时，也决定了土地市场不是实物交易意义上的市场，而只是土地产权流动的市场。

3）质量的差异性。由于不同地域的地理位置及社会经济条件不同，使土地构成的诸要素（如气候、水文、地貌、土壤、岩石、植被）的自然性状不同，而且人类活动对土地的影响也不同，使土地的结构和功能存在差异，最终表现在土地质量的差异上。

4）永续利用的相对性。土地作为自然的产物，是一种非消耗性资源，具有永不消失的特性。土地作为人类的活动场所和生产资料，只有在使用或利用过程中注意保护，维持其功能，才能实现永续利用，所以永续利用具有相对性。

（2）土地的经济特性

土地的经济特性指人们在利用土地的过程中，在生产力和生产关系方面表现出来的特性，包括土地供给的稀缺性、土地用途的多样性、土地用途变更的困难性、土地的增值性、土地报酬递减的可能性、土地利用方式的相对分散性、土地利用后果的社会性七个方面。

1）土地供给的稀缺性。土地供给指人类社会可利用的土地资源的数量，包括土地的自然供给和经济供给两方面。土地的自然供给指自然界提供给人类社会的可利用的土地资源的数量。土地的经济供给指在土地的自然供给总量中可以开发利用并能获得一定效益的土地数量。地球上土地既不能再生，也无法替代，土地面积的供给是有限的、无弹性的。对于一定的区域，不同用途的土地面积也是有限的，往往不能完全满足人类社会对各类用地的需求，从而出现了土地占有的垄断性等社会问题和地租、地价等经济问题。

2）土地用途的多样性。土地具有多种用途，如可用作耕地、林地、草地、农田水利用地、居住用地、工矿用地、交通水利设施用地、旅游用地、军事设施用地等。因此，人们应以对土地的最有效利用为原则来规划和利用土地，使土地的用途和规模、利用方法等均为最佳。

3）土地用途变更的困难性。一旦土地被用作某种用途，要改变它的用途将耗费大量的人力、物力和财力。因此，人们在编制土地利用规划确定土地用途时，应首先认真地实地调查研究，在进行了充分地可行性论证后再做出科学和合理的决策，以免造成浪费和损失。

4）土地的增值性。一般商品的使用随着时间的推移不断地折旧直到报废，土地却不同，在土地上追加投资产生的效益具有持续性，而且随着社会人口的增加和社会经济的发展，再加上土地供给的稀缺性，使对土地进行投资具有明显的增值性。

5）土地报酬递减的可能性。土地报酬递减规律，是指在技术不变、其他要素不变的前提下，对相同面积的土地不断追加某种要素的投入所带来的报酬的增量（边际报酬）会逐渐下降，即在技术和其他要素不变的条件下，对土地的投入超过一定限度，就会产生报酬递减的后果。这就要求人们在对相同面积的土地增加投入时，应确定在一定技术、经济条件下适合的投入结构，并不断改进技术，以提高土地利用的经济效益。

6）土地利用方式的相对分散性。土地位置的固定性是土地最大的自然特性，对土地只能就地分别加以利用，因而土地利用方式是相对分散的。这就要求人们在利用土地时要进行区位选择，并建设好地区之间的交通运输联系，因地制宜地利用土地，以提高土地利用的综合区位效益。

7）土地利用后果的社会性。土地是自然生态系统的基础和重要因素。土地相互连接，不可移动和分割，每块土地的利用后果，都影响着该区域内和邻近区域甚至整个社会的自然生态环境和经济效益。因此，任何国家都应以社会代表的身份，对全部土地进行宏观管理、监督和调控。

专栏1-2　国土资源部"土地利用总体规划调整完善工作"的任务

2014年6月25日，时任国土资源部部长、党组书记、国家土地总督察姜大明主持召开第16次部长办公会，审议《土地利用总体规划调整完善工作方案》。

会议强调，党中央、国务院在听取二调汇报时明确要求，在完成土地利用总体规划中期评估的基础上，依据二调成果数据，适时调整耕地保有量、基本农田保护面积和建设用地规划规模等，切实维护规划的严肃性和可操作性。会议明确，土地利用总体规划调整完善工作要完成三项任务：一是科学论证耕地保有量，要依据二调成果，调整增加耕地保有量和基本农田保护面积，合理安排生态退耕；二是有序推进"三线"划定，优先划定永久基本农田保护红线和生态保护红线，合理确定城市开发边界；三是及时更新规划数据库，做到图、数和实地相一致。会议强调，规划调整完善工作要依据有关法律法规、现行土地利用总体规划和二调最新成果，遵循统一的标准、时点、底图、用地分类和成果，规范有序推进。要防止地方借机大规模调规，防止规划调整完善演变成规划修编或重编。

（资料来源：乔思伟．人民网－房产频道．http://house.people.com.cn/n/2014/0626/c164220-25204893.html.2014-6-26.）

3．土地的分类

土地分类是根据土地的性状、地域和用途等方面存在的差异性，按照一定的规律，将土地归并成若干个不同的类别。由于客观历史原因，多年来我国土地资源分类标准不统一，土地资源基础数据数出多门、口径不一、数据矛盾，对国土资源规范化管理和国家宏观管理科学决策带来了不利影响。

1986年6月25日，第六届全国人大常委会第十六次会议通过并发布《中华人民共和国土地管理法》，1987年1月1日起正式施行。这是新中国成立后，我国颁布的第一部关于土地资源管理、全面调整土地关系的法律，它的颁布是我国土地管理工作的重大转折和管理体制的根本性改革，标志着我国土地管理工作开始纳入依法管理的轨道。《中华人民共和国土地管理法》从我国的实际情况出发，科学地将我国的土地分为三大类，即农用地、建设用地和未利用地。农用地指直接用于农业生产的土地，包括耕地、林地、草地、农田水利用地、养殖水面等。建设用地是指建造建筑物、构筑物的土地，包括城乡住宅和公共设施用地、工矿用地、交通水利设施用地、旅游用地、军事设施用地等。未利用地是指农用地和建设用地以外的土地。

2007年8月10日，中华人民共和国国家质量监督检验检疫总局和中国国家标准化管理委员会联合发布《土地利用现状分类》，标志着我国土地资源分类第一次拥有了全国统一的国家标准。《土地利用现状分类》国家标准采用一级、二级两个层次的分类体系，共分12个一级类、57个二级类。其中一级类包括：耕地、园地、林地、草地、商服用地、工矿仓储用地、住宅用地、公共管理与公共服务用地、特殊用地、交通运输用地、水域及水利设施用地、其他土地。详细分类见表1-1。

土地利用现状分类　　　　　　　　　　　　　　　　表1-1

一级类		二级类		含义
编码	名称	编码	名称	
01	耕地			指种植农作物的土地，包括熟地、新开发、复垦、整理地，休闲地（轮歇地、轮作地）；以种植农作物（含蔬菜）为主，间有零星果树、桑树或其他树木的土地；平均每年能保证收获一季的已垦滩地和海涂。耕地中还包括南方宽度<1.0m、北方宽度<2.0 m固定的沟、渠、路和地坎（埂）；临时种植药材、草皮、花卉、苗木等的耕地，以及其他临时改变用途的耕地
		011	水田	指用于种植水稻、莲藕等水生农作物的耕地。包括实行水生、旱生农作物轮种的耕地
		012	水浇地	指有水源保证和灌溉设施，在一般年景能正常灌溉，种植旱生农作物的耕地。包括种植蔬菜等的非工厂化的大棚用地
		013	旱地	指无灌溉设施，主要靠天然降水种植旱生农作物的耕地，包括没有灌溉设施，仅靠引洪淤灌的耕地
02	园地			指种植以采集果、叶、根、茎、枝、汁等为主的集约经营的多年生木本和草本作物，覆盖度大于50%或每亩株数大于合理株数70%的土地。包括用于育苗的土地
		021	果园	指种植果树的园地
		022	茶园	指种植茶树的园地
		023	其他园地	指种植桑树、橡胶、可可、咖啡、油棕、胡椒、药材等其他多年生作物的园地
03	林地			指生长乔木、竹类、灌木的土地，及沿海生长红树林的土地。包括迹地，不包括居民点内部的绿化林木用地，以及铁路、公路、征地范围内的林木，以及河流、沟渠的护堤林
		031	有林地	指树木郁闭度≥0.2的乔木林地，包括红树林地和竹林地
		032	灌木林地	指灌木覆盖度≥40%的林地
		033	其他林地	包括疏林地（指树木郁闭度≥0.1、<0.2的林地）、未成林地、迹地、苗圃等林地
04	草地			指生长草本植物为主的土地
		041	天然牧草地	指以天然草本植物为主，用于放牧或割草的草地
		042	人工牧草地	指人工种牧草的草地
		043	其他草地	指树林郁闭度<0.1，表层为土质，生长草本植物为主，不用于畜牧业的草地
05	商服用地			指主要用于商业、服务业的土地
		051	批发零售用地	指主要用于商品批发、零售的用地。包括商场、商店、超市、各类批发（零售）市场，加油站等及其附属的小型仓库、车间、工场等的用地
		052	住宿餐饮用地	指主要用于提供住宿、餐饮服务的用地。包括宾馆、酒店、饭店、旅馆、招待所、度假村、餐厅、酒吧等
		053	商务金融用地	指企业、服务业等办公用地，以及经营性的办公场所用地。包括写字楼、商业性办公场所、金融活动场所和企业厂区外独立的办公场所等用地
		054	其他商服用地	指上述用地以外的其他商业、服务业用地。包括洗车场、洗染店、废旧物资回收站、维修网点、照相馆、理发美容店、洗浴场所等用地
06	工矿仓储用地			指主要用于工业生产、物资存放场所的土地
		061	工业用地	指工业生产及直接为工业生产服务的附属设施用地
		062	采矿用地	指采矿、采石、采砂（沙）场，盐田，砖瓦窑等地面生产用地及尾矿堆放地
		063	仓储用地	指用于物资储备、中转的场所用地。

续表

一级类		二级类		含义
编码	名称	编码	名称	
07	住宅用地			指主要用于人们生活居住的房基地及其附属设施的土地
		071	城镇住宅用地	指城镇用于居住的各类房屋用地及其附属设施用地。包括普通住宅、公寓、别墅等用地
		072	农村宅基地	指农村用于生活居住的宅基地
08	公共管理与公共服务用地			指用于机关团体、新闻出版、科教文卫、风景名胜、公共设施等的土地
		081	机关团体用地	指用于党政机关、社会团体、群众自治组织等的用地
		082	新闻出版用地	指用于广播电台、电视台、电影厂、报社、杂志社、通讯社、出版社等的用地
		083	科教用地	指用于各类教育，独立的科研、勘测、设计、技术推广、科普等的用地
		084	医卫慈善用地	指用于医疗保健、卫生防疫、急救康复、医检药检、福利救助等的用地
		085	文体娱乐用地	指用于各类文化、体育、娱乐及公共广场等的用地
		086	公共设施用地	指用于城乡基础设施的用地。包括给水排水、供电、供热、供气、邮政、电信、消防、环卫、公用设施维修等用地
		087	公园与绿地	指城镇、村庄内部的公园、动物园、植物园、街心花园和用于休憩及美化环境的绿化用地
		088	风景名胜设施用地	指风景名胜（包括名胜古迹、旅游景点、革命遗址等）景点及管理机构的建筑用地。景区内的其他用地按现状归入相应的分类
09	特殊用地			指用于军事设施、涉外、宗教、监教、殡葬等的土地
		091	军事设施用地	指直接用于军事目的的设施用地
		092	使领馆用地	指用于外国政府及国际组织驻华使领馆、办事处等的用地
		093	监教场所用地	指用于监狱、看守所、劳改场、劳教所、戒毒所等的建筑用地
		094	宗教用地	指专门用于宗教活动的庙宇、寺院、道观、教堂等宗教自用地
		095	殡葬用地	指陵园、墓地、殡葬场所用地
10	交通运输用地			指用于运输通行的地面线路、场站等的土地。包括民用机场、港口、码头、地面运输管道和各种道路用地
		101	铁路用地	指用于铁道线路、轻轨、场站的用地。包括设计内的路堤、路堑、道沟、桥梁、林木等用地
		102	公路用地	指用于国道、省道、县道和乡道的用地。包括设计内的路堤、路堑、道沟、桥梁、汽车停靠站、林木及直接为其服务的附属用地
		103	街巷用地	指用于城镇、村庄内部公用道路（含立交桥）及行道树的用地。包括公共停车场，汽车客货运输站点及停车场等用地
		104	农村道路	指公路用地以外的南方宽度≥1.0m、北方宽度≥2.0m的村间、田间道路（含机耕道）
		105	机场用地	指用于民用机场的用地
		106	港口码头用地	指用于人工修建的客运、货运、捕捞及工作船舶停靠的场所及其附属建筑物的用地，不包括常水位以下部分
		107	管道运输用地	指用于运输煤炭、石油、天然气等管道及其相应附属设施的地上部分用地

续表

一级类		二级类		含义
编码	名称	编码	名称	
11	水域及水利设施用地			指陆地水域、海涂、沟渠、水工建筑物等用地。不包括滞洪区和已垦滩涂中的耕地、园地、林地、居民点、道路等用地
		111	河流水面	指天然形成或人工开挖河流常水位岸线之间的水面,不包括被堤坝拦截后形成的水库水面
		112	湖泊水面	指天然形成的积水区常水位岸线所围成的水面
		113	水库水面	指人工拦截汇积而成的总库容≥10万m^3的水库正常蓄水位岸线所围成的水面
		114	坑塘水面	指人工开挖或天然形成的蓄水量<10万m^3的坑塘常水位岸线所围成的水面
		115	沿海滩涂	指沿海大潮高潮位与低潮位之间的潮侵地带。包括海岛的沿海滩涂。不包括已利用的滩涂
		116	内陆滩涂	指河流、湖泊常水位至洪水间的滩地;时令湖、河洪水位以下的滩地;水库、坑塘的正常蓄水位与洪水位间的滩地。包括海岛的内陆滩涂。不包括已利用的滩地
		117	沟渠	指人工修建,南方宽度≥1.0m、北方宽度≥2.0m用于引、排、灌的渠道,包括渠槽、渠堤、取土坑、护堤林
		118	水工建筑用地	指人工修建的闸、坝、堤路林、水电厂房、扬水站等常水位岸线以上的建筑物用地
		119	冰川及永久积雪	指表层被冰雪常年覆盖的土地
12	其他土地			指上述地类以外的其他类型的土地
		121	空闲地	指城镇、村庄、工矿内部尚未利用的土地
		122	设施农业用地	指直接用于经营性养殖的畜禽舍、工厂化作物栽培或水产养殖的生产设施用地及其相应附属用地,农村宅基地以外的晾晒场等农业设施用地
		123	田坎	主要指耕地中南方宽度≥1.0m、北方宽度≥2.0m的地坎
		124	盐碱地	指表层盐碱聚集,生长天然耐盐植物的土地
		125	沼泽地	指经常积水或渍水,一般生长沼生、湿生植物的土地
		126	沙地	指表层为沙覆盖、基本无植被的土地。不包括滩涂中的沙漠
		127	裸地	指表层为土质,基本无植被覆盖的土地;或表层为岩石、石砾,其覆盖面积≥70%的土地

(资料来源:中华人民共和国国家质量监督检验检疫总局和中国国家标准化管理委员会于2007年8月10日联合发布的中华人民共和国国家标准《土地利用现状分类》GB/T 21010—2007。)

国家标准确定的土地利用现状分类,严格按照管理需要和分类学的要求,对土地利用现状类型进行归纳和划分。一是区分"类型"和"区域"。按照类型的唯一性进行划分,不依"区域"确定"类型"。二是按照土地用途、经营特点、利用方式和覆盖特征四个主要指标进行分类。一级类主要按土地用途进行划分。二级类按经营特点、利用方式和覆盖特征进行续分。所采用的指标具有唯一性。三是体现城乡一体化原则。按照统一的指标,城乡土地同时划分实现了土地分类的"全覆盖"。这个分类系统既能与各部门使用的分类相衔接,又与时俱进,满足当前和今后的需要,为土地管理和调控提供基本信息,具有很强的实用性。同时,还可根据管理和应用需要进行续分,开放性强,也能够与以往的土地分类进行有效衔接。土地利用现状分类标准的统一,避免了各部门因土地利用分类不一致引起的统计重复、数据矛盾、难以分析应用等问题，对科学划分土地利用类型、掌握真实可靠的土地基础数据、实施全国土地和城乡地政统一管理乃至国家宏观管理和决策具有重大意义。

1.1.2 房地产

1．房地产的概念

理解并掌握"房地产"这一概念是学习房地产经济的前提，也是研究房地产经济的出发点。

房地产指土地、固定在土地上的房屋建筑物或其他构筑物的联合物，是具有商品属性的使用价值和价值的统一体，包括其衍生的经济关系和权利关系的总和。由于土地位置的固定性，使固定在土地上的房屋建筑物或其他构筑物也不可移动。因此，相对于动产而言，房地产又被称为"不动产"。

经济学意义上的"房地产"这一概念包含实物形态、价值形态、产权关系三层含义。首先，在实物形态上，房地产是土地、固定在土地上的房屋建筑物或其他构筑物的结合体。土地指地球表层的陆地部分及其以上、以下一定幅度空间范围内包括气候、水文、地质、地形、土壤、动植物等在内的全部环境要素，以及人类社会生产、生活活动作用于空间的结果和影响所组成的自然、经济、社会综合体。房屋建筑物或其他构筑物是指建筑在土地上的各种房屋和建筑设施，包含厂房、仓库、广场、住房以及各行各业的用房和建筑设施等。其次，在价值形态上，市场经济条件下的房地产是用于交换的劳动产品，并且能通过交换，实现使用价值的转移。所以，房地产是商品，是使用价值和价值的统一体。房地产商品的使用价值是指可以用来满足人们生产和生活等的各种需要。房地产商品的价值是指生产该房地产所消耗的人类一般劳动的凝聚。最后，在产权关系上，房地产是一种资产，其价值的实现，必定体现一定的经济权利关系。房地产具有空间位置不可移动性，因此，在房地产商品交易中，转移和改变的只是房地产权利关系。

2．房地产的特性

房地产的特性主要包括自然特性、经济特性和社会特性。

（1）房地产的自然特性

房地产的自然特性指房地产所固有的、客观的、不以人的意志为转移的特性，包括供给有限性、位置固定性、整体单一性、使用耐久性、耗材多且体积庞大、建设期长且开发条件差六个方面。

1）供给有限性。因为土地的供给是稀缺的，在土地上，特别是好位置的土地上可建造的建筑物数量也是有限的。

2）位置固定性。房地产是土地、固定在土地上的房屋建筑物或其他构筑物的联合物。所以，由于土地具有位置的固定性特性，除特殊情况（如活动板房等）以外，所有固定在土地上的房屋也都必须固定在一个地方，不能随便移动，具有位置的固定性特性。因此，房地产产品必须在固定的位置生产、经营和消费。也正因为房地产不可移动，它不能像其他商品那样在不同地域之间通过流动来解决供求矛盾和价格差异。所以，房地产面对的是一个区域性的、不完全竞争的市场。

3）整体单一性。房地产中的土地和房屋是有差异的。由于不同地域的地理位置、社会经济条件、人类活动施加的影响等不同，使土地的结构、功能、质量存在差异。固定在土地上的房屋也会因其材料、结构、面积、用途、位置和所处的环境的不同而产生差异。而且，房地产开发过程也是有差异的。每个房地产开发项目都必须经过严格地单独测算、设计、编制施工方案、组织施工。因此，不存在完全相同的房地产，房地产具有整体单一性特性。

4）使用耐久性。土地是一种非消耗性资源，具有永不消失性，只要在使用或利用过程中注意保护，维持其功能，就能实现永续利用。房屋的使用期限长，如果不被破坏或拆除，一般可达数十年乃至上百年。因此，相对于其他产品，房地产产品属于耐用消费品，具有使用耐久性特性。

5）耗材多且体积庞大。房地产开发建设工程浩大，建成后的房屋体积庞大，具有耗材多且体积庞大的特性。房地产开发建设过程中消耗材料品种数量众多，所需材料涉及建材、冶金、机械、化工、纺织、轻工、电子、交通、环卫、电力、供水等50多个工业部门的材料23大类、1558个品种，物料消耗一般占到建筑产品成本的60%~70%。据统计，就房屋建筑工程而言，我国建筑业的主要材料消耗占国内总消耗的比例分别大致为：水泥70%，钢材20%~30%，木材40%，玻璃70%，油漆涂料50%，塑料制品25%，运输8%。

6）建设期长且开发条件差。房地产项目从土地拆迁、安置、工程开工建设直至竣工验收、交付使用，往往需要几个月或几年时间。特别是旧城区改造、经济开发区的建设等大型综合项目的建设周期更长，往往需几年甚至十几年时间。房地产开发一般都是露天作业，受自然条件的影响较大，不像其他有些产品，生产过程可以在室内进行，因此，其开发条件相对较差。

（2）房地产的经济特性

房地产的经济特性包括资金依赖性强、供求调整缓慢、变现难、保值增值性四个方面。

1）资金依赖性强。房屋体积庞大、耗用材料多，使得房地产投资数额巨大。房地产业作为资金密集型产业，需要巨额资金来支持房地产项目的开发与管理，房地产企业的资金链一旦断裂，可能会导致其破产倒闭。所以，没有资金就没有房地产，房地产的资金依赖性非常显著。

2）供求调整缓慢。房地产面对的是一个区域性的、不完全竞争的市场，它不能像其他商品那样在不同地域之间通过流动来解决供求矛盾和价格差异，供求调整缓慢。从供应角度看，房地产具有供给有限性、位置固定性、建设期长、涉及面广的特点，使得房地产开发经营者很难在短期内调整市场供应量。从需求角度看，房地产商品具有使用耐久性特性，而且对于家庭和个人而言，购置费用大，使房地产商品的需求弹性较小，房地产市场需求变化缓慢。

3）变现难度大。由于房地产不可移动，房地产产品必须在固定的位置进行生产、经营和消费。这使得房地产消费具有区域局限性，再加上其投资金额较大，故不易在短期内找到合适的消费客户。房地产产品具有变现难的特性，它不能像债券、股票、黄金那样，可以分割交易，随时变现。

4）保值增值性。一般消费品随着时间的增加其功能和价值会逐渐减退甚至消失。一般情况下，房地产却可以保值增值。随着人口的增加、经济的发展和消费水平的提高，对房地产的需求量日益增加。同时，房地产是耐用消费品，可长期使用，也可以出租，长期持有可保值增值。

> **专栏1-3　房地产的商品属性及其表现**
>
> 1. 房地产的商品属性
>
> 　　按照马克思主义政治经济学原理：商品是用来交换的劳动产品，是使用价值和价值的统一体。房地产是由建筑地块和房屋组成的，理解房地产作为商品的本质属性就必须分别从这两个方面来进行分析。
>
> （1）建筑地块的商品属性
>
> 　　建筑地块是指经过人类劳动加工，适宜进行房屋开发建设的土地。原始土地要成为适合房屋开发建设的建筑地块，必须对其进行通水、通路和地面平整等大量的基础设施建设，必须投入大量的物化劳动和活劳动，而且越往后投入的劳动积累越多。这些投入的人类劳动，一方面使原始土地转变成适合房屋开发建设的建筑地块，使土地具备了使用价值；另一方面，抽象化这些劳动的具体形式而把它看成是凝结在土地上的无差别的人类劳动，从而使建筑地块具有了价值，这种价值与一般商品具有的价值是同等性质的。因此，用来进行房屋开发建设的建筑地块具备了价值和使用价值，是价值和使用价值的统一，建筑地块的本质属性也就是商品属性。
>
> （2）房屋的商品属性
>
> 　　房屋是建筑工人利用机器设备和建筑材料进行辛勤劳动的结果，是一种劳动产品，毫无疑问具有价值。同时，它又是居民的耐用消费品，具有使用价值。正是由于房屋具有价值和使用价值，从而使房屋建筑物成为商品具备了必要条件。房地产业是整个国民经济的有机组成部分，它与其他产业部门之间存在着广泛的经济联系，其内部各企业之间也存在着各种经济联系，这一切客观上要求房屋要按照商品交换的原则实行等价交换，房地产企业内部也要按市场经济规律进行独立核算。房屋经营采取商品形式，市场经济是房屋成为商品并实现其价值的充分条件。
>
> 　　综上所述，房地产是一种劳动产品，它具有价值，在商品经济条件下，完全可以进行交换，形成商品价格。我国在相当长的一段时间内，房地产的商品属性被否定，房地产作为"可以产生资本主义的根源"而被禁止进入市场交易，其商品属性消失。房地产作为一种商品，其运行同样服从于商品经济运行规律，在市场经济体

制下,它的运行受价值规律、竞争规律和供求规律这三大基本规律的调节和制约。同时,房地产作为人们生活和发展的必需品,关系着国计民生,关系着社会稳定,世界各国政府都普遍对房地产业的发展给予高度关注,纷纷出台措施对其进行宏观调控和管理。因此,房地产商品的运行也受政府行为的强烈影响。

2. 房地产商品属性的表现

房地产的商品属性是房地产商品内在的本质规定性,具体表现在房地产商品运行的各个阶段上,主要包括:

(1)房地产的价值通过市场交换得以实现

房地产是用于交换的劳动产品,是价值和使用价值的统一体,其价值应通过市场,在等价交换的前提和基础上进行交易而得以最终实现。

(2)房地产在生产过程中实现价值增值

房地产的开发经营活动属于市场经济的范畴。房地产开发经营过程中投入的生产资料和劳动力,应在房地产商品交易或消费中得到补偿,并获得一定的利润。也就是说,通过交易回收的部分应大于其投入的部分,因为只有这样,才能保证房地产开发经营活动的良性循环。

(3)房地产的各种经济活动形式都按商品属性进行交易

房地产的买卖、租赁、抵押、信托、入股以及分配和消费等,都是实现房地产商品经济关系的具体交易形式,都要实行市场化经营,按商品属性进行交易。

(4)国家参与的房地产经济活动其实质也是房地产商品再生产的客观要求

国家收取的有关房地产租金,其本质是国家房地产所有权或其他产权的经济实现形式;国家征收的房地产营业税、土地增值税等税收是国家调节分配的一种强制性行为;而国家收取的房地产相关费用,其经济实质是国家对其投入开发资金的回收或提供相应服务的一种补偿。

(资料来源:张文洲. 房地产经济学 [M]. 武汉:武汉理工大学出版社,2011:15-16.)

(3)房地产的社会特性

房地产的社会特性包括社会的功能性、效用的多层次性、产权的法律性、涉及面的广泛性四个方面。

1)社会的功能性。房地产的功能在人类活动的不断升级,社会经济的快速发展中得到不断扩大,其社会功能性主要表现在它是社会财富的象征,是社会稳定的重要影响因素。社会财富表现为不动产、动产和知识产权三个方面。房地产是价值量巨大的不动产,不仅是企业、团体的重要财产,是其进行资本经营和融资的重要手段,也是一般家庭的重要财产。同时，它也是人类基本的生活需要，是影响社会稳定的主要因素之一，对于社会的稳定和发展发挥着重要的作用。

2）效用的多层次性。房地产产生的初衷就是为人类遮风避雨和提供休息场所，在这个层面上，房地产满足了人们的生理和安全需要，具有生存资料的效用。随着社会的发展，人们的需求已经不仅仅停留在生理和安全上，更多地上升到社交、尊重和自我实现上，再加上社会经济的飞速发展，房地产得到更好地开发，其功能不断完善，房地产逐渐成为享受和发展资料。因此，房地产同时具有生存资料、享受资料和发展资料三个不同层次的效用，呈现出效用的多层次性。

3）产权的法律性。产权是经济所有制关系的法律表现形式，包括财产的所有权、占有权、支配权、使用权、收益权和处置权。房地产产权具有排他性和垄断性，且这种排他性和垄断性需要用法律形式来加以界定和保护。

4）涉及面的广泛性。房地产开发经营管理是一项庞大的社会工程，涉及规划、建设、土地、市政、供电、供水、通信、园林、环保、金融、交通、公安、城管、工商、税务等几十个政府行政管理部门，以及勘察、设计、施工、安装、装饰、材料加工、设备制造、家电、纺织等几十个行业，涉及面广。

3. 房地产的分类

房地产与国民经济的发展密切相关，涉及社会生产、生活的各个方面。根据房地产的不同特性，将房地产按开发程度、建筑结构、用途、经营使用方式、是否直接产生经济收益分为五大类。

（1）按开发程度分类

房地产按照项目开发程度的不同，可以划分为生地、毛地、熟地、在建工程、现房（含土地）。生地指不具有基础设施的土地。毛地指具有一定城市基础设施，但地上有待拆迁安置房屋的土地。熟地指具有完善的城市基础设施、土地平整、能直接在上面进行房屋建设的土地。在建工程指地上建筑物尚未建成、不具备使用条件的房地产。现房指地上建筑物已经建成、可直接使用的房地产。

（2）按建筑结构分类

建筑结构一般是指建筑物中由承重构件（基础、墙、柱、梁、屋架、支撑、屋面板等）组成的体系。其分类可以从建筑材料、结构形式以及建筑的层数和高度来进行划分。按照主要建筑材料，可以将房地产项目划分为钢结构、钢筋混凝土结构、砌体结构、木结构、塑料结构、薄膜充气结构等。按照结构形式，可以将房地产项目划分为墙体结构、框架结构、深梁结构、筒体结构、拱结构、网架结构、空间薄膜（折板）结构、钢索结构、舱体结构等。按照建筑的层数和高度，可以将房地产项目划分为低层（3层以下或10m以下）、多层（6层以下或20m以下）、高层（100m以下）、超高层建筑（100m以上）。

（3）按用途分类

房地产按照其用途，可分为居住房地产、商业房地产、办公房地产、旅馆房地产、餐饮房地产、娱乐房地产、旅游房地产、工业和仓储房地产、农业房地产、特殊用途房地产、综合房地产等。居住房地产在房地产业中占主体地位，但现在养老房地产、商业房地产和旅游房地产等的占比在逐渐扩大。

（4）按经营使用方式分类

按照房地产项目的经营使用方式划分，主要有销售的房地产、出租的房地产、营业的房地产、自用的房地产。销售的房地产指以获得销售收入为主的房地产项目，比如一般的商品房、商铺等。出租的房地产指以获得稳定的长期租金为主要目的的房地产项目，比如一些专供出租用的公寓等。营业的房地产指通过营业获得收入来实现房地产项目的收益，比如商场等。自用房地产指开发建设的目的不是为了获得直接经济收益，而是为了满足自身的工作、办公、居住需要的房地产，比如企业自建的办公楼等。

（5）按是否直接产生经济收益分类

房地产项目在实际使用过程中，可以带来直接或间接收益。按是否直接产生经济收益，或在本质上是否具有直接产生经济收益的能力，房地产项目分为收益性房地产和非收益性房地产。收益性房地产指能够直接产生经济收益，或具有直接产生经济收益能力的房地产，主要有用于出租的住宅或公寓、写字楼、旅馆、商店、餐馆、游乐场、影剧院、停车场、加油站、标准厂房（用于出租的）、仓库（用于出租的）、农地等。非收益性房地产指不能直接产生经济收益，或不具有直接产生经济收益能力的房地产，主要有私人邸宅、未开发的土地、行政办公楼、教堂、寺庙等。

1.2 房地产业及相关产业

1.2.1 房地产业的概念

房地产业指以土地和建筑物为经营对象，从事房地产开发、经营、管理和服务的，集多种经济活动为一体的综合性产业。

按内容划分，房地产业运行的主要内容包括：

（1）土地开发和再开发；

（2）房屋开发和建设；

（3）土地经营，包括土地使用权的出让、转让、租赁和抵押等；

（4）房地产经营，包括房产（含土地使用权）买卖、租赁、抵押等；

（5）房地产中介服务，包括咨询、测量、估价、公证等；

（6）房地产物业管理，包括家居服务、房屋及配套设施和公共场所的维修养护、保安、绿化、卫生、转租、代收代付等；

（7）房地产金融，包括信贷、信托、保险和房地产金融资产投资等。

按过程划分，房地产业运行的全过程可以分为生产、流通和消费三个环节。生产环节指通过对自然状态的土地投入人类劳动,进行房屋和城市基础设施建设,获得房地产的过程。生产环节的前提条件是获得可供开发的土地。我国城镇土地属于国家所有,农村土地属于村民集体所有,国家可依法征收或征用农村土地。我国的土地使用权出让有协议、招标、拍卖三种方式。由于协议出让方式透明度低,容易造成国有资产的流失,所以一般采用投标或拍卖的方式来出让土地。流通环节主要有买卖、租赁两种方式。房地产买卖是指以房屋所有权和土地使用权为客体的交易行为。由于房地产的不可移动性,买卖的只能是房地产权。房地产租赁是指出租人将土地使用权同地上建筑物、其他附着物或房屋出租给承租人使用,由承租人向出租人支付租金的行为。经过市场交易活动,房地产转移到使用者手中后,即进入消费环节。在对房地产的长期消费过程中,要进行产权、产籍管理、经常性维修养护及其他物业管理等。

> **❓ 讨论与思考**
>
> **房地产业与房地产有什么区别和联系?**
>
> 答:房地产业与房地产两者之间既有联系又有区别。从联系上看,房地产是房地产业的基础,房地产业开发及其经营管理和服务的对象是房地产。因此,没有房地产也就没有房地产业。从区别上看,房地产是一个自然属性的不动产,而房地产业则是由房地产形成的一个具有社会属性的产业,是由生产、流通和服务环节三方面组成的,由人们直接参与的一种生产活动。

1.2.2 房地产业的产业属性

根据《国民经济行业分类》GB/T 4754—2017。三次产业划分范围为:第一产业是指农、林、牧、渔业。第二产业是指采矿业、制造业、电力、热力、燃气及水的生产和供应业、建筑业。第三产业是指除第一、二产业以外的其他行业。第三产业包括:批发和零售业,交通运输、仓储和邮政业,住宿和餐饮业,软件和信息技术服务业,金融业,房地产业,租赁和商务服务业,科学研究和技术服务业,水利、环境和公共设施管理业,居民服务、修理和其他服务业,教育,卫生和社会工作,文化、体育和娱乐业,公共管理、社会保障和社会组织,国际组织等。

可见,房地产业属于第三产业。房地产业主要从事资源的整合、组织和管理等服务活动,并不直接建造房屋本身。土地开发、规划设计和房屋建造,是委托给设计院和建筑公司来承担的。房地产开发公司是为房地产商品的生产服务的。房地产销售经营活动直接从属于流通领域,而流通行业理应划归第三产业。房地产业中的一些分支行业,如房地产中介服务业、物业管理、房地产金融业等服务行业,更是第三产业的直接组成部分。所以,在国民经济的产业结构体系中,房地产业是具有基础性、先导性、带动性和风险性的产业,是资金密集型产业,具有第三产业的产业特征,是第三产业的一个重要产业部门。

1.2.3 房地产业与相关产业的关系

房地产业具有产业链长、波及面广、对相关产业的带动作用明显等特点,与其他众多产业相互依存、相互影响。与房地产业密切相关的主要产业包括:金融保险业、公共管理和社会组织、批发和零售贸易业、建筑业、化学工业、租赁和商务服务业、金属冶炼及压延加工业、通信设备、计算机及其他电子设备制造业、交通运输及仓储业、通用、专用设备制造业、住宿和餐饮业、交通运输设备制造业、农业、电气、机械及器材制造业等。房地产业几乎渗透到了国民经济的方方面面,无论是制造业还是服务业,都受其拉动或者推动而有所发展,个别产业甚至受到环向带动作用,彼此相辅相成,相互制约。由于与房地产业相关的产业众多,这里仅论述房地产业与建筑业、房地产业与住宅业的关系。

1. 房地产业与建筑业

(1)建筑业

建筑业是专门从事土木工程、房屋建设和设备安装以及工程勘察设计工作的生产部门,包括房屋和土木工程建筑业、建筑安装业、建筑装饰业和其他建筑业,其产品是矿井、铁路、桥梁、港口、道路、管线、工厂、住宅以及公共设施的建筑物、构筑物和设施。建筑业是物质生产部门,属于第二产业。

建筑业生产是由劳动者利用机械设备与工具,按设计要求对劳动对象进行加工制作,从而生产出一定的产品,具有工业生产的特征,但又有许多不同于一般工业生产的技术经济特点,是一个独立的物质生产部门,其产品的特点主要包括不可移动、复杂多样且彼此各异、形体庞大、整体难分、经久耐用、使用期长等。建筑业生产上的特点主要包括生产的流动性、生产的单一性、生产周期长、生产条件差四个方面。

生产的流动性。在施工过程中,施工人员、机具、施工机构,需随施工对象坐落位置的变化而迁徙流动。施工人员和机具也要随施工部位的不同而沿着施工对象流动,不断地变换操作场所。为了适应这一生产特点,施工机具多是比较小型或便于移动的,手工操作也较多,所以在一定程度上影响了建筑业技术的发展。

生产的单一性。建筑物或构筑物所处的位置与环境等自然条件和社会经济条件不同,其功能要求也不同,每个工程都各有独特的工程设计和施工组织设计,产品价格也必须个别确定并单独进行成本核算。世界上找不到相同的建筑物或构筑物,就算外观、功能相同,但其所处位置和环境的不同也不一样,因此,建筑业的生产具有单一性。

生产周期长。建筑业在生产中往往要长期占用大量的人力、物力和资金,施工准备、建设、竣工验收也需要较长时间,因此不可能在短期内提供有用的产品,生产周期长。

生产条件差。建筑业生产的露天和高空作业多,受自然气候条件的影响大,质量和安全问题突出。

（2）房地产业与建筑业的关系

由于房地产业与建筑业的特性、对象相似，在现实生活中，人们往往容易混淆房地产业和建筑业。房地产业与建筑业是国民经济中两个既有密切联系又有实质区别的产业部门。

房地产业与建筑业紧密联系，相互促进。由于二者的经营对象都是土地、房屋等不动产，在经营过程中互相渗透、紧密相连。建筑业是房地产业的物质基础，房地产业的发展反过来又推动着建筑业的发展，二者相互促进。

房地产业与建筑业有着实质的区别。二者的产业属性、投入内容、经营方式和经济活动领域等存在着较大区别。房地产业主要从事房地产开发、经营、管理和服务，主要是为生产、流通、消费服务提供服务性劳动，本质上属于服务性行业，归属在第三产业范畴。建筑业是专门从事土木工程、房屋建设和设备安装以及工程勘察设计工作的生产部门，主要经营领域是房屋等建筑物的生产，在产业结构中属于第二产业。房地产业是房地产投资开发和建设的发包单位，建筑业按合同要求完成土地开发的"七通一平"和房屋及建筑物的建造生产任务，是承包单位。因此，既要看到二者的联系，又要看到二者的区别，这样才能理清二者的关系，充分发挥其相互配合、相互促进的作用。

2．房地产业与住宅业

（1）住宅业

住宅业是以生产和经营住宅为最终产品的产业，是从事住房的投资、规划和设计、建设、经营、维修、管理和服务的行业和企业的总称。住宅业是围绕住房建设形成的，由上游和下游产业组成的产业链。它不是严格意义上的产业，在国内外产业分类中并没有该产业，是随着住房制度改革的不断深化，适应扩大内需，并将住宅业作为新的经济增长点等政策的提出而产生的。

住宅业和城市化关系密切、相互促进。由于居住问题深刻地影响着我国城市化进程和进城农民市民化的进程，住房成为社会普遍关心的话题，政府已将住宅业作为新的经济增长点和消费热点。现阶段，住宅业的发展不适应城市化的要求，城市化对住宅业而言，既是挑战，也是机遇。住宅业要为城市化服务，配合城市化的发展。

（2）房地产业与住宅业的关系

房地产业与住宅业紧密联系、相互包容、相互促进。二者的经营对象都包含住宅，二者的经营活动都包含住宅的投资、建设、服务等，有很多重合之处。

房地产业与住宅业又相互区别。首先，房地产业的开发、投资、建设等经济活动是在市场中进行的，属于市场行为。住宅业却不一定都是市场行为。由于住宅的特殊社会性质，住宅的投资、建设并不都是市场行为，有时包括政府为解决低收入家庭住房问题而进行的非营利住宅建设。其次，两者的侧重点不同。住宅业的主要经济活动是住宅的建设、流通、消费、服务等；房地产是以土地和建筑物为经营对象，从事房地产开发、建设、经营、管理、装饰、维修和服务的，集多种经济活动为一体的综合性产业。第三，两者应用的背景和条件不同。房地产业是随着房地产在国民经济发展中日益呈现的重要性而提出的，是国民经济中具有基础性、先导性、支柱性的产业。住宅业则主要是针对住宅建设、住宅市场问题而提出的，它是随着住房制度改革的不断深化，并将住宅业作为新的经济增长点等政策的提出而产生的。因此，应认清二者的关系，发挥二者相互促进的作用，推动二者的共同发展。

1.3 房地产业与国民经济发展

房地产业是一国国民经济的基础性产业、先导性产业和支柱产业。房地产业高附加值的特点，使其在增加政府财政税收、实物地租方面发挥了巨大作用，其快速健康的发展有利于为国家建设积累资金，同时也有利于政府实现国民收入的合理再分配。房地产业的蓬勃发展既能够拉动上游企业的需求，也能为下游企业提供生产资料，同时还能够促进社会整体物质文明、精神文明和生态文明水平的提高。房地产业作为国民经济的重要组成部分，在整个国民经济体系中具有十分重要的地位和作用。

1.3.1 房地产业在国民经济中的地位

房地产业的发展离不开国民经济中许多部门和行业，如建材、设备、机械、冶金、仪表、森工、化塑、燃料动力等物质生产部门为其提供物质资料。房地产业反过来也为国民经济的许多部门和行业的发展提供了前提和场所。可见，房地产业波及和带动了生产生活的方方面面，在国民经济中占据重要的地位。

1. 房地产业是国民经济的基础性产业

国民经济的各部门开展生产和经营活动需要生产经营场所，人们生活休憩需要房屋。房地产业所提供的房地产产品既是生产资料又是生活资料。房地产业是社会经济活动的基本物质前提，是国民经济发展的基本保证。房地产是社会一切产业部门不可缺少的物质空间条件，更是构成各个产业部门不可或缺的基本要素。而且当今城市经济和城市现代化都是以房地产为基础的，这些都显示出房地产基础产业的重要地位。因此，房地产业是国民经济的基础性产业。

2. 房地产业是国民经济的先导性产业

房地产具有建设期长的特性，房地产项目从土地拆迁、安置、工程开工建设直至竣工验收、交付使用，往往需要几个月或几年时间。同时，房地产的投资开发又会引发对其他许多行业的需求，并对相关产业产生程度不同的带动作用。因此，要发展经济，必须适度发展房地产业，房地产业是国民经济的先导性产业。

3. 房地产业是国民经济的支柱产业

房地产业是拉动内需的强劲动力，房地产及相关产业占GDP的比重一直在15%以上，对拉动经济增长发挥了积极的作用。房地产业产业链长、关联度大，直接或间接地影响着很多相关产业的发展。房地产业所吸收的就业人口和房地产业所带动相关产业的就业人口也处在一种不断扩大的过程中。房地产业溢出的社会效益十分明显，正改变着我国国民的生存环境和生存方式。房地产业作为支柱产业之一，对国民经济有着举足轻重的作用和影响。

1.3.2 房地产业对国民经济的影响

1. 房地产业带动相关行业的发展

房地产业的产业链条长，能带动多个产业的发展，对国民经济的波及面广。房地产业的发展带动了建材、林业、轻工、机电、商业等相关产业的发展，为其提供了巨大的市场。房地产业与金融业也联系密切。房地产开发是资金密集型行业，房地产业的投资额度大，对资金的要求周期长，因而它的发展离不开金融业的支持，必须依靠金融业的带动。房地产因预期投资收益率高，居民贷款风险小等特点，是吸引金融业投资的亮点。因此，房地产业又是金融业借贷资本的最大出路。房地产业还推动了服务行业的发展。随着城市建设的迅速发展，住房体系的完善，人们生活水平的提高，住房条件的改善，加强了对服务水平的需求。物业管理、家政等服务行业也逐渐发展起来。因此，促进房地产业与其相关产业的协调发展是保持国民经济健康发展的重要一环。

2. 房地产业是拉动内需的强劲动力

房地产业的投资通过国内基本建设投资拉动内需。房地产业对公共建筑建设的投资，需通过经营收入逐步回收，这既对拉动内需，推动国民经济的增长具有重要作用，又对改善投资硬件环境，吸引新技术和国际资本具有重要作用。

房地产业是拉动消费的上行力量，并发挥着消费热点的作用。在房地产的总投资中，住宅占大部分比例，在居民的消费中，住房消费也占据较大比重。房地产业持续快速的发展，为改善人民生活和发展国民经济做出了巨大贡献。但我国城镇居民人均住房面积仍然处于比较低的水平，再加上新型城镇化建设和房屋折旧和拆迁对住房的要求，今后相当长的一定时期内仍会保持巨大的住房建设量，并会带动整个房地产业较长时期地发挥消费热点的作用。

3. 房地产业是就业的重要途径

新型城镇化建设使住宅、厂房、公共建筑等施工量大幅增加，这为建筑工人提供了更多的就业岗位。房地产业带动建材等众多相关产业的发展，这些行业的迅速发展也需要更多的劳动力资源。因此，房地产业为剩余劳动力创造了就业机会，成为就业的重要途径。

总之，大力发展第三产业是我国目前经济发展的要求。发展作为第三产业重要组成部分的房地产业，能进一步优化产业结构，实现产业升级，推动国民经济持续、稳定的发展。

1.4 房地产经济

1.4.1 房地产经济的学科定位

房地产经济是房地产经济运行过程的理论化和系统化，以揭示和反映房地产经济运行规律为宗旨，是一门研究房地产经济运行规律及其表现形式的学科，也是一门研究房地产资源配置效率的学科，是应用经济学的一个分支学科，属于产业经济学范畴，归属于部门经济学。

房地产经济具有交叉学科的性质。它与生态经济学、资源经济学、城市经济学、金融学有交叉和重叠。房地产经济所研究的房地产业的可持续发展理论与生态经济学的生态平衡理论相一致。房地产经济以土地开发利用和土地资源合理配置为研究重点，这也是资源经济学的主要研究内容。城市经济学研究的城市土地利用与内部空间结构、城市住房、城市经营中的土地经营等都与房地产经济有交叉重叠。房地产金融有第二金融之称，与金融学联系密切。

房地产经济区别于其他产业经济。由于房地产的属性决定了房地产业的属性，也就决定了房地产经济在很多方面区别于其他产业经济，如地租理论、区位理论等。揭示房地产业经济运行规律的特殊性，具有非常重要的意义。

1.4.2 房地产经济的研究对象与方法

房地产经济的研究对象是房地产业内外资源配置及其所体现的经济关系和运行规律。我们应以经济学的基础理论来研究房地产市场规律和房地产业发展规律。房地产经济的研究方法除了常规定性与定量分析、规范分析与实证分析以及比较分析等方法外，还运用了经济学前沿分析方法如"博弈论"等。

1.4.3 房地产经济的主要内容

本书编写围绕"服务于高等职业技术教育"的宗旨，遵循"适度、够用、前沿"的原则，在确保房地产经济学科体系基本完整的基础上，力求做到系统性、逻辑性和适用性。

本书的内容分为10章。第1章导论，概括论述了土地与房地产的基本概念和特性，房地产业及相关产业的区别与联系，房地产经济的研究对象和研究内容，房地产与国民经济发展的关系。第2章地租理论，介绍古典经济学的地租理论、马克思的地租理论、新古典经济学的地租理论和城市地租理论。第3章区位理论，介绍区位理论的产生和发展及主要区位理论和土地的区位利用。第4章房地产产权理论，研究作为房地产交易实质的产权理论。第5章房地产价格，研究房地产市场的主要调节机制——价格机制，包括土地价格、建筑物价格、房地产价格，研究影响房地产价格的因素和构成。第6章房地产需求与供给，研究房地产市场供求及其相互关系的规律性。第7章房地产市场，研究房地产市场的类型和特点、房地产市场结构、房地产市场运行机制与功能。第8章房地产金融，研究房地产经济运行中的金融支持，包括房地产金融市场的分类、特点、住房抵押贷款等内容。第9章房地产税收，介绍房地产税收的特征、功能与构成要素，并对我国房地产税收进行制度分析。第10章房地产经济周期与宏观调控，介绍房地产经济周期的形成和特点、房地产经济宏观调控的含义，研究房地产经济宏观调控的目标、主要政策手段、宏观调控体系，探索房地产业发展的周期波动规律和可持续发展问题，以保证房地产业持续稳定健康发展，更好地发挥促进国民经济增长的作用，提高资源配置的宏观效益。

本章实训

【实训任务】

了解所在地区房地产业的基本情况

【实训步骤】

第一步：调查准备

（1）班级分组；

（2）小组内成员分工；

（3）搜集准备调研必要的信息和物资；

（4）撰写调查重点和方法。

第二步：调查研究

（1）实施调查，收集调研对象相关资料；

（2）调查资料的整理与分析；

（3）小组讨论得出调查结论。

第三步：撰写汇报调研情况

（1）通过分析编写调研报告；

（2）汇报调研情况。

思考与练习

1. 关键概念解释

（1）土地；（2）房地产；（3）房地产业；（4）房地产经济。

2. 问答题

（1）土地具有哪些特性？

（2）房地产具有哪些特性？

（3）如何理解房地产的商品属性？

（4）房地产业的产业属性是什么？为什么？

（5）房地产与建筑业有什么关系？

（6）房地产经济的研究对象是什么？

（7）怎样理解房地产业与国民经济的关系？

拓展知识

房地产投资瞄向前沿市场

私人房地产咨询服务公司高纬环球于2014年发布《新兴和前沿市场：评估风险和机遇》

综合白皮书第二版。白皮书在评估了4个主要风险并对42个国家进行排名后，运用加权指数预测新兴和前沿市场可以为全球发展提供最佳机遇。

"新兴和前沿市场为租户和投资者带来了一些非常重要的机遇。"高纬环球企业全案服务部总裁兼首席执行官约翰·桑托拉表示，"接下来的几个月将会面临挑战，但是大部分市场的增长机遇将会大于风险。"

白皮书指出，传统观念认为中国在过去30年里的经济成就是与上海、北京等一线城市有关。然而，近些年来，由于人口的增加、工作机会的增多和基础设施的改善，中国的二、三线城市出现了更多的机遇。许多个人投资者对这些城市有着浓厚的兴趣，而一线城市的投资者已经开始在这些城市开发优质办公空间来满足日益增长的需求。持续进行的社会经济改革预计会使中国二线城市总体的投资和商业环境朝着积极的方向发展，这些地方出现越来越多的沃尔玛等大型零售商就证明了这一点。

任何计划在新兴和前沿市场租赁、拥有或经营房地产的实体需首要考虑的关键因素包括：与产权信息可靠性和获取信息便捷度有关的透明性风险，以及与业务伙伴声誉和来自贿赂或不道德商业行为的威胁有关的腐败风险。然而，最近乌克兰、伊拉克和委内瑞拉政治的复杂性增加了地缘政治风险，以及与之相关的保护雇员健康与安全的风险。"理想的安全计划必须重视实物资产、雇员和公司的信息。"高纬环球风险管理服务部总裁瑞曼德·W·凯利表示，"正确计划和协议首先应该要进行预租住规划，重视现场安全和非现场安全、业务持续性、危机管理以及恢复援助。"

高纬环球分析，许多国家现行的政治制度面临着压力，那些治理不善、文化局势紧张的国家容易发生恐怖袭击及绑架等其他犯罪行为。随着公司越来越全球化，网络安全问题也变得越来越重要。此外，与油气勘探等比较有争议性的行业相关的房地产风险程度更高。

尽管那些地缘政治风险不断增加的国家暂时不受大多数租户的青睐，许多新兴和前沿市场仍然有着重要的增长机遇。跨国公司将强劲的人口增长、受教育程度不断提高的富足劳动力和透明度较高的政府作为发展的驱动因素。房地产投资商看到房地产供应满足不了企业需求，正在许多中央商务区积极开发新世纪的建筑。

风险程度最低的新兴和前沿房地产市场主要分布在非洲和中东地区，在十大最高效、最透明的国家中，这里有8个。在保护产权方面，南非表现很好，而且南非拥有该区域里比较发达的房地产市场。跨国租户对地理位置好的高质量空间的需求预计会比较稳定，在整个南非，写字楼市场依然在缓慢恢复，尽管总体可租用率仍然相对较高。

在拉丁美洲，排名前三的国家是秘鲁（总排名第8）、墨西哥（总排名第15）和乌拉圭（总排名第18）。墨西哥的表现并不稳定，在市场透明度等某些方面排名靠前，而在注册财产和政治稳定性等其他方面则表现不佳。墨西哥城的在建项目创历史新高，达到140万平方米。由于很大程度上受新建筑的更高标准和大量吸纳的影响，租金报价继续平缓上涨。

印度尼西亚是亚太地区透明度最高的市场（总排名第5），其次是泰国（总排名第11）和菲律宾（总排名第14）。尽管2014年大选之后，印度尼西亚的写字楼市场一直处于观望态势，但空间需求较为乐观,且与该国经济的增长保持一致,不过,预计在2014至2015年度,面对供应的增加,雅加达的租金增长将减缓。

(资料来源:《国际商报》,2014-8-7.)

本章小结

房地产业是以土地和建筑物为经营对象,从事房地产开发、经营、管理和服务的,集多种经济活动为一体的综合性产业,属于第三产业,具有产业链长、波及面广、对相关产业的带动作用明显等特点。房地产经济是房地产经济运行过程的理论化和系统化,以揭示和反映房地产经济运行规律为宗旨,是一门研究房地产经济运行规律及其表现形式的学科,也是一门研究房地产资源配置效率的学科,是应用经济学的一个分支学科,属于产业经济学范畴,归属于部门经济学。

地租理论 2

资产阶级古典经济学地租理论　2.1
近现代西方经济学地租理论　2.2
马克思主义地租理论　2.3
社会主义地租　2.4

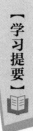

【学习提要】 本章主要介绍地租的概念和内涵、地租理论的发展历程、西方经济学地租与马克思主义地租理论。通过本章的学习，能够了解西方经济学地租和马克思主义地租的主要观点，理解社会主义地租产生的原因、表现形式和不同分配方式，能够运用地租理论分析土地及房地产价格的形成。

案例引入

现代日本城市的土地价格

日本是主要发达资本主义国家中人口密度最高的国家，而且人口分布很不均衡。早在1980年东京都每平方公里高达5386人，大阪府达4546人，而北海道为71人。

日本的国土总面积中，森林面积约占国土总面积的69%，比加拿大的44%，美国的31%，法国的26%要大得多，但除去森林、原野、水面、河川等，可居住的土地面积很小。按可居住土地面积的人口密度（人/每平方公里）计，1980年为21450人，也是主要发达资本主义国家中最高的。

日本的农地即耕地、园地、牧草地等面积只占国土总面积的17%，这个比重远比美国的46%，法国的64%，德国的54%，英国的77%要小得多。根据1974年度日本的《国土利用年度报告》，日本人均农业用地为0.06公顷，分别比英国、德国、法国、美国的0.34、0.22、0.64、2.09公顷要少得多。

上述日本的土地和人口的状况说明，日本不仅人口密度很高，而且其地貌不宜迅速适应包括住宅、工厂、商店、道路等在内的城市用地增加的要求。占国土面积很大比重的森林，一般很少转为城市用地和农业用地，相对来说农地转为城市用地较多。据日本1979年《国土利用白皮书》统计，1965—1975年的十年中，农业用地从643万公顷减为575万公顷，减少68万公顷；建筑用地从85万公顷增加到122万公顷，增加37万公顷；道路用地从82万公顷增加到97万公顷，增加15万公顷。在这十年中，森林面积从2516万公顷增加到2518万公顷，仅增加2万公顷，几乎无变化。这可以看出，日本建筑用地及道路用地的增加主要靠的是农业用地的减少。但是，对粮食的三分之二依赖进口的日本来说，农地不能减少过多。所以，根据日本《国土利用计划法》，从1975~1985年十年中，农业用地计划从575万公顷增加到611万公顷。

但是，日本经济的迅速发展，要求不断增加城市用地，特别是在1955—1973年的日本经济高速度发展时期，在第三次科学技术革命的条件下，民间设备投资非常旺盛。不仅传统工业从内含和外延上迅速扩大再生产，而且大量兴建新兴工业的工厂，实现重化工业化，这就需要大量工业用地。同时，随着工业生产和城市化的发展，人口的不断增加，又需要大量的住宅用地、商业用地、金融用地和道路用地；此外，日本政府为加快城市现代化的建设，大肆兴办公用事业、基础设施，又需要大量的公共用地。所有这一切，都要求在短时期内增加城市用地。而如前所述，在日本的自然条件下，要使大量山地、森林转作城市用地是很困难的。由此，日本城市用地的不足造成了土地价格特别是大都市的土地价格迅速上涨。根据日本不动产研究所的调查，1976年日本住宅地价每平方公尺为35000日元左右，大大高于德国、美国和英国。

在日本，不同地区的地价也相差很远。据日本不动产研究所调查显示，以1936年的地价为基数，1980年日本市街地价约上涨9000多倍，而普通农田价格则约上涨1900倍，两类地价的差距明显扩大。同时，在日本城市中，作为日本政治、经济、文化科学中心的三大都市圈——东京圈、大阪圈和名古屋圈的土地面积，只占全国土地面积的10%，但却集中了45%的全国人口、55%的工业生产、70%的商品批发额和72%的大学生。这些地区的经济发展快，就业增加多，收入也比较高。因此，在1955~1975年间，全国其他地区人口不断流入这三大都市圈，这里的城市用地的需要激增，而农地、林地可作城市用地却为数有限，因而地价很高，相反，由于北海道地方人口较少，经济发展缓慢，地价也低。

日本地价的迅速上涨，对日本经济的发展具有重大影响。

影响之一，由于地价昂贵势必相应地增加民间设备投资和政府公共投资，致使直接用于经济建设的投资将减少。例如，1970~1973年期间，民间设备投资中，购买土地费分别占到7.1%、8.3%、10.6%、9.5%；1970~1977年期间，日本政府实物投资总额中购买土地费用占12%左右，1978年东京的道路建设费中购买土地费用占70%。

影响之二，由于地价昂贵而限制了社会购买力，使城市居民居住水平难以得到改善。例如，1955—1980年期间，住宅地价上涨约40倍，而在同一期间各产业现金工资总额增加仅14倍。这就是说，1955年一个月的工资能买到的土地，而1980年需近三个月的工资才能购到。1963年，全日本专用住宅的房租平均每"席"（即"榻榻米"。每"席"长2.22公尺，宽1.11公尺）为254日元，1973年为750日元，1978年为1241日元，15年间涨了3.4倍。而且在都市的中心区，由于地理位置优越，地价更贵。因此，中心区人口逐渐减少，离中心区远的地方则人口增加很快。这一方面会使城市出现"空心化"现象，降低城市的聚集效益；另一方面则因居民住在远离市中心的地方，而增加了通勤的距离和交通成本，以及每天上下班花费在路上的时间和精力，降低了劳动效率。

影响之三，由于地价昂贵，会诱引大量资源和贷款不适当地流向房地产市场，造成投资比例和结构的破坏，引起金融秩序的混乱，助长炒卖房地产投机行为，这将拉动建筑材料等生产资料价格上扬，使房地产市场价格不合理上升而超过实际的市场需求，形成房地产"泡沫"，导致国民经济出现非正常波动。例如，1986~1990年期间日本泡沫经济就是由于地价和股价过度上涨所引起的，其中在影响股价诸多因素中，又以地价上涨影响为甚。1982~1988年，地价上涨对股价变动的影响程度为61.4%，股价上涨一多半来自地价拉动。日本泡沫经济的破灭，也是由于受紧缩金融政策影响地价和股价急剧下降的结果。仅1992年一年，日本总资产就比1991年减少448亿日元，其中地产总值减少233亿日元，几乎相当于当年国内生产总值。与此同时,银行业不良债权因房地产价格下降而大量增加,至1993年3月,日本7家房地产公司未收回贷款达6.6万亿日元,占未收回款项总额11.57万亿日元的6成。20世纪90年代起至今,日本经济一直难以复苏。

(资料来源:1. 张薰华、俞健. 土地经济学[M]. 上海:上海人民出版社,1987.

2. 日本国土厅. 日本第四次全国综合开发计划中译本[M]. 北京:中国计划出版社,1989年版。)

土地是人类社会发展过程中不可或缺的生产和生活资料,也是房地产经济重要的构成部分。地租理论是土地经济及房地产经济的重要理论基础,对于加深对房地产经济问题的理解具有重要的指导意义。

2.1 资产阶级古典经济学地租理论

资产阶级古典经济学是资产阶级经济理论中最进步的一个学派。它产生于17世纪末,完成于19世纪初,是资本主义上升时期资产阶级的经济理论。当时的英国,主要矛盾是资产阶级同封建地主阶级之间的矛盾。古典经济学完全代表产业资本家的利益进行反对封建势力的斗争,成为资产阶级有力的理论武器。

2.1.1 配第的地租理论

威廉·配第(William Petty,1623~1687)是英国古典政治经济学创始人,他是最早系统论述地租理论的经济学家,对地租理论作出了开创性贡献。

配第认为,地租是收获量减去生产费用后的剩余部分。生产费用指种子加工资。他说:"假定一个人能够用自己的双手在一块土地上面栽培谷物;即假定他能够作为耕种这块土地所需要的种种工作,如挖掘、犁、耙等;并假定他有播种这块土地所需的种子。我认为,这个人从他的收获之中,扣除了自己的种子,并扣除了食用及为换取衣服和其他必须品而给予别人的部分之后,剩下的谷物就是这一年这块土地的正当的地租。"

他还认识到地租的数量是受工资数量制约的。因为生产资料的价值是既定的,所以地租的多少就取决于工资的多少。在劳动生产率不变、谷物价格不变的情况下,工资的变动必然会引起地租向相反的方向变动。

配第还从土地位置即距离市场远近不同以及土地丰度的差别方面阐述了级差地租。在经济学说史上配第第一个提出了级差地租的概念。马克思指出:"配第比亚当·斯密更好地阐明了级差地租。"[1]

---

[1] 中共中央编译局. 马克思恩格斯全集[M]. 北京:人民出版社,1974.

配第所分析的地租是农业工人生产的全部剩余价值。他的地租论实际上是英国古典政治经济学中最初形态的剩余价值理论。他明确了地租是一种扣除，是农产品的价值除去生产资料的价值（即种子）和劳动力的价值（即工资）之后的余额，这是正确而可贵的思想。他还第一次提出了地租和工资在数量上的对立关系。这一重要论点，是后来李嘉图关于工资和利润相对立的论点的直接来源。但由于阶级的和历史的局限性，配第的地租论是不完整的，而且存在着混乱和错误。首先，他没有提出剩余价值和利润这些独立的经济范畴。他不知道也不可能知道资本主义的地租、利润和剩余价值的关系，从而无法揭示资本主义地租的本质，错误地把利润包括在地租之内，把地租等同于全部剩余价值。其次，他把价值的增加和使用价值的增加混同起来，以致把地租看成是土地的恩赐，而不了解它是农业工人的剩余劳动所创造的。最后，他还把作为剩余价值一种形态的地租与独立生产者的剩余产品混为一谈。而且他也不知道绝对地租的存在。

> **专栏2-1　威廉·配第简介**
>
> 　　威廉·配第，英国经济学家、科学家、哲学家。古典政治经济学创始人。生于英国汉普郡一个毛纺织手工业者家庭。14岁开始独立谋生，当过水手、家庭教师、海军士兵、医生。1644—1645年在荷兰莱顿大学攻读医学，后又到法英行医和研究，1649年获牛津大学医学博士学位，成为医生并兼任皇家医学院教授。1651年任英国驻爱尔兰军总司令的随从医生。1652年任爱尔兰总督的私人秘书，后又任爱尔兰土地分配总监。1658年选为英国议会议员。斯图亚特王朝复辟时期他投靠国王查理二世（1630—1685），被封为男爵，并被任命为爱尔兰土地测量总监。1662年选为英国皇家学会会员。晚年他已拥有10.9万公顷土地，并经营铁厂、渔场和木材场等企业。著有《赋税论》、《政治算术》、《献给英明人士》、《货币略论》等。
>
> 　　配第从事经济学研究是在英国1640年资产阶级革命以后。这时英国资本主义经济发展极为迅速，工场手工业日趋兴盛，产业资本逐渐代替商业资本在社会经济中占据主要地位。

2.1.2　亚当·斯密的地租理论

亚当·斯密（Adam Smith，1723~1790）是英国资产阶级古典政治经济学的主要代表之一。他认为地租是随着土地私有制的产生而出现的范畴，是资本主义社会里地主阶级的收入。由于他研究方法的两重性和受重农学派的影响，存在一些缺陷和不彻底性。斯密对于地租理论的贡献，主要体现在以下几个方面：

（1）斯密指出，地租是为了使用土地而支付的价格，这是具有重大意义的创造性观点。

（2）斯密认为，地租是土地所有权决定的农产品垄断价格的结果。

（3）关于级差地租，斯密虽然没有直接提出这一概念，但是在他论述的地租思想中涉及了这方面的理论思想。斯密指出，"不问土地的生产物如何，其地租随土地的肥沃程度不同而不相同；不问其肥沃程度如何，地租又随土地的位置不同而不同。都市附近的土地，比僻远地带同样肥沃的土地能提供更多的地租。"[①]他还指出，后来才提供地租的土地，"其价值中相对于地租的部分，亦来自生产食物的劳动力的增进，而劳动生产力这样的增进，是土地改良和耕作的结果。"[②]这些论述清楚地表明，斯密的理论不仅涉及级差地租的第一种形式，还涉及了级差地租的第二种形式。

（4）关于农业部门以外的地租，斯密认为，凡是涉及土地关系的，都存在着地租。这表明，斯密的地租理论并不局限于农业生产部门，而是把地租与土地紧密联系在一起。此外，斯密还指出，其他领域的地租是由农业部门地租所决定的。

亚当·斯密虽然在地租理论方面有着重大贡献，但是由于他在劳动价值论方面存在的一些错误，在他的地租理论中，也就存在很多混乱和错误。需要指出的是，斯密认为，地租是土地的"自然报酬"，是商品价值的基本源泉；地租是"自然力的产物"；地租是"垄断价格"的结果，这从流通领域说明了地租。脱离生产领域而从流通领域研究地租，是地租理论上的倒退。

专栏2-2　亚当·斯密和他的《国富论》

亚当·斯密（Adam Smith，1723年6月5日～1790年7月17日），英国苏格兰哲学家和经济学家。生于苏格兰伐夫郡的可可卡地，后进入格拉斯哥大学学习，1740年进入了牛津大学贝利奥尔学院，1746年离开牛津大学。1748年开始于爱丁堡大学演讲授课。年近30岁时第一次阐述了经济哲学的"明确而简易的天赋自由制度"，他后来将这些理论写入被简称为"国富论"的《国民财富的性质和原因的研究》一书里。《国富论》是第一本试图阐述欧洲产业和商业发展历史的著作，在1776年出版。

《国富论》共分五卷。它从国富的源泉——劳动，说到增进劳动生产力的手段——分工，因分工而起交换，论及作为交换媒介的货币，再探究商品的价格，以及价格构成的成分——工资、地租和利润。书中总结了近代初期各国资本主义发展的经验，批判吸收了当时的重要经济理论，对整个国民经济的运动过程作了系统的描述，被誉为"第一部系统的伟大的经济学著作"。

《国富论》中的很多观点，奠定了现代西方经济学研究的理论基础。主要包括：

---

① 亚当·斯密. 国民财富的性质和原因的研究（上册）[M]. 北京：商务印书馆，1972.
② 亚当·斯密. 国民财富的性质和原因的研究（上册）[M]. 北京：商务印书馆，1972.

第一，提出了经济的发展由"看不见的手"——市场来引导的，提倡自由竞争，反对政府干预。第二，从人的本性——利己动机出发，论述了利己主义是人的一切经济行为的动机。第三，提出劳动分工是提高效率的关键，提出了劳动价值论，第一次明确提出价值和使用价值的概念。

2.1.3 李嘉图的地租理论

大卫·李嘉图是资产阶级古典经济学集大成者，他进一步发展了配第、斯密等经济学先驱的思想和研究方法，对地租理论作了最好的说明。

李嘉图比斯密更明确地把地租区分为严格意义上的地租和通俗意义上的地租。他认为，通俗意义上的地租（租金）是指农场主每年实际付给地主的一切。他说，假定有两个相邻的农场，面积相等，自然肥沃力也相同。其中一个有农场建筑的各种便利条件，而且排水施肥也很便宜，又有墙壁篱埂便利地分离开来。另外一个却全然没有这些设施，那么使用前者所付报酬自然会比后者多，然而两种情况下所付的这种报酬都会被称为地租。经济学上的地租是为使用土地的原有和不可摧毁的生产力而付给地主的那一部分土地产品。地主仅仅因为占有土地而索取地租，地租是地主阶级不劳而获的收入。这就说明了地租的性质。

李嘉图进一步发展了级差地租理论，认为级差地租产生的条件，一是土地数量有限，二是土地的肥沃程度与位置的差别。依据级差地租产生的条件，他推论最初的土地十分丰富，没有被人占有，每一个人都可以任意支配，随便耕种。因此，没有人会为使用土地而支付代价。但是，随着社会的发展、人口增加，仅仅靠耕种优、中等土地已不能满足需要，于是劣等土地投入耕种，优、中等土地马上就开始有了地租。因为优、中等地生产率高，而劣等地生产率低。李嘉图认为，在资本竞争的条件下，耕种不同质量土地的资本要求获得一种利润率，而不是两种利润率。农产品市场价格必然由劣等地产品的劳动耗费决定，由那些要继续在最不利的条件下进行生产的人所必须投入的较大量劳动决定，优、中等地就会得到一个超过平均的差额。这个差额便转化为地租归地主所有。

李嘉图关于地租量的计算为：地租＝市场价格－生产成本－平均利润。

相对于较前的经济学家，李嘉图的地租理论比较系统和丰富，但是他有其理论缺陷，主要就是：李嘉图级差地租第一形式理论建立在土地耕作顺序，即优等地到劣等地的基础上。级差地租第二形式理论建立在土地肥力递减基础上。同时，他也没有提出绝对地租。原因在于：一方面，他否认土地所有权的存在，也就是否认，只要存在土地所有权就必须缴纳地租；另一方面，他将价格与价值混同。

专栏2-3 李嘉图的《政治经济学及赋税原理》

大卫·李嘉图在赋税理论方面有很多独到的见解，于1817年发表《政治经济学及赋税原理》，被誉为是继亚当·斯密《国富论》之后的第二部最著名的古典政治经济学著作。它的出版被人们称为"李嘉图革命"。该书多次再版，成为经济学说史上一部真正的辉煌巨著，是关于政治经济学经典研究方法的基础。这部巨著囊括了古典政治经济学的所有理论，包含着李嘉图的全部思想精粹，成为《资本论》的重要思想源泉。

关于赋税来源，根据劳动价值理论，大卫·李嘉图认为税收来自劳动产品的价值，税收的来源有两个方面：资本和收入。如果税收的征收使得人们增加生产或减少消费，那么税收来源于收入；如人们没有增加生产或减少消费，则税收是来源于资本。

关于税收原则，大卫·李嘉图认为社会的一切收入都应该征税，人们应该按自己的财力来负担税收，政府的税收只要负担合理，至于落在哪项收入上面是无关紧要的。为了公平地征收税收，应该建立以工资税、利润税和农产品税组成的税收制度。税收具有妨碍生产和耕种的通病，会给生产带来负担。因此，大卫·李嘉图认为最好的财政计划就是节流，最好的赋税就是税额最少的赋税。

关于赋税对经济的影响，大卫·李嘉图认为主要包括三个方面：

第一、赋税对资本主义生产的影响。大卫·李嘉图认为，税收不是来自资本，就是来自收入，因而从总体上看，税收不利于资本主义生产的发展，来自资本的赋税比来自收入的赋税对生产更有害。如果赋税落在资本上，人民原来决定用在生产性消费上的基金将会因此受到损失。李嘉图在阐述税收对经济的影响时，还指出赋税会造成利润率下降，从而导致资本转移的倾向。他还认为，如果征税不具有普遍性，对某些行业征收某种税，而对另一些行业不征税，同样会引起资本的转移。他认为，为了减轻赋税对生产的不利影响，就要避免对资本课税，而尽量征收弊病最小的均等收入税和奢侈品税。

第二、赋税对价格的影响。李嘉图认为课税往往使商品价格呈上升趋势，赋税可以改变商品间原来的价格比例关系。

第三、赋税对经济的其他影响。李嘉图认为，税收可以通过改变利润水平来影响产品供求；税收还可以通过改变国民的收入投向，变个人所得为政府收入，引导资源配置；税收可以通过减少资本，减少劳动的实际需求，从而减少工人的就业机会；税收可以通过出口退税，进口课税，发展对外贸易，促进本国经济发展。

2.2 近现代西方经济学地租理论

近现代西方经济学说史上一个重要的流派就是土地经济学派，它是在斯密、李嘉图等的学说基础上产生和发展起来的，它把地租理论从农业领域推广到了市场领域，形成了系统的土地经济思想。

2.2.1 萨伊的地租理论

让·巴蒂斯特·萨伊（1767~1832）是法国资产阶级经济学家。法国资产阶级庸俗政治经济学的创始人。他是继亚当·斯密、李嘉图古典经济学派兴起之后的又一个经济学伟人。

萨伊否定生产过剩的存在，提出了著名的"供给能够创造其本身的需求"的观点，即所谓的"萨伊定律"。萨伊认为商品买卖实质上是商品交换，货币只在刹那间起媒介作用。产品总是用产品来购买，买者同时也就是卖者，买卖是完全统一的。因此，商品的供给会为自己创造出需求，总供给与总需求必定是相等的。局部供求不一致也会因价格机制的调节而达到均衡。

他建立了政治经济学的三分法，把政治经济学划分为财富的生产、财富的分配和财富的消费三部分。他抽掉资本主义这一历史的特殊的社会经济形式，把它变成生产一般。他认为生产不创造物质，只是创造效用，把物品满足人类需要的"内在力量"叫作"效用"。物品的效用是物品价值的基础。他认为，劳动、资本和自然力（如土地等）协同创造产品，提供效用，从而协同创造价值。对这三种生产要素的使用，要支付代价，也就是对它们各自提供的生产性服务要给予报酬，劳动得到工资、资本得到利润、土地得到地租。他完全否定劳动决定商品价值的观点，坚持斯密的庸俗观点：即工资、利润和地租这三种收入构成价值，它们组成商品的生产费用，然后，用生产费用来决定价值。他还把生产费用和供求论结合起来，借助于供求关系、以随供给和需求的变动而变动的价格作为测量物品价值的尺度。

萨伊对于地租理论的贡献在于提出了"三位一体"公式。他认为资本、土地如同劳动一样能提供生产性服务，创造效用，具有创造价值的能力。因此，也具有创造收入的能力。他据此断言工资、利润、地租各有自己的来源。劳动-工资、资本-利润、土地-地租，这就是"三位一体"公式。这个公式否定斯密关于利润、利息和地租是劳动所创造的价值的扣除部分的观点。他又把利润划分为相互独立的两个部分：使用资本所付的租金，即利息；使用资本的劳动的利润，是对企业家从事冒险、监督和管理企业的报酬。他认为企业家的"智力和才能"应得到高的报酬。甚至认为工人的技能也是一种"资本积累"，也会获得像企业家那样的报酬，他称其为"劳动利润"。这就否定了工资与利润具有根本不同的性质。

2.2.2 马歇尔的地租理论

阿尔弗雷德·马歇尔（1842~1924）是新古典主义经济学的代表性人物。他认为，一般而言的地租由几部分组成，即由原始价值、私有价值和公有价值所组成。其所谓土地的私有价值是指土地所有者为改良土地及建造建筑物等的投入的资本和劳动所带来的收入。公有价值是国家建设各种基础设施，提高了土地使用效率而带来的增值。而土地的原始价值才是经济学意义上的地租，是大自然赋予的收益，是土地供给和需求相互作用的结果，地租是土地供求达到均衡时的均衡价格。[①]

在马歇尔的地租理论中，还提到了"准地租"的概念。马歇尔认为，地租是自然物质所获得的收入，不包括改良土地投入的资本报酬。但是，在现实经济运行中，土地收入不单纯由纯地租获得，其中包括一部分土地投资的报酬。这部分报酬，既与地租不同，又具有地租的性质，有时可以称之为租金，也就是"准地租"。

马歇尔准地租的概念，运用的范围比较广。比如他把工资中的一部分称之为准地租。他说在工资中，特别是高级技术管理人员和企业经理等的收入中，就存在一个超过正常工资的额外收入，这个收入是特殊才能的报酬，属于"准地租"。马歇尔也把利润与准地租联系起来。虽然他认为，利润有一个正常的比例，这与企业家才能的供给（如教育、培训等）费用相联系，但最终是由企业家特异的天赋、才能决定的。由此马歇尔认为，企业家利润中有较大部分是"准地租"。

2.2.3　阿隆索的地租理论

美国经济学家威廉·阿隆索（William·Alonso）在杜能农业区位理论的基础上，建立了厂商对城市土地的投标曲线，然后根据经济学中的一般均衡原理，在土地市场的均衡中创造包括农业、工商业和居住性用地在内的土地价值模式。阿隆索假定经济活动是在一个完全均质的大平原上进行的，城市坐落在这个大平原上，它的中心是商品交换的唯一场所。土地经过自由接触而买卖，没有任何制度限制地面上建筑物的固定特征。税率在这个城市处处划一，并且地主和土地使用者对市场都有完备的知识和了解。使用土地的目的各不相同，厂商和农场主选择土地是为了获得最大利润，住户是为满足最大的效用，而地主则是谋取最大的收益来出租他们的土地。

阿隆索在上述假设的基础上创立了他的地租理论，其理论要点和主要贡献表现在以下三个方面：

首先，利用数学模型揭示了各行业的地租成因，把地租的研究推向了更广阔的领域。利用土地面积、产品价格、经营成本以及单位产品的运输成本为变量，建立了农业地租的投标曲线和地租成因，并在地租为零的假设条件下，分析了不同区位相应的经营作物；利用住户收入开支的三个方面，即租用土地的支出、通勤费用以及各种商品消费和服务支出，建立了住户的地租模型和相应的投标曲线，以追求最大利润为目标，利用经营成本、利润额、营业量以及土地成本为变量，建立了厂商地租模型和相应的投标曲线。无论在地租研究的深度还是广度上，阿隆索都比前人前进了一步。

---

① 阿尔弗雷德·马歇尔. 经济学原理［M］. 北京：商务印书馆，1964.

其次，阿隆索利用所谓的地租结构分析了不同作物的竞标，并揭示了杜能环的形成机制。阿隆索认为，在农业投标模型中，不同的作物都有各自的产量、价格、成本和运费，与别的作物形成明显的差异，故它们的投标曲线也各不相同。将众多的作物投标曲线同时都显示在二维坐标系中，便可决定不同作物的分布和区位地租。

再次，阿隆索利用地租结构，揭示了城市土地市场出租价格的空间分布特点。把从城市中心向外，处于不同位置的土地市场中出租的价格，在二维空间坐标系中连接起来，就得到真实的土地价格线（出租价格）。阿隆索把它称之为价格结构。它与投标曲线的价格不同之处在于前者是市场真实的价格，后者则是在满足一定效用水平条件下，土地使用者在最优选择了租地面积时愿意支付的价格。

2.3　马克思主义地租理论

马克思地租理论继承和吸收了资产阶级古典经济学地租理论中的有价值部分，是以劳动价值论为基础建立起来的，对地租问题进行了最科学的说明，是研究和学习房地产经济学的理论根基。

2.3.1　资本主义土地所有制及地租的本质

1．资本主义土地所有制

一切地租都是土地所有权在经济上的实现形式。土地所有制不同，地租的性质就不同。

与封建土地所有制相比，资本主义土地所有制具有两大特点。第一，土地所有权与经营权相分离。在资本主义农业中，大土地所有者掌握着土地所有权，但他们自己不直接从事农业生产经营，而是将土地租给农业资本家，由农业资本家雇工经营，从而形成了土地所有权与经营权的分离。第二，土地所有权与人身依附关系相分离。在封建土地所有制下、农民对地主存在着不完全的人身依附关系和超经济强制。而资本主义土地所有制以雇佣劳动为基础，农业工人虽然失去了生产资料，但在法律上具有人身自由，农业工人与农业资本家之间除了经济上的雇佣劳动合同的约束之外，不存在任何其他关系和超经济强制。

资本主义土地所有制是在封建土地所有制和小农经济瓦解的基础上产生的，是资本主义生产方式在农业中发展的结果。由于各个国家具体历史条件不同，资本主义土地所有制形成的道路和过程也不完全相同，列宁在研究了当时世界上主要资本主义国家的土地所有制后，把资本主义土地所有制的形成概括为两条道路。一条是改良的道路。即在保留封建土地所有制的基础上，采取改良的办法，使封建土地所有制逐渐演变为资本主义土地所有制。具体做法是封建地主通过改革，允许农奴在向地主缴纳大量赎金以后，免除封建农奴的义务，并把原来使用的土地交还给地主，使农奴转变为自由劳动者。封建地主则逐步转变为资本主义土地所有者，按照资本主义生产方式经营农业。以普鲁士资本主义农业发展最为典型，又称"普鲁士式道路"。

另一条道路是革命的道路。即通过资产阶级革命，彻底摧毁封建地主经济，将土地分给农民，使小农经济成为最主要的经济形式，然后通过小农经济的两极分化，逐步演变为资本主义土地所有制。以美国的资本主义大农场最为典型，所以又称为"美国式道路"。

2．资本主义地租的本质

资本主义地租是农业资本家为了取得土地的使用权而交给土地所有者、由农业工人创造、超过平均利润以上的那部分剩余价值，是超额剩余价值的转化形式，是资本主义地租的本质。

农业资本家投资于农业，同投资于工业和商业一样，也要获得平均利润，否则他们就不会投资于农业。土地所有者出租土地，必须获得地租，否则他们就不会出租土地。这就要求农业工人创造的剩余价值必须大于平均利润，相当于平均利润的那部分剩余价值形成农业资本家的平均利润，超过平均利润以上的超额利润部分则作为地租交给土地所有者。所以，资本主义地租体现了土地所有者与农业资本家共同剥削农业工人的关系。

为了进一步理解资本主义地租的本质，有必要区分资本主义地租和封建地租。第一，资本主义地租体现土地所有者和农业资本家共同剥削农业工人创造的剩余价值的关系，封建地租体现封建地主对农民的剥削关系。第二，资本主义地租只是农业工人创造的剩余价值的一部分，封建地租则包括农民的全部剩余劳动甚至包括一部分必要劳动。第三，资本主义地租不存在人身依附关系和超经济强制，封建地租则存在人身依附关系和超经济强制。

2.3.2 级差地租

1．级差地租的形成

级差地租，是等量资本投在不同地块上或等量资本连续投在同一块地上，具有不同生产率所带来的结果，生产率较高的投资所获得的超额利润形成级差地租。

级差地租是和土地的等级相联系的。假定土地分为优等、中等和劣等三个级别。在这种条件下，即使租种面积相等的土地，由于土地的等级不同，交纳的地租数量也不一样。优等地的地租高于中等地的地租，中等地的地租又高于劣等地的地租。地租的高低随着土地等级的差别而具有级差性。那么，为什么地租有级差性呢？它是什么原因造成的呢？

在自然界中，由于土地数量是有限的，当它被某个人占用后，别的人就不能使用，这就造成了对土地经营的垄断。这种垄断，使农产品的社会生产价格不能像工业产品那样，由中等或平均生产条件生产的产品的生产价格决定，而只能是由劣等地生产的产品的个别生产价格决定。因为在不同土地上耕种的劳动生产率不一样，生产农产品的劳动消耗不同，产品的个别生产价格有高有低。劣等地上劳动生产率低，产量少，产品的个别生产价格较高；优等地的劳动生产率高，产量多，产品的个别生产价格较低。如果农产品也像工业产品那样，由中等条件的产品的生产价格决定社会生产价格，经营劣等地就得不到平均利润，就没有人愿意投资。这样，会出现农产品不能满足市场的需要，引起物价上涨，一直涨到劣等土地也能获得平均利润为止。只有让劣等地生产的产品的个别生产价格来决定农产品的社会生产价格，才能使劣等地也加入耕种的行列以满足社会对农产品的需要，使经营劣等地的资本所有者也能获得平均利润。于是，优等地和中等地的投资者，产品的个别生产价格低于社会生产价格，按照社会生产价格出卖，就获得数量不等的超额利润。这个超额利润由于土地经营权的垄断不会消失，但由于农业资本所有者经营的土地是从土地所有者手里租来的，土地的所有者就可以凭借对土地的所有权向他们索取超额利润，从而超额利润就转化为级差地租。

必须指出，土地只是形成超额利润的客观条件，不是它的源泉。土地作为自然资源，本身并不创造价值和利润。如果没有农民的劳动，再好的地也不可能创造出任何利润。所以，超额利润、级差地租的来源不是土地，而是农民的劳动。不能把产生级差地租的自然条件和级差地租的源泉混为一谈。

2. 级差地租的形式

级差地租按其形成的条件不同，可以分为两种基本形式：级差地租第一形式，即级差地租Ⅰ，它是由于土地肥沃程度不同、位置优劣不同等所产生的超额利润转化成的地租。级差地租第二形式，即级差地租Ⅱ。它是由于对同一土地进行追加投资所产生的超额利润转化成的地租。表2-1、表2-2和表2-3分别说明了两种级差地租的产生。

（1）由于土地肥沃程度不同形成的级差地租Ⅰ

等量资本投入到面积相同，但肥沃程度不同的土地上，每块土地的生产率就会有差别。投在优等地和中等地上的资本的生产率高于劣等地的生产率。这样，优等地和中等地生产的农产品个别生产价格就会低于社会生产价格，即劣等地的农产品的个别生产价格，由此产生的超额利润，便形成级差地租Ⅰ，见表2-1。

由于土地肥沃程度不同形成的级差地租Ⅰ　　　表2-1

土地类型	投入资本（元）	平均利润（元）	产量（担）	个别生产价格（元）		社会生产价格（元）		级差地租Ⅰ（元）
				全部产品	每担	每担	全部产品	
优等地	200	40	10	240	24	40	400	160
中等地	200	40	8	240	30	40	320	80
劣等地	200	40	6	240	40	40	240	0

在上表中，优、中、劣三块土地上都投资200元，平均利润都是40元（假定平均利润率为20%），则每块土地的个别生产价格都是120元。但由于产量不同，因而每担产品的个别生产价格并不相同，优等地为24元，中等地为30元，劣等地为40元。而农产品的社会生产价格是由劣等地的生产条件决定的，为40元一担。按40元每担出卖的结果，劣等地只得到平均利润，没有超额利润，因而经营劣等地的农业资本家不用交级差地租。中等地和优等地分别获得80元和160元的超额利润，这些超额利润是由于土地肥沃、产量高而获得的，应该作为地租交给土地所有者，形成级差地租Ⅰ。

（2）由于地理位置形成的级差地租Ⅰ

土地位置的好坏可以用土地与市场的距离来表示。土地与市场的距离不同，所花费的农产品的运输费用就不相同。运输费用是生产性流通费用，应当计入产品的成本价格。这样，肥沃程度一样的不同地块的农产品个别生产价格就会有差异。优等地与市场的距离最近，耗费的运输费用最少，个别生产价格最低；劣等地与市场的距离最远，耗费的运输费用最高、个别生产价格最高；中等地介于两者之间。由于农产品的社会生产价格是由位置最差、距离市场最远的劣等地的个别生产价格决定，这就使得距离市场近、运输费用少的优等地和中等地能够获得超额利润。这个超额利润同样应该作为地租交给土地所有者，形成级差地租Ⅰ，见表2-2。

由于地理位置度不同形成的级差地租Ⅰ　　　表2-2

地块	与市场距离（千米）	成本价格（元）			平均利润（元）	产量（担）	全部产品		级差地租Ⅰ（元）
		生产成本	运输费用	合计			个别生产价格（元）	社会生产价格（元）	
A	30	100	150	250	50	5	300	300	0
B	20	100	100	200	40	5	240	300	60
C	10	100	50	150	30	5	180	300	120

在上表中，A、B、C三块土地肥沃程度一样，但距离市场的位置有差异，A距离市场最远，为劣等地，C距离市场最近，为优等地，B为中等地。各地块由于肥沃程度一样，其农产品的生产成本就一样，均为100元，但是由于地理位置的远近不同，运输费用存在差异，假定每千米运费为5元，那么三块土地的运费分别为150元、100元和50元。再假定平均利润率为20%，则三地块个别生产价格分别为300元、240元和180元，而农产品的社会生产价格由劣等地的300元决定，因此，B、C均能获得超额利润。

（3）级差地租Ⅱ的形成

级差地租Ⅱ是指在同一块土地上连续追加投资取得高于劣等地的生产率所带来的超额利润所形成的地租。在同一块土地上追加投资，主要是进行集约经营、改良土壤、精耕细作、改进农业生产技术、使用良种和高效化肥等，从而使农产品产量提高。只要追加投资的生产率高于劣等地的生产率，所增产的农产品个别生产价格就会低于劣等地，从而就会带来超额利润。这部分超额利润同样应该归土地所有者，形成级差地租Ⅱ，见表2-3。

级差地租Ⅱ的形成　　　表2-3

类型	投入资本（元）		平均利润（元）	产量（担）	个别生产价格（元）		社会生产价格（元）		级差地租（元）
					每担	全部	每担	全部	
劣等地	200		40	6	40	240	40	240	0
优等地	原投入	200	40	8	30	240	40	320	Ⅰ 80
	追加	200	40	10	24	240	40	400	Ⅱ 160

在表2-3中，优等地和劣等地各投资200元，平均利润40元（平均利润率为20%），劣等地产量为6担，优等地的产量是8担。每担按40元的社会生产价格出售，劣等地只得到40元平均利润，没有级差地租。优等地获得40元的平均利润和80元的级差地租Ⅰ。现在假定优等地上再追加投资200元，追加投资使优等地的产量从原来的6担增加到18担，增产10担。按40元一担的社会生产价格出卖，可以增加400元收入。扣除追加投资200元和平均利润40元，可得超额利润160元，这160元超额利润就是级差地租Ⅱ。

> **? 讨论与思考**
>
> 级差地租Ⅰ和级差地租Ⅱ是超额利润转化的不同形式，请思考二者有何联系和区别？

2.3.3 绝对地租

绝对地租是由于土地私有权的存在，租种任何土地，包括租种劣等土地都必须缴纳的地租。它是由农产品的社会生产价格低于价值的超额利润所构成的。

农业的资本有机构成低于工业的资本有机构成是绝对地租形成的条件[①]。资本主义农业在相当长的发展时期内，农业生产技术是落后于工业的，因而农业资本有机构成低于工业资本有机构成，或低于社会平均资本有机构成。农业资本有机构成较低，同量资本在农业中可推动更多的活劳动，在剩余价值率相同的情况下，农业部门所创造的剩余价值高于工业部门，从而使农产品的价值高于其社会生产价格。农产品的价值高于社会生产价格而产生的超额利润，便形成绝对地租。

土地私有权的垄断是绝对地租产生的原因。土地私有权的垄断，是指农业中有限的土地被私人土地所有者占有以后，别人无法再去拥有对土地这种生产资料的私有权，从而形成了对土地的私有权垄断。农产品之所以能够按高于社会生产价格的价值出售，农产品价值高于社会生产价格的差额之所以不参加利润的平均化，而保留在农业部门形成绝对地租，是由农业中土地私有权垄断所决定的。首先，土地私有权的垄断，使农产品价值高于社会生产价格的余额，有可能留在农业部门形成绝对地租。剩余价值转化为平均利润，需要具备资本在不同部门之间的竞争和自由转移，而土地私有权垄断阻碍和排斥了资本自由转入农业。因此，农业中的剩余价值并不参加全社会的利润平均化过程。这样，农产品能够不按照社会生产价格出售，而是按照高于社会生产价格的价值出售。价值高于社会生产价格所形成的超额利润，就有可能保留在农业部门，转化为被土地所有者占有的绝对地租。

---

① 所谓资本的有机构成，指的是资本中不变资本与可变资本的比例关系，即 $C:V$。农业资本的有机构成低意味着农业生产部门投入的资本中，不变资本C较低，而可变资本V较高。

其次，土地私有权的垄断，使农产品价值高于社会生产价格的超额利润，必须留在农业部门形成绝对地租。这是因为，在土地被土地所有者私人占有，并形成了对土地私有权垄断的情况下，农业资本家只要耕种土地，就必须缴纳地租，否则，根本不可能使用土地从事农业生产经营。这就决定了农产品必须按照高于社会生产价格的价值出售，从而在农业资本家获得平均利润的同时，又有可能向土地所有者缴纳绝对地租。

在资本主义农业中，农业资本家租种劣等地的不缴纳级差地租，但必须缴纳绝对地租。租种优等地的和中等地的则既要缴纳级差地租，又要缴纳绝对地租。绝对地租的源泉是农业工人的剩余劳动所创造的剩余价值的一部分，即超额剩余价值。

2.3.4 地租的其他形式

1．垄断地租

垄断地租是由垄断价格产生的超额利润所形成的地租。垄断地租产生的条件，是某种土地特殊的优越性和稀少性。垄断地租产生的原因，是对某种特殊土地的垄断经营。例如，某些地块具有特殊的自然条件，在这种地块上能够生产某些特别名贵而又非常稀少的产品，而社会对这些产品的需求又十分强烈，因此，这类产品就可以按照不仅大大超过生产价格而且也超过其价值的垄断价格来分类。马克思认为，这种垄断价格"只是购买欲和支付能力决定，而与一般生产价格或产品价值所决定的价格无关"。所以，这里讲的垄断价格与一般市场价格不同。它不是以垄断资本的存在为前提，而是以对特殊土地的经营垄断为前提。这种垄断价格所产生的超额利润与土地所有权无关。土地所有权在这里的作用和在级差地租中的作用一样，只决定这个超额利润要归土地所有者占有，并转化为垄断地租。

2．矿山地租

矿山地租是指资本家为租用矿山土地使用权而交纳的地租。马克思指出："真正的矿山地租的决定方法农业地租是完全一样的。"矿山地租也存在级差地租和绝对地租问题。利用某些蕴藏稀有矿物的矿山，还要提供垄断地租。它同样是由于对这种矿山的经营垄断而产生的。

矿山所有权以及矿山地租的存在，对资本主义生产的发展也起着严重的阻碍作用。它不仅提高了矿产品的价格，而且限制了矿业资本的积累和新的投资。

3．建筑地段地租

建筑地段的地租是指住宅或工商等部门经营者为建住宅、工厂、商店、银行、仓库或其他建筑物租用土地，而向土地所有者支付的地租。

建筑地段的地租其实质就是城市地租，也可分为级差地租和绝对地租两种基本形式，同时还存在垄断地租。这种地租与农业地租相比较，具有明显的特点：

（1）决定级差地租量是土地的区位，即土地距离市场的远近

究其原因，就在于城市土地地理位置好坏，直接关系到它所能带来的集聚效益的大小。具体表现在：一是位于原材料、燃料等生产资料市场近，交通干道及沿海沿江的城市土地，

能够保证企业以较低的成本、较少的时间，获取生产所需要的原材料和运输制成品。二是位于人口和集聚程度高的城市土地，其市场容量大，从而能直接提高企业销售额。如在中心商业区、繁华的商业街区经营商业，较之零星散落的商店更容易招来消费者。三是城市土地位置的优劣，决定着获得其他生产要素，特别是信息等特种资源费用的高低。

（2）不同行业形成不同地租的来源渠道

在城市中，各类经营建筑物虽然扎根于土地中，建立在土地上，但不是由土地生长出来的，因此不能称为土地产品，地租不能简单地说包含在这些建筑物中。由于不同行业对土地利用不同，经营的内容和范围不同，从而形成不同的地租。如加工工业的地租是在工业产品的剩余产品价值中的扣除，由该行业工人新创造的剩余价值的一部分转化而来的。商业地租是从商业利润中扣除，因为商业不生产产品，只是在流通中实现商品形态的变化。因此，商业企业从事经营活动所使用土地支付的地租，最终来源于产业部门所创造的剩余价值的一部分。服务业地租如属于物质生产部门的从剩余产品价值中分割，属于非物质生产部门的则从其利润中扣除。住宅的地租则主要由消费者从个人收入中交付，实质上是工资收入的一部分。

（3）地租与房租相结合并包含在房租中

土地作为一种财富和重要的生产要素，其作用是为人们生产和生活提供必要的场所及其空间，所以，地上建房是现代城市地产普遍和一般的存在状态。并且，房屋建筑物会因它所在地段等级不同而造成房价落差；而房屋及其配套设施的数量多少、质量的好坏，允许建造的容积率、设计标准、使用功能以及预期售价高低等，将直接影响到地价的高低。因此，不论是买卖房屋，还是租赁房屋，房价和房租都包含地价和地租；而城市建筑地段的地价，又总是摊在出售房屋的单位面积价格中。在市场交易中，房产和地产的价值总是结合在一起计算的。因而，地价与房价、地租与房租具有不可分割的特点。

（4）垄断地租占有显著优势

随着城市化和现代化的发展，城市人口将不断增长，要求工商业、金融及其他服务业等的发展，这将导致对城市建筑土地的需求日益增加，城市土地尤其是地理位置优越、交通方便、公共设施齐全的建筑地段地租不断提高。在这些地段上的建筑物就取得垄断价格的形态，表现为高房价或高房租。这种高价房和高房租中就包含高额垄断地税。

2.4 社会主义地租

马克思地租理论建立在资本主义生产关系基础上，认为地租体现了资本家剥削、分割农业生产者剩余价值的本质。那么，在我们这样一个早已不存在阶级剥削的社会主义国家里，地租仍然存在吗？其性质有何变化呢？

> **专栏2-4 中国地租的法律确认**
>
> 中华人民共和国成立初期，我国城市土地在全面实行国有化之前，存在着私有土地使用制和国有土地使用制两种所有制形式。1950年4月3日政务院公布的《契税暂行条例》第八条指出："各机关与人民相互间有土地房屋之买卖、典当、赠与或交换行为者，均应交纳契税。"直至1956年，城市私有土地基本上可以买卖、出租、入股、典当、赠与或交换。1956年1月18日中共中央书记处第二办公室《关于目前城市私有房产基本情况及社会主义改造的意见》中规定："一切私人占有的城市空地、街基地等地产，经过适当办法，一律收归国家。"实现了城市土地的全面国有化。至于国有土地的使用，则"由当地政府无偿拨给使用，均不必再交租金。"至于农村土地，各地通过实行土地改革以及农业合作化运动后，土地归农民集体所有。这就形成了城市土地国有、农村土地集体所有的社会主义土地公有制。1982年制订的《宪法》第10条明确规定："任何组织和个人不得侵占、买卖、出租、或者以其他形式非法转让土地。"这在法律上确定了土地的无偿使用制度，社会主义地租在实际上是不存在了，地租调节土地资源优化配置的功能无法实现。随着改革开放的发展，客观上要求改变无偿使用土地为有偿使用土地。适应经济体制转轨的要求和改革开放的需要，1988年4月11日第七届全国人民代表大会对《宪法》进行修改，确定了"土地使用权可以依照法律的规定转让"。1990年5月19日国务院正式颁布《中华人民共和国城镇国有土地使用权出让和转让暂行条例》，对国有土地使用权的出让、流转、使用期限等作了具体规定。这些法规与制度的调整，最终确立了国有土地的所有权与使用权分离，从而为国有土地使用权的资本运营及国家收取土地使用税费，提供了重要的理论依据和法律保障。1998年经第九届全国人大常委会第四次会议审议，修订并通过的《中华人民共和国土地管理法》规定："以出让等有偿使用方式取得国有土地使用权。这就为土地有偿使用的全面实行在法律上给予肯定。"

2.4.1　社会主义地租存在的原因

1．土地公有制及土地所有权的存在是地租存在的根本原因

按照马克思主义原理，地租是土地所有权在经济上的实现形式。我国社会主义制度下土地所有权仍然存在，因此必然存在地租。我国的土地实现社会主义公有制，包括国家所有和集体所有两种形式，土地的所有权分属于国家和集体经济组织。无论国家还是集体，客观上都要求其土地所有权在经济上得以实现，其形式就是社会主义地租。

2．土地所有权和使用权相互分离，地租必然存在

马克思认为，土地经营权的垄断是地租存在的必然原因。我国的土地经营权内含于土地使用权中。在国家所有的土地上，土地所有权由国家垄断，并由各级政府委托土地管理部门行使土地所有权，对土地进行管理。国家和政府不能直接经营土地，只能将使用权有偿有期限的出让给相对独立的企事业单位，由这些使用单位支付土地出让金，其本质也就是社会主义地租。

3. 地租是社会主义市场经济发展的必然要求

在社会主义市场经济条件下，土地作为一种稀缺资源可以在市场交易和流转。土地流转的本质就是土地权属的转移，每一种权属都具有排他性。在土地流转中，应在经济上保障各个权利的拥有主体的使用、收益、处分等权益，这种经济保障实际上是地租。

2.4.2 社会主义地租的形式

1. 社会主义级差地租

对社会主义级差地租理论的讨论，是从社会主义经济实践中提出来、迫切需要加以解决的理论和现实问题。20世纪60年代初，由于完成了农业的社会主义改造，实现了集体生产劳动，产生了对不同生产条件的社队的级差收益如何分配问题。这关系到国家、集体、个人三者的利益。但1958年后，由于忽视合作社之间存在的经济差别，实行以公社为基本核算单位，使农业生产遭到极大损失，当时的经济实际迫切要求用马克思关于级差地租的理论，来阐明不同生产条件的社会经济差别问题和产品分配问题，以制定正确的农村经济政策。因此，理论界展开了一场大讨论。

1979年以后，由于农业实现了联产承包责任制，农民与土地的结合方式发生了变化，由过去集中劳动、统一使用全部土地变为分散劳动、固定使用某一块土地或某几块土地。这种经营方式的改变，使土地的优劣对承包户的自身物质利益有更明显的影响，因此，又引起了对级差地租问题的新探讨。这一次的讨论，比前几次更深入、更广泛。与此同时，在城市由于对外开放和市场经济的迅速发展，大量的城市土地批租，促使城市房地产业以前所未有速度向前推进。随着城市地产市场的建立和发展，对社会主义城市地租的研究成为迫切而重要的理论问题和实际问题，也引起了越来越多人的关注。

级差地租属于社会主义经济范畴，社会主义市场经济条件下级差地租是存在的。因为作为形成级差地租的经济前提的商品货币关系、物质基础的土地等级差别和产生级差地租原因的土地经营垄断，在社会主义条件下依然存在。在商品经济条件下，土地产品形成了价值和市场统一价格，等量劳动投入面积相等而丰度不等的土地带来的不等量产品，才表现为级差土地收入；另一方面，经营土地的是商品生产者，他要求自己的投资有一定利润，只有超额利润才愿意交租。因此，否定级差地租，实际上也就是否定了社会主义经济的商品性，否定了经营土地者是商品生产者，因而也否定了他们独立的经济利益。而那些已经营较优土地的经济单位和商品生产者，就排斥了其他经济单位和商品生产者同时经营这块土地，因而处于垄断地位。在社会主义市场经济条件下，要使土地经营垄断不再存在，则要以承担社会生产的经济单位和商品生产者不存在独立的经济利益，失去其商品生产和经营者的地位为社会前提。而这样的社会条件只有在将来共产主义才会出现。所以，在社会主义初级阶段，级差地租存在有其客观必然性，只不过所反映的经济关系及其性质和作用，与资本主义制度下的级差地租根本不同。

由于形成超额利润具体条件的不同，社会主义级差地租也有两种形式，即由土地的丰度和区位等级差别形成的超额利润转化为社会主义级差地租Ⅰ，由在同一地块连续投资产生的与劣等地的收入差别转化为社会主义级差地租Ⅱ。

2．社会主义绝对地租

随着经济体制的改革和对外开放的发展，尤其是经济特区的建立，外资来我国投资，这就产生了要不要向外商征收单纯使用土地的绝对地租？中外合资企业中和国内联营的企业使用土地的一方要不要交纳地租？社会主义国有土地和集体所有的土地所有权如何在经济上得以实现？目前比较一致地认为，在我国社会主义初级阶段，存在着产生绝对地租的原因和条件，仍然存在绝对地租。

绝对地租形成的直接原因是对土地的所有权的垄断，土地私有权只是土地所有权的表现形式之一，我国废除了土地私有制，建立了社会主义土地公有制，它仍然是土地所有制的一种形式。土地所有权的存在决定了绝对地租依然存在。在社会主义初级阶段，我国建立的社会主义土地公有制，采取的是国家所有和农民集体所有的两种形式。而且社会主义经济仍然是市场经济，土地所有权与经营权仍然分别属于不同的利益主体，即使是国家和集体也不能无偿割让土地所有权和转让土地使用权，土地公有权仍然要在经济上实现自己，因此，只要有土地公有权的垄断，就有绝对地租的存在。

社会主义经济中绝对地租关系的具体存在，还应该从社会主义土地所有权和使用权的具体制度中考察。从土地国家所有制与国有土地使用看，主要有四种情况：

（1）土地国家所有、国有企业经营。国有农场、国有矿山和城镇国有企业的用地，除向集体临时借用的外，均属国家所有。为避免不同国有企业因使用国有土地多寡而造成利益不均，国家要求企业上缴各种税收及付费来实现国有土地的所有权。这种不论使用何种等级土地一律绝对的要付费，就体现了社会主义的绝对地租关系，尽管它发生在同一所有制内部。

（2）土地国家所有、集体经营。城镇集体使用的土地亦属国家所有。这种不同所有制之间土地所有与使用的经济关系，是有偿的商品货币的租赁关系，集体企业应向国家交付土地使用费，其中包含绝对地租。

（3）土地国家所有、个人经营和使用。这种又可以分为对土地的生产性经营与非生产性使用两类。前者主要是城市工商个体户从事经营所占用的国有土地，这种占有必须缴纳土地使用税费，存在绝对地租关系。后者又可分成两类，一类是城镇居民租赁公房的地皮使用，通过支付房租向国家缴纳绝对地租；另一类是自有住房的地皮使用，由业主购买房屋时所支付的房价中包含，体现了绝对地租的关系。

（4）土地我国所有、外商使用。中外合资企业与外资独营企业要获得土地使用权，必须交纳土地使用费。不管是土地入股还是土地批租，都不仅体现级差地租，而且体现绝对地租关系。

从社会主义土地农民集体所有制及对集体土地的使用关系看：①土地农民集体所有、个人经营。农户个人或家庭承包使用集体土地，只有使用权，没有所有权。农民集体经济凭借土地的所有权，要求承包农户缴纳集体提留和租金，并把土地承包的租金与土地的数量、质量挂钩。因此，不管经营何种等级的土地，承包农户对集体有上缴绝对地租的义务。②土地农民集体所有、国家征用或征收。按宪法规定，国家为了公共利益的需要，可以征用或征收集体土地，征收后的土地所有权归国家所有，使用权属具体用地单位。用地单位除必须支付青苗补偿费和余地附着物补偿费以及安置费外，还得支付土地补偿费。显然，土地补偿费是对地租支付的价格，是土地所有权的一次性实现。如果国家有关部门、国有企业经批准临时借用集体土地，土地所有权与经营权分属于不同利益主体，租用单位支付的代价就包括绝对地租。

总之，为了在经济上实现全部土地、不仅仅是优等地和中等地的所有权，为了刺激土地经营者对所有土地包括劣等地的节约使用，绝对地租是社会主义经济中必须承认的事实。

2.4.3 社会主义地租的分配

在社会主义公有制下，地租反映的是土地经济收益在国家、企业和个人之间的分配关系，其根本利益是一致的，不存在剥削关系。同时，地租也是不同地区、不同部门和不同单位经济发展水平差异的主要原因之一。合理分配地租对于正确处理国家、企业、个人的经济利益关系、完善社会主义市场经济具有十分重要的意义。

从原则上说，社会主义地租应该归土地所有者，但由于地租尤其是级差地租形成的影响因素特别多，因此地租的分配应处理好各种利益关系。

在土地国家所有条件下，国家是土地的所有者，绝对地租、级差地租Ⅰ都应归国家所有，而级差地租Ⅱ在土地的出让期内应归土地使用者，即企业和个人。但如果在级差地租Ⅱ形成过程中，国家进行了投资和建设，那么国家也应该获得一部分收益。

在土地集体所有的条件下，绝对地租和级差地租Ⅰ主要归集体经济组织所有，而级差地租Ⅱ因为是实行土地集约经营、追加投资所形成的，应由土地经营者即土地承包户所有。但是，不管级差地租Ⅰ还是级差地租Ⅱ，在其形成过程中若国家给予了一定的投资、建设和改良，则应将级差地租一部分归还国家所有。

> **讨论与思考**
>
> 结合专栏2-4中我国地租的法律确认思考下列问题：
> 1. 在社会主义土地公有制的条件下，我国从土地的无偿使用制度转变成全面实行土地的有偿使用，其重要的理论依据是什么？
> 2. 在我国社会主义初级阶段土地的有偿使用，即存在绝对地租具有哪些积极作用？

本章实训

【实训任务】

不同城市商品房价格的波动及成因分析

请与你的团队成员紧密合作，在老师的指导下，选择一个自己熟悉或了解的城市，调查其商品房价格的变动情况，并根据地租理论分析其原因。

1. 实训准备

（1）分组确定调查的城市。

（2）调查前认真分工，详细了解选定城市房地产业的基本情况，选择适合的调查方法，重点对各选定城市的不同业态、不同区域商品房进行调查，分析其房价结构。

（3）做好必要的准备条件。

2. 实训过程

（1）进行调查。

（2）团队合作处理数据资料。

（3）小组讨论得出调查结论。

3. 实训结束

（1）实训总结分工。

（2）制作汇报PPT。

（3）演讲汇报。

（4）教师和行业专家共同评分。

【实训步骤】

第一步：确定调查的对象

（1）项目团队集思广益，遴选调查的城市。

（2）对确定的调查方案进行初步研究，确定调研对象、范围、调研的目的和需要解决的问题。

第二步：调查策划

（1）深入研究调研对象，确定调研的方法和手段。

（2）收集相关背景资料，咨询相关专业人士。

（3）对团队成员进行分工和必要的技术培训。

第三步：收集调研资料

（1）收集调研对象相关的静态资料（二手资料），对收集的资料进行研究，熟悉调研内容和调研对象。

（2）实施调查。

第四步：调查资料的整理与分析

（1）对采用各种方法收集的对象信息进行筛选、勘误和整理，形成资料库，存档以供今后调研使用。

（2）对整理后的资料和数据进行调查的简要分析。

思考与练习

1. 资本主义土地所有制与封建主义土地所有制有何区别？
2. 地租的本质是什么？土地价格和地租是什么关系？
3. 马克思主义级差地租如何形成？
4. 马克思主义绝对地租如何形成？
5. 案例分析：

中国蔬菜生产有比较优势。下列表示中日大葱生产成本比较：

生产成本项目	日本（1）	中国（2）	差额（1）-（2）
种子费用（元/公顷）	8250	15000	-6750
肥料费用（元/公顷）	21150	6450	14700
农药费用（元/公顷）	19950	750	19200
农机具水利设施等（元/公顷）	66420	6500	59920
劳动费用（元/公顷）	191715	30333	161382
总计（元/公顷）	307500	59700	247800
产量（公斤/公顷）	30015	37500	-7485
生产成本（不包括劳动费用）（元/公斤）	3.9	0.8	3.1
生产成本（包括劳动费用）（元/公斤）	10.2	1.6	8.6

案例问题：（1）请试用地租理论分析我国大葱生产存在的比较优势。

（2）根据上述案例，你认为中国蔬菜产业持续发展的方向应该是什么？

拓展知识

当代地租理论

地租是土地所有者凭借土地所有权垄断而获得的收入，在不同的社会形态下地租的共同点。20世纪以前，经济学家主要是从生产关系的角度研究农业地租，马克思通过剩余价值理论研究了资本主义地租理论；与古典经济学家不同，在20世纪以后，由于城市化和工业化进程的加快，一些西方经济学家开始从市场价格的角度研究城市地租问题，为发达国家的房地产制度建立提供了理论指导。

20世纪发达国家对地租理论研究颇具影响的经济学家包括：马歇尔、克拉克、阿隆索、萨缪尔森等。

新古典经济学派的奠基人阿尔弗雷德·马歇尔（1890）在其代表作《经济学原理》中分析土地对国民财富的作用，把生产要素分为土地、劳动和资本，土地是大自然的恩赐。马歇尔认为地租理论只是一般供求理论中的特定推论的主要应用而已。在资本和劳动的连续投资中，当土地已经被充分耕作时，报酬开始逐渐减少。耕种者继续追加资本与劳动，一直达到报酬仅仅够偿付开支和补偿劳作的边际点。不论是优等土地或是劣等土地，该点就是耕种边际上的一次投资，需要有和该投资的报酬相等的一个数量，足以补偿他以前的各次投资。总产量超过这个数量的余额，就是耕种者的生产者剩余。

马歇尔认为地租是由供求关系影响的，由于土地资源的稀缺性，土地的供给量是固定不变的，所以地租只受土地需求状况的影响，地租取决于土地的边际生产力。生产者剩余或地租，是改良土地的总收入超过报酬他每年所投资本与劳动所需要的数额的余额。

美国经济学家约翰·贝茨·克拉克（1899）在《财富的分配》一书中提出了边际生产力理论，从一个新的角度对地租理论进行分析。克拉克认为在之前的一些地租规律的著作中存在缺陷，因为农场主按照附近各个产业所支付的工资来雇用工人，先雇用的工人每人所生产的收入要高于工资水平，当再增加工人所获得的收入不能抵偿所支付的工资时就不再雇用新的工人。克拉克提出计算地租的科学方法，他认为使用在土地上的劳动是受报酬递减规律支配的，先雇用工人增加的生产量要高于最后一个工人增加的生产量，而每个工人的工资等于最后一个工人生产的数量，其余都归农场主。所以农场主所得是一系列余额的总和，每个余额是先雇用工人的生产量减去最后一个工人生产量。由于工资决定最后的生产水平，因此应该把工资作为减数，而不是把劳动的最后生产量作为减数。

克拉克的地租理论可以用图2-1进行分析。横轴是投入工人数量，分别是1，2，3，…，n，工资水平为W，下方的长方形就是工资W乘以雇用工人数量的工资总额。纵轴是对应投入每个工人所获得的边际产量，分别是Y_1，Y_2，Y_3，…，Y_n，并且服从边际递减规律，即：$Y_1>$

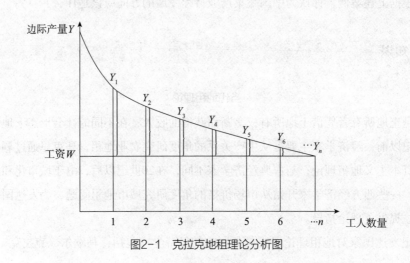

图2-1 克拉克地租理论分析图

$Y_2 > Y_3 > \cdots > Y_n$。直到增加最后第n个工人时，所获得的边际产出等于工资水平W，农场主将不再增加新的工人数量。实际上这个余额是由于土地的作用而生产出来的，应当把土地租金看作是一个生产因素，对另一个生产因素的生产量上所增加的部分。当一块土地没有人耕种时，产量为零，随着劳动的逐渐增加，除了最后一个单位的劳动以外，在每个单位劳动的生产量上，都有土地所增加的产量。因此，克拉克认为任何产出都需要两种生产要素结合才能生产，地租是土地作为生产要素对生产出来的产品及其价值的报酬。这样看来，土地能够占有一部分劳动产品，由于土地数量固定不变，在劳动生产要素可变的情况下，计算出劳动的边际产量，并由此决定劳动的价格，也就是工资水平，再用产品的价格减去工资等费用，在最后一个单位劳动投入之前所有增加的产出超额部分就是地租。

阿隆索（1964）在他的著作《区位和土地利用：地租的一般理论》中，利用数学模型阐明城市地租计算的理论方法。阿隆索首先假设城市的交通可以达到各个方向，居民的就业和商品消费都集中在市中心，土地可以自由的买卖，并且买卖双方对市场非常了解。阿隆索认为，每个家庭收入是相对固定的，当一个家庭在城市中居住时，就必须考虑应该购买多大面积的土地、距离工作地点的远近，合理安排家庭的各种行为实现以一定的支出获得最大效用。

美国著名经济学家保罗·萨缪尔森（1948）在其经典著作《经济学》一书中深入地研究了土地市场，租金是使用任何一种供给固定的生产要素而支付的报酬，也称纯经济租金。土地的总供给量是由大自然所固定的，完全缺乏价格弹性。

在图2-2中，由于土地的供给是固定的，土地的供给曲线是一条垂直于横轴的直线。土地需求曲线DD和供给曲线SS相交于点E，该点就是租金的均衡价格。如果租金高于均衡价格，厂商对土地的需求量少于现存所能供给的土地数量。这时，一些土地所有者就不能将其土地租出去，土地所有者不得不以较低的租金出租土地，于是土地租金下降。同理，土地租金也不会长期处于在均衡价格以下。如果土地租金低于均衡价格，不满足租地数量的厂商会增加对土地的需求，使得土地租金回到均衡水平。只有当土地的需求量等于固定供给的竞争

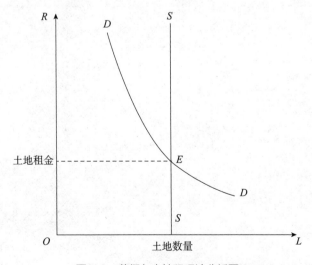

图2-2　萨缪尔森地租理论分析图

性价格时，市场才会处于均衡状态。

萨缪尔森还认为，土地是任何商业活动最基本的生产要素，对土地的需求是引致需求。对要素的需求是相互的，土地、劳动和资本在生产中是相辅相成的，任何一种生产要素都不可能单独的生产出产品。在完全竞争条件下，对生产要素的需求是由边际产品决定的，工资等于劳动的边际产品，租金等于土地的边际产品，利息等于资本的边际产品。

地租是否决定价格的成本，萨缪尔森认为这取决于人们从哪个角度来看待这个问题。从单个一家厂商或行业来看，它看起来是一个价格决定的成本，而就整个经济而论，它却是一种被支付给缺乏供给弹性的生产要素的纯经济地租。

学习资源

1. 葛扬. 马克思的土地所有权与地租理论研究[J]. 经济思想史评论，2010，(2)：95-106.
2. 中国地价网，http://www.landvalue.com.cn/.
3. 中国房地产指数系统，http://fdc.fang.com/model/sh/zhishu/.

本章小结

地租理论是土地经济及房地产经济的重要理论基础，早期的资本主义经济学家配第、斯密、李嘉图，近现代经济学家萨伊、马歇尔、阿隆索等都对地租理论作出过巨大贡献。马克思地租理论继承和吸收了资产阶级古典经济学地租理论中的有价值部分，是以劳动价值论为基础建立起来的，他提出了级差地租、绝对地租以及其他形式的地租等学说。社会主义国家仍然存在地租，但不体现剥削关系。

区位理论 3

区位论的产生及其发展　3.1
城市空间结构与功能分区　3.2
房地产业的区位选择　3.3

【学习提要】

本章主要介绍区位和房地产区位的概念和内涵、区位理论的发展历程、代表性人物及其主要观点。通过本章的学习，能够理解区位对于房地产开发、投资等经济行为的重要意义，能够运用区位理论对具体区域的房地产发展趋势进行初步判断，并解释其原因，能够掌握典型的城市空间结构和城市功能分区。

案例引入

案例一　万达广场的选址

大连万达集团创立于1988年，涵盖商业地产、高级酒店、旅游文化、连锁百货四大核心产业，企业资产3800亿元，年收入1866亿元，年纳税202亿元，净利润超过125亿元。已在全国开业85座万达广场、51家五星级酒店、1247块电影银幕、62家百货店、81家量贩KTV。2015年目标为实现资产5000亿元，年收入3000亿元，净利润200亿元，成为世界一流企业。

万达集团2013年收入1866亿元创造连续8年增长30%奇迹，旗下的万达商业地产股份有限公司是全球商业地产行业的龙头企业。截至2013年10月25日，已在全国开业80座万达广场，持有物业面积规模全球第二。万达商业地产公司拥有全国唯一的商业规划研究院、全国性的商业地产建设团队、全国性的商业管理公司，形成了商业地产的完整产业链。

万达城市综合体已经成为各个城市的地标性建筑，其成功的关键因素，首先就是科学的选址。大型购物中心，特别是综合性的购物中心不同于百货店，万达广场的选址原则上不会在城市的核心区。原因在于核心区的成本太高，收益投资率下降，而且租金未见得核心区就比郊区店多出3倍、4倍。所以一般来说选址遵循的原则，一是交通便利，至少有两个主道，就是两个方向的道能够达到广场的选址，这样能方便进出，如果只有一个方向，将来人流一多，车流一多，堵车，进出困难，可能将来的收益和增长就会下来。

其次是考虑居住人口，大多数是不看流动客人的，一般的高铁站、火车站、飞机场，每天约有一千万，但万达原则上不考虑。这种流动客人很少有持续购买的行为，偶尔买个东西、吃个饭。而购物中心是需要不断地重复消费，有回头客，所以只考虑半径5km的居住人口，万达广场的原则是半径50km有30万住户可以。相近30km没有相同业态，旁边有了大型购物中心的，万达广场一般不会选取。

案例二　多家房企争食空港地产"蛋糕"

空港经济区由于拥有强大的产业聚合能力，吸引众多房企抢滩。目前已有绿地、首地、华夏幸福基业、鲁能等多家房企涉足空港地产，进行产业园区或综合性商业开发，空港地产前景持续看好。

2014年1月16日，中国绿地集团与中国南方航空集团就空港经济发展及现代服务业综合体开发等方面达成战略合作。双方将开展存量土地合作开发，配合城市产业升级，加强空港基地产业配套建设。据透露，双方已将东北区域定为首期合作区域，并将沈阳桃仙机场空港新城项目、哈尔滨太平机场产城融合项目等作为首批合作项目。

这已经不是绿地第一次与航空公司联手。早在2013年8月，绿地与东航集团签署战略合作协议，除综合土地开发外，双方还将在20多个省会城市的机场附近投资城市综合体项目。

在进行空港地产项目开发时，房企多选择与航空企业联手。对于航空企业来说，本身拥有物流等方面的诸多优势，再加上房企的开发经验，可谓强强联合。房企与航空公司联手在机场附近开发的空港园区，因税收等方面的政策优惠也独具优势。"房企+航空公司"这种合作模式并不少见。2013年11月，华夏幸福基业曾宣布与中国联合航空有限公司联手，在河北省推进临空经济区建设，规划打造占地总面积约15km^{2}的商业住宅区。

首都机场集团下属公司首地集团，从2013年起也在加速布局临空地产，目前已在重庆等地空港经济区增仓土地。未来首地集团将依托首都机场的优势，将临空产业布局至全国各大城市。北京新机场的规划建设更是加速了房企进一步布局。目前，包括万科、远洋、龙湖、金地、鸿坤、富力等房企，都已经布局北京新机场周边。

机场附近的产业园区等项目依托机场的航线支撑，设计规模大，定位清晰，对于计划进驻的企业来说吸引力较大，项目后期销售、自持均有较强的市场支撑。

（注：资料节选于《新京报》2014年2月7日。）

案例启示：

案例一讲述了万达集团在城市综合体建设选址上的主要原则和方法，通过科学的区位因素分析，取得了良好的经济效益和社会效益。

案例二介绍了房地产企业和航空公司的有机结合，促进空港地产业态的强势崛起。

以上两个案例都充分说明了区位（包括交通、商业成熟度等因素）对于房地产开发、投资行为的重要意义。

3.1 区位论的产生及其发展

"区位（Location）"一词来源于德语"Standort"，指特定地块（宗地）的地理空间位置及其与相邻地块的相互关系。从广义讲，则是人类一切活动，包括经济、文化教育、科学卫生的一切活动以及人们居住活动的空间布局及其相互关系。区位理论就是研究生产力空间布局及其相互关系的学说，它产生于18世纪末，形成于19世纪，从在20世纪初起发展迅猛，成为房地产经济的主要理论支撑。

3.1.1 杜能的农业区位论

冯·杜能（J. H. von Thünen）是19世纪初德国经济学家、经济活动空间模式的创始人。

他的名著《孤立国》(《孤立国对农业和国民经济的关系》)于1826年完成,在这本专著里,杜能详细地分析了农业生产的空间布局问题,成为区位论的开山之作。

1. 基本假定

任何纯理论的研究必须把复杂具体的事物概括抽象化,对于空间经济现象更是如此。杜能在进行农业区位理论研究时,正确地运用了类型归纳和理论演绎相结合的方法。由于地域空间上的自然和经济现象是复杂纷纭的,为使基本模型能够导出,他首先把非主导地域现象舍弃,构成均一边界条件。他的基本假定包括以下几方面:

(1) 在一个大平原中央有一个城市,它与周围农业地带组成一个孤立的地区。该区位中,具有同样适宜的气候和肥沃的土壤,宜于植物、作物生长。而在这平原之外,没有适合耕种的土地,只有荒原与外部世界相隔绝。这就是"孤立国"形成的起码条件。

(2) "孤立国"既无河川、亦无运河,马车是产品唯一的运输手段。

(3) 农村除同中心城市外,与其他任何市场无联系。即中心城市是唯一农产品贩卖中心,也是工矿品唯一供应者。

(4) 农村的农民生产力的动力是获得最大的区位地租即纯收益,故他们是根据市场的供求关系,调整其生产品类。

(5) 市场的农产品价格、农业劳动者工资、资本的利息皆假定固定不变。

(6) 运输费用与运输的重量和距离成正比,运输费用由农业生产者负担。

在这样的理论前提下,生产某种农产品的总成本除运输费用外,其他条件都是相同或者均一的,因此他们的市场销售价格也是一样的。越靠近市场即靠近城市的企业,其总成本越小,纯收益也就越大;反之,距离城市或市场越远,总成本也就越大,纯收益也就越小。在这种情况下,什么样的农产品,种在什么地方,完全取决于利润大小,而利润则由农业生产成本C、农产品市场价格P和把农产品运输到市场的运费T三个因素共同决定。

2. 主要结论

如以π代表利润即纯收入,P代表产品的销售价值(实为市场价格),C为生产成本,T为运输费用,则下式成立:$\pi=P-C-T$。如果P、C不变,T直接决定利润大小。这就是杜能以单一因素(即运输费用)决定利润以及由此决定在什么地方种什么农作物的农业区位理论。这种由空间距离(即运输费用)造成的农产品价格差别,决定了土地利用的不同类型,形成以城市为中心向外呈同心圆状分布的农业耕作地带,即著名的"杜能圈"[1],如图3-1所示。

第一区:即所谓自由农作区。本区距市场最近,主要生产易腐难运的产品,如鲜奶和蔬菜。由于当时处在马车时代,又缺乏有效的贮存技术,因此,此带不可能从城市向外延伸很远,其范围依城市的需求而定。杜能根据当时的运输条件进行测算,城市周围4英里是由城市向外运送肥料的最远距离。由于本区是满足城市居民日常生活需要,故利润较高,农民可

---

[1] 约翰·冯·杜能. 孤立国对农业和国民经济的关系[M]. 北京:商务印书馆,1997。

以对土地进行更集约经营，投入更多生产资料和劳力。故自由农作区是关栏养畜和田园种植的地带。

第二区：即林业区。本区主要生产木材，以解决该时代城市居民所需之燃料问题（烹调和取暖），成材是次要问题。杜能根据麦克仑堡资料，经过计算，证明了在第一带之外的邻近地区，生产木材较粮食收益高，这对于当时以木材为燃料和运输不方便等具体条件而言，是完全符合实际的。

第三、四、五区：此三个区是作物轮作区。三区为谷物轮作带。杜能的谷物轮作制，是指在没有休闲地情况下，作物每六年轮回一次。具体来说六年中两年种植裸麦，以后每年分别种植土豆、大麦、苜蓿和豌豆。从农业上，轮作可恢复土壤的肥力，从产品上来讲，可保证粮食的生产。农民在第二区生产粮食是为了自己消费，而到了第三区，则主要作为商品到市场出售。第四区为谷草轮作带：谷物、牧草和休闲地轮作，杜能分成七带，多一个休闲地。第五区为三圃轮作，1/3休闲，1/3燕麦，1/3裸麦。三、四、五区的判别是农业的集约化程度愈来愈低。杜能定量地研究了一个区的谷物比重和休闲地的比例，谷物依次为50%、43%、24%，休闲地为0.14%、0.33%。

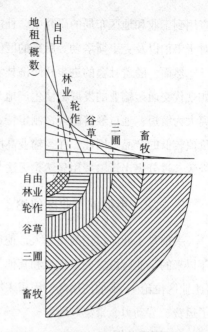

图3-1 杜能圈形成机制及圈层结构示意图

第六区：即放牧区，与第一区的饲养区在集约化高低上有显著差别。在该时代本区运送粮食过远，故生产粮食自给，生产牧草养畜。杜能确定，当时向心环带由城市向外延伸的距离只能达到250英里，再外就是荒地了。这个区的主要产品是两项，一是活畜，二是黄油和奶酪，前者可以赶往城市出售，后者不易变质，重量不大。实际情况的发展，这个区还会有少量其他的产品外运，如菜籽、烟草、酒花、亚麻等，以获得现金收入。事实上这些产品也是质高易运的。

杜能还认为，由于自然条件或资源分布不均匀，形成一些地域上的分割因素，如个别土壤高度肥、瘠地段导致带局部破坏；特别是铁矿、煤和盐的不平衡分布导致了城市工业区的不平衡。

3．对杜能农业区位论的评价

杜能农业区位论的中心内容是：农业土地利用类型和农业经营集约化程度除取决于土地的天然属性外，主要取决于生产力发展水平和经济发展状况，特别是农业生产用地距离市场（即消费中心）的距离远近。

杜能第一次从理论上系统地阐明了空间距离对人类经济活动的影响，不仅仅用此原理可说明农业土地利用，对于其他土地利用仍然有效，是土地利用一般理论的基础。杜能从级差地租出发，建立了合理的农业集约化经营模型，这不仅被广泛地应用于农业，而且也被广泛应用到工业和地区布局的研究中。杜能采用的"孤立化"研究方法具有重要意义,这种方法对于韦伯以及克里斯塔勒等后来的区位理论研究有很大影响与启发。

然而,随着社会的进步和经济技术的发展,杜能农业区位论的局限性也是较为突出。例如现代交通运输业的发展,使生产地与消费地之间的经济距离和时间距离较之它们的地理距离大为缩短;通过经济政策,制定特殊运价率,使得远离消费地的地点也可能生产单位重量价值较低的产品。因此,在运输业高度发达、运费在农产品市场价格中所占比重愈来愈小的今天,过分突出运输费用显然是无法与现实情形相一致的。

3.1.2 韦伯的工业区位论

韦伯是工业区位论的奠基人,他运用杜能的研究方法,结合德国工业实际,对德国1861年以来的工业区位、人口集聚和其他工业区位问题进行了综合分析,于1909年出版了著名的《工业区位论》。韦伯使用区位因子来决定生产区位,区位因子是工业区位论的核心,它包括了运费、劳动力、聚集等因素。

1. 假设前提

和杜能一样,韦伯为了抽象研究的方便,先假设了若干前提,主要如下:

(1) 所分析的对象是一个孤立的国家或特定的地区,对工业区位只探讨其经济因素,而假定该国家或地区的气候、地质、地形、民族、工人技艺都是相同的。

(2) 工业原料、燃料产地为已知点,生产条件和埋藏状况不变;消费地为已知点,需要量不变;劳动供给地为已知点,供给情况不变,工资固定。

(3) 生产和交易均就同一品种进行讨论。

(4) 运输费用是重量和距离的函数,即运费同里程及载重吨位呈正比,运输方式为火车。

韦伯理论的核心思想是区位因子的合理组合,使企业成本和运费最低,于是,工厂就要将其场所放在生产和流通上最节约的地点。韦伯的这一系列假设还隐含了其他的一些前提,包括:原材料供应的地理分布而是给定的、区位的消费规模与状况是给定的、每一区位中劳动力是不可流动的、且在固定工资率的条件下,该区位的劳动力是无限供给的。

2. 区位因子

为了分析工业区位的形成以及建立其理论体系,韦伯首先引用了"区位因子"这个前人未曾用过的概念。韦伯的区位因子,包括从自然到社会的各类工业区位形成的条件,但主要是经济因子。韦伯的工业区位理论就是研究各种区位因子对工业布局的吸引作用。区位因子为经济活动在某特定地点所进行时得到的利益,利益即费用的节约。从工业区位论角度讲,即在特定区位进行特定产品生产可比别的场所用较少的费用。区位因子分为一般因子和特殊因子。一般因子与所有工业有关,例如运费、劳动力、地租等;而特殊因子与特定工业有关,例如空气湿度等。在区位因子中,使工业企业向特定地点布局的区位因子,被称为区域性因子。例如,工业受运费的影响,而向某一特定地点集中,那么运费即区位因子中的区域性因子。区域性因子是形成工业区位基本格局的基础。而由集聚利益(相关工业集聚以及相关设施的有效利用）向某一地点集聚，或由于集聚而导致地价上升而向其他地点分散，则为集聚、分散因子。集聚、分散因子对地域条件所决定的工业区位基本格局，发生偏移作用。

在整个生产与分配过程中，都必须投入资本与劳动，与资本有关的利率、固定资产折旧率，以及和劳动有关的劳动费也必须纳入生产与分配成本中去。因此，一般成本因素包括：布局场所的土地费、固定资产（不动产与设备）费、获取加工原料和动力燃料费、劳动成本、物品的运费、资本的利率、固定资产的折旧率。在上述七种成本因素中，固定资产的折旧率以及利率没有区位意义；土地费（地租）在考虑集聚、分散因素之前认为是一样的，因此不宜作为区域性区位因子；固定资产费主要反映在购入价格上，一般不与区位发生直接关系。因此可以排除上述七种成本因素中的四种，只剩下以下三种：原料、燃料费，劳动成本，运费。

3．主要结论

（1）运输费用对工业布局的影响

韦伯认为，企业厂址应选在运输成本最低的地区。而运输成本主要由两个因素决定：距离市场的远近和原料的性质。运输成本与距离成正比这点好理解，关键是原料性质。韦伯认为，根据原料的基本特性，可分为两类：一类是广布原料，即到处都可找到的原料，如粮食、水、空气等，这类原料对工业企业选址没有影响。另一类为稀有原料，即仅存在于个别地方的原料，如煤、矿石等，这类原料对工业企业布局影响重大。而稀有原料又可以分为两种：一类是纯原料，即加工之后基本没有失重；另一类为失重原料，即加工之后成品重量明显小于原料重量。于是韦伯提出了原料指数的概念，原料指数＝稀有原料总重/制成品总重。当原料指数小于1（即稀有原料总重小于制成品总重）时，为了节约运输成本，工厂应建在消费中心。当原料指数大于1（即稀有原料总重大于制成品总重）时，工厂建在原材料产地更能节约成本。当原料指数等于1（即稀有原料总重等于制成品总重）时，工厂既可建在消费市场所在地，也可建在原材料产地，还可以建在消费市场到原材料产地间的任何地点。

（2）工资成本对工业布局的影响

韦伯成本费用指向论的思路是：工业区位由运费指向转为劳动费指向仅限于节约的劳动费大于增加的运费。即在低廉劳动费地点布局带来的劳动费用节约额比由最小运费点移动产生的运费增加额大时，劳动费指向就占主导地位。对此韦伯用临界等费用线进行了分析。如图3-2所示，围绕P的封闭连线即从运费最小点P移动而产生的运费增加额相同点的连线，理论上说以P为中心可划出无数条线，这即相当于图3-2中的综合等费用线。在这些综合等费用线中，与低廉劳动供给地L的劳动费节约额相等的那条综合等费用线称为临界等费用线。

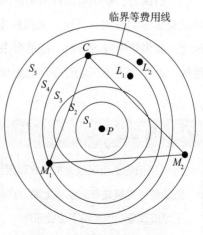

图3-2　劳动费用最低区位图解

在图3-2中，P为运费最小地点，劳动力低廉地为L_1、L_2，如果在L_1、L_2处布局工厂，分别比P（最小运费地点）处劳动费低3个单位。临界等费用线为标记为S_3的综合等费用线，因L_1在临界等费用线的内侧，即增加运费低于节约的劳动费，工厂区位将移向L_1处；相反，由于L_2在临界等费用线的外侧，则不会转向L_2处。

韦伯为了判断工业受劳动费用指向的影响程度，提出了"劳动费指数"的概念，即每单位重量产品的平均劳动费。如果劳动费用指数大，那么，从最小运费区位移向廉价劳动费区位的可能性就大；否则，这种可能性就小。但韦伯也认为劳动费指数只是判断劳动费指向的可能性的大小，而不是决定因素。因为尽管某种产品的劳动费指数高，但如果该产品生产所需要的区位重量非常大的话，也不会偏离运费最小区位。为此，他又提出了"劳动系数"的概念，即每单位区位重量的劳动费，用它来表示劳动费的吸引力。

$$劳动系数 = 劳动费 / 区位重量$$

劳动系数大，表示远离运费最小区位的可能性大；劳动系数小则表示运费最小区位的指向强。进一步也可以说劳动系数越高，工业也就会更加向少数劳动廉价地集中。

劳动费指向受到现实中各种各样条件的影响，韦伯把这些条件称为环境条件。在环境条件中，人口密度和运费率对劳动费指向的作用较大。人口密度低的地区自然地劳动力的密度也低，人口密度高的地区劳动力的密度也高。劳动费指向与人口密度相关，人口密度低的地区劳动费相差小，人口密度高的地区劳动费相差大。因此，人口稀疏的地区工业区位倾向于运费指向；人口稠密的地区则倾向于劳动费指向。

工业区位从运费最小地点转向廉价劳动力地点，取决于运费增加程度。当运费率低时，即使远离运费最小地点，增加的运费也不至于很多，从而增加的运费比节约的劳动费少的可能性就大。因此，可使工业区位集中在这个特定的劳动供给地。

综上所述，决定劳动费指向有两个条件：一是基于特定工业性质的条件，该条件是通过劳动费指数和劳动系数来测定；二是人口密度和运费率等环境条件。

（3）集聚因素对布局的影响

韦伯认为，集聚可以带来经济效益。首先，由于企业规模扩大，可以带来大市场的经济效益和成本的节约；其次，大规模生产带来生产的专业化；再次，集聚还带来了外部效益。因此，如果集聚或者分散，能够带来的利益或者节约的成本超过运输成本最小或者工资最低地区，企业在选择厂址时应该以集聚因素决定。

> **讨论与思考**
>
> 韦伯的工业区位论指出集聚因素在工业布局中的重要性。然而，过度集聚也将引起不经济现象，尤其是在北京、上海、广州等特大城市更是如此。请结合具体的城市案例思考集聚不经济现象如何影响了企业布局。

3.1.3 中心地理论

德国地理学家克里斯塔勒于1933年出版《德国南部中心地原理》一书，提出了中心地理论，即城市区位论。开创了城市地理发展的新时代，他将地理学的空间观点和经济学的价值观点结合起来，探索城市的规模、分布和等级的规律性。

克里斯塔勒认为，任何一个中心地区，它所生产的某种产品或所提供的某种服务，大多有大致确定的经济距离。中心地的规模以及它能够影响的区域大小、人口规模，基本上是通过对产品和劳务需求的市场环节建立起来的。交通是城市经济发展的重要因素，通过这个"中间介质"的作用，实现了物质在空间上的交换。交通运输在克服空间距离时，需要付出一定的代价，因此它在很大程度上影响了货物的空间移动范围，从而影响到城市的规模、居民点的距离以及居民点在空间上的布局问题。此外，行政管理、行政机构的设置，也是影响甚至决定城市地域空间分布的重要因素。

克里斯塔勒从货物供应、交通运输和行政管理等方面，分析了城市等级的形成。中心地等级体系最基本的分为三类：市场原则、交通原则和行政原则[①]（图3-3）。市场原则形成的中心地体系，每个低级中心地为三个高级中心地共享，每个高级中心地实际上只辖有自身及两个完整的低级中心地。交通原则形成的中心地体系，每个低级中心地都位于两个高级中心地连线的中点，故一个低级中心地从属于两个高级中心地，因而每个高级中心地连有包括自身在内的四个完整的低级中心地。行政原则形成的中心地体系，一个高级中心地为包括其自身的七个低级中心地服务。

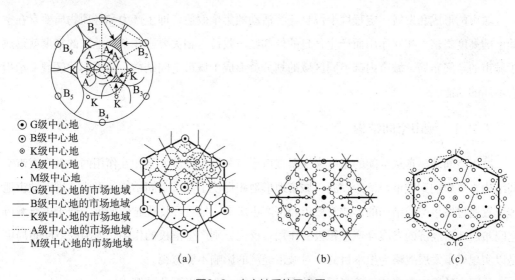

图3-3 中心地系统示意图

（a）基于市场原则形成的中心地系统；（b）基于交通原则形成的中心地系统；（c）基于行政原则形成的中心地系统

[①] （德）沃尔德·克里斯塔勒. 德国南部的中心地原理[M]. 北京：商务印书馆，1998：75-83.

克里斯塔勒还用数学方法推导出，在正常情况下，城市应该位于正六边形服务区域的中心，这就是著名的六边形城市空间分布模型。

> **专栏3-1　现代区位论的主要观点及代表性人物**
>
> 1. 要素禀赋论（赫克歇尔-俄林）：每个地区专门生产密集使用其相对丰裕要素而较少使用本地稀缺要素的商品，以此换回要素比例相反的商品。该理论很好地解释了不同城市具有的不同职能。
>
> 2. 市场区位论（廖什）：最佳区位不是费用最小点也不是收入最大点，而是收入和费用的差最大点即利润最大点。
>
> 3. 运输区位理论（胡佛）：运费最根本的问题是随着距离的增长，运费缓慢的增长，每单位产品运输单位距离（如t/km）的运输价格与距离增加不按比例增长，而是随着距离的增加而递减，即运费率递减规律。公路、铁路、水运的场站费和线路运输费用不同，短距离运输公路有利，中长距离运输铁路有利，远距离运输水运有利。

3.2　城市空间结构与功能分区

城市的形成和发展一定程度上源自经济活动的集聚效益，即生产力和各项物质要素在空间上的高度集聚、相互作用而产生各自的外部经济效益。相关要素在某一地区的集聚就形成了城市的空间布局，城市内部不同区域的划分就形成了城市空间结构，而不同的区域又承担着不同的功能。

3.2.1　城市空间结构

城市空间结构是从空间的角度来探索城市形态和城市经济要素相互作用的关系。城市空间结构直接影响到城市经济的发展，城市地形地貌促使了城市空间结构的形成，进而城市地理位置通过城市空间结构的形式对城市经济产生影响，地理环境优越的城市，便于进行城市空间布局，对经济的发展会产生积极的作用；反之，则产生消极的作用。人为的空间布局更是以实现城市发展战略为根本目的，对城市经济的影响不容忽视。

从国内外城市发展的经验来看，城市空间结构主要有以下几种模式：

1. 同心圆模式（图3-4）

该模式由美国芝加哥大学教授伯吉斯于1925年提出，这个模型的提出是以芝加哥城为基础。1871年芝加哥遭到一场大火，几乎有1/3的建筑区成为平地，其核心区全部被烧毁。

重建城市的空间结构呈同心圆式，随着贫富的差异，住宅区才出现分异。城市可划分为5个圈层。过渡区原先为高级住宅区，各类政府机构多位于此，后来因商业、工业等的不断侵入，环境质量显著下降。通勤居民区是沿交通干线发展起来的，大多数人使用通勤月票上下班。

这一模式对地形要求较高，多出现在平原地区，俄罗斯莫斯科、美国芝加哥、中国北京等城市基本上采取该模式进行城市规划和布局。

2. 放射模式（图3-5）

该模式是对同心圆模式的一种演化。它的特点是城市空间沿交通主干道从市中心向外展开，并且每一圈层以主干道为轴线延伸。

该模式与同心圆模式有一定的相似性，均对城市发展空间有较高的要求，均以平原城市为主。不同的是，同心圆模式在城市内部没有出现交通大动脉，以环状道路为主，经济要素分布较为分散。而放射模式在城市内部会有交通主干道出现，城市的发展要素均沿交通干线布局。从当前的发展趋势看，具备同心圆发展模式的城市越来越多的开始朝放射型城市模式转变。我国的成都、西安等城市均采取该模式。

3. 扇形模式（图3-6）

该模式是霍姆·霍伊特于1939年创立。它是指以CBD为中心，各类城市居住用地成扇瓣状由中心向市郊发展。这个模式的突出特点之一是考虑了交通作用对功能区的影响。辐射状的交通线路为高级住宅区的发展提供了便利，使得高租金的住宅区不再是呈圆环状分布，而是呈扇形向外发展。扇形模式另一特点是各级住宅区也不再呈同心圆状，而是中级住宅区位于高级住宅区的两侧，低级住宅区位于中级住宅区与工业区之间，或位于高级住宅区的相反方向上。换句话说，高级住宅区与低级住宅区不会相邻为伴，总是隔着中级住宅区。

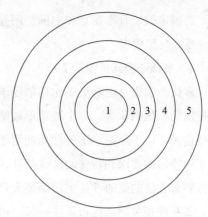

图3-4　同心圆模式

1—CBD；2—过渡区；3—中低收入居住区；
4—豪华居住区；5—通勤区

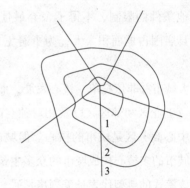

图3-5　放射模式

1—CBD；2—过渡区；3—中低收入居住区

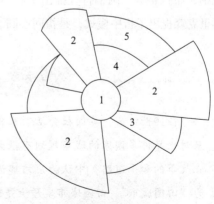

图3-6　扇形模式

1—CBD；2—轻工业批发区；
3—低收入居住区；4—中等收入居住区；
5—高收入居住区

英国伦敦、日本东京和中国沈阳等城市是该模式典型代表。

4. 多核心模式（图3-7）

多核心学说是由哈里斯和乌尔曼于1945年提出的。他们认为，一个城市地域结构的形成遵循了以下原则：①各种功能活动都需要某种特定的要求和特殊的区位条件，如工业区要有方便的交通，住宅区需要大片的空地；②有些相关功能区布置在一起，可获得外部规模经济效益，如银行和珠宝店就可就近建设；③有些相互妨碍的功能区不会在同一地点出现，如高级住宅区与有污染的工业区就应隔开一定的距离；④有些功能活动受其他条件的限制，不得不舍弃最佳区位。

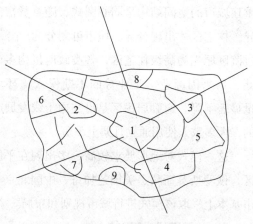

图3-7 多核心模式

1—CBD；2—次核心商业区；3—中等收入居住区；
4—轻工业批发区；5—低收入居住区；
6—公共设施区；7—郊外住宅区；8—重工业区；
9—郊外工业区

如家具店因占地面积太大，为了避免支付中心商业区的高地租，常聚集在地租较低的边缘地区。

大城市并非依托单一核心发展，而是围绕着几个核心形成中心商务区、批发商业区、住宅区、工业区和郊区，以及相对独立的卫星城镇等多种功能区，并由它们共同组成城市地域。中心商务区是城市的核心。但城市还存在着次级的支配中心，它们都有各自的吸引范围。城市的多核心构成城市的众多生长点，交通区位最好的地域可以形成中心商务区。

该模式的典型代表是美国洛杉矶、新加坡、英国格拉斯哥和中国大连。

此外，迪克森在对欧洲城市进行考察的基础上提出了三地带划分模式，认为城市在地域上由中央地带、中间地带、外缘地带三部分组成。该模式常见于欧洲低丘和沿海城市，如维也纳、布拉格等。阿福符曼提出了同心圆-扇形模式，是指同心圆与扇形结构模式的综合。埃里克森提出了折中模式，是指同心圆、扇形与多核心模式的综合。

专栏3-2　霍华德的田园城市

在19世纪末，英国社会活动家霍华德提出的关于城市规划的设想，20世纪初以来对世界许多国家的城市规划有很大影响。霍华德在他的著作《明日，一条通向真正改革的和平道路》中认为应该建设一种兼有城市和乡村优点的理想城市，他称之为"田园城市"。田园城市实质上是城和乡的结合体。他认为应该建设一种兼有城市和乡村优点的理想城市，城市四周被农地围绕以自给自足，严格控制城市规模，保证每户居民都能极为方便地接近乡村自然。1919年，英国"田园城市和城市规划协会"经与霍华德商议后，明确提出田园城市的含义：田园城市是为健康、生活以及产业而设计的城市，它的规模足以提供丰富的社会生活，但不应超过这一程度；四周要有永久性农业地带围绕，城市的土地归公众所有，由一委员会受托掌管。

霍华德设想的田园城市包括城市和乡村两个部分。城市四周为农业用地所围绕；城市居民经常就近得到新鲜农产品的供应；农产品有最近的市场，但市场不只限于当地。田园城市的居民生活于此、工作于此。所有的土地归全体居民集体所有，使用土地必须缴付租金。城市的收入全部来自租金；在土地上进行建设、聚居而获得的增值仍归集体所有。城市的规模必须加以限制，使每户居民都能极为方便地接近乡村自然空间。

霍华德对他的理想城市作了具体的规划，并绘成简图。他建议田园城市占地为6000英亩（1英亩＝0.405公顷）。城市居中，占地1000英亩；四周的农业用地占5000英亩，除耕地、牧场、果园、森林外，还包括农业学院、疗养院等。农业用地是保留的绿带，永远不得改作他用。在这6000英亩土地上，居住32000人，其中30000人住在城市，2000人散居在乡间。城市人口超过了规定数量，则应建设另一个新的城市。田园城市的平面为圆形，半径约1240码（1码＝0.9144米）。中央是一个面积约145英亩的公园，有6条主干道路从中心向外辐射，把城市分成6个区。城市的最外圈地区建设各类工厂、仓库、市场，一面对着最外层的环形道路，另一面是环状的铁路支线，交通运输十分方便。霍华德提出，为减少城市的烟尘污染，必须以电为动力源，城市垃圾应用于农业。

霍华德还设想，若干个田园城市围绕中心城市，构成城市组群，他称之为"无贫民窟无烟尘的城市群"。中心城市的规模略大些，建议人口为58000人，面积也相应增大。城市之间用铁路联系。

霍华德提出田园城市的设想后，又为实现他的设想作了细致的考虑，对资金来源、土地规划、城市收支、经营管理等问题都提出具体的建议。他认为工业和商业不能由公营垄断，要给私营企业以发展的条件。霍华德于1899年组织田园城市协会宣传他的主张。1903年组织"田园城市有限公司"，筹措资金，在距伦敦56公里的地方购置土地，建立了第一座田园城市-莱奇沃思（Letchworth），1920年又在距伦敦西北约36公里的韦林（Welwyn）开始建设第二座田园城市。田园城市的建立引起社会的重视，欧洲各地纷纷效法；但多数只是袭取"田园城市"的名称，实质上是城郊的居住区。

霍华德针对现代社会出现的城市问题，提出带有先驱性的规划思想；城市规模、布局结构、人口密度、绿带等城市规划问题，提出一系列独创性的见解，是一个比较完整的城市规划思想体系。田园城市理论对现代城市规划思想起了重要的启蒙作用，对后来出现的一些城市规划理论，如"有机疏散"论、卫星城镇的理论颇有影响。20世纪40年代以后，在一些重要的城市规划方案和城市规划法规中也反映了霍华德的思想。

（资料来源：百度百科 http://baike.so.com/doc/5942382.html）

> **? 讨论与思考**
>
> 同心圆、放射、扇形和多核心是当前世界城市空间结构的主要类型。请结合具体的城市讨论这四种模式各自的优点和缺点。

3.2.2 城市功能分区

城市功能分区，是按功能要求将城市中各种物质要素，如工厂、仓库、住宅等进行分区布置，组成一个互相联系、布局合理的有机整体，为城市的各项活动创造良好的环境和条件。

城市的功能分区在不同的历史时期具有不同的内容和特点。在奴隶制时代，如古埃及的卡洪城、两河流域的巴比伦城等，城市中一般有宫殿、庙宇、居住区等。统治阶级进行活动和居住的场所通常占据城市中显要的位置。有的城市明显地按不同的阶级或阶层进行居住用地的分区。中世纪的欧洲城市，一般是在封建领主的城堡周围自然发展起来的，手工业作坊往往和居住建筑混合在一起，教堂占据着城市的中心，教堂广场周围通常是市政厅和市场。

中国古代城市的功能分区，早在《考工记》中就有"左祖右社，面朝后市"的记载。隋以后历代都城，大都采取以宫城为中心的功能分区布局形式，如隋大兴城、明清北京城等。宋代以前，市场一般集中布置在独立的地段，王公贵族和平民百姓的居住区明显地划分开。

产业革命后，城市中出现了大工业、铁路枢纽等新的物质要素，但由于城市建设的无计划性，城市中往往是工厂、住宅、商场、仓库等混杂相处，生活、生产都不方便。城市的功能分区问题开始引起重视。19世纪末以来，一些有识之士对现代城市的功能分区进行了探讨，提出了各种方案。如英国E·霍华德的"田园城市"、法国T·加尼埃的"工业城市"方案等。1933年的《雅典宪章》提出城市应按居住、工作、游憩进行分区和平衡的布置，建立把三者联系起来的交通网，以保证居住、工作、游憩、交通四大活动的正常进行。这就使城市功能分区的思想更为明确。从城市发展的历程来看，城市的功能分区一般由以下几部分构成：中央商业区、城市工业区、城市居住区、郊区和城乡接合部。

1. 中央商业区（CBD）

中央商业区（Central Business District，CBD）的形成，正如前面单中心城市的假设条件一样，几乎所有的城市活动都集中在此，具有最大的便利性。中央商业区一般是城市内部交通路线的核心和枢纽，在现代城市中表现为主要的公共交通换乘点或不同交通工具的换乘点。中央商业区一般是一个城市的商业中心、金融中心和服务中心，同时一定程度上也包含一些传统的商业零售类职能设施，中央商业区的独特性决定了围绕这些位置展开的激烈竞争，从而提高了土地的价格，并且使其开发利用达到了极致（容积率大大提高）。中央商业区的开发一般是垂直式的而不是水平式的，人口和经济的增长使中央商务区的密度越来越大。在20世纪里，随着经济和科学技术的发展，中央商业区经历了一定的功能演变过程（表3-1）。

20世纪城市发展与CBD功能演化   表3-1

阶段	时间	主要交通通信工具	生产方式	城市地域结构演化阶段	CBD功能
第一阶段	1920年以前	电车、马车、邮递	福特主义[①]	城市膨胀阶段	商业为主的混合功能
第二阶段	1920—1970年	火车、汽车、电话	大规模生产为主	市区蔓生阶段	专业功能分区，综合功能
第三阶段	1970年以后	高速公路、互联网	灵活、柔性的生产方式	多层向心城市体系阶段	商务办公功能升级，向综合化、生态化方向发展

（资料来源：陈劲松，《CBD·写字楼与国际公寓》，机械工业出版社，2003，P17。）

发展到第三阶段，中央商业区也就演变成了中央商务区，成为跨国公司、银行总部和高档写字楼集中的区域，这就决定了中央商务区只会出现在一些特定的大城市，如纽约、伦敦、东京、香港、上海等。一般城市中所理解的CBD，我们只能称之为中央商业区甚至为中心生活区（CLD，Central Life District）。

专栏3-3　世界著名CBD

1. 纽约曼哈顿

曼哈顿是纽约市的中心区，该区包括曼哈顿岛，依斯特河（即东河）中的一些小岛及马希尔的部分地区，总面积57.91km^2，占纽约市总面积的7%，人口150万人。纽约著名的百老汇、华尔街、帝国大厦、格林威治村、中央公园、联合国总部、大都会艺术博物馆、大都会歌剧院等名胜都集中在曼哈顿岛，使该岛中的部分地区成为纽约的CBD。曼哈顿CBD主要分布在该区内曼哈顿岛上的老城（Downtown），中城（Midtown），著名的街区是格林威治街和第五大街。

在老城长仅1.54km，面积不足1km^2的华尔街CBD的金融区，就集中了几十家大

[①] 福特主义是指以市场为导向，以分工和专业化为基础，以较低产品价格作为竞争手段的刚性生产模式。它以大规模、标准化生产为特征。

银行、保险公司、交易所以及上百家大公司总部和几十万就业人口，成为世界上就业密度最高的地区。中城是曼哈顿的豪华居住区，帝国大厦，克莱斯勒大厦，洛克菲勒中心等一些著名的建筑都坐落在这个区。中城的形成虽晚于曼哈顿老城，但却有后来居上的势头。进入20世纪后，其他许多非营利的办公机构，如工会、研究部门、专业团体、政府机构等，也都集中于此，许多相关的专职事务所如房地产、广告业、税务部门等也迅速聚集其周围，原来设在岛南部的保险业及银行也因良好的环境吸引而来。与此同时，商店，服务业等也渐渐聚集在周围，这样就使曼哈顿岛的CBD更加具有吸引力。为解决曼哈顿CBD因产业不平衡而产生的矛盾，纽约市政府对格林威治街和第五大街采取了一些调控手段，改善投资环境，引导其平衡健康发展。加强纽约商务贸易中心功能，增强吸引力。

随着城市的发展，在西部建了许多办公楼、住宅楼、展览中心等，且修建了穿过市中心区的地铁。随后，政府又颁布了曼哈顿南部规划，在岛南端建成了宽阔的环形高速公路、世界贸易中心、1.5万套公寓及办公楼。在这些扩展的地区中，旨在为拥挤的市中心区分担压力，规划机构加强了交通运输网的建设，如把地铁和其他铁路交通的出入口与新建办公机构相连接，同时把人行道和商店设置在地下，并与地铁出入口直接相连。20世纪70年代中期，曼哈顿CBD逐渐形成。

曼哈顿CBD是纽约市发展的催化剂，这主要表现在：依靠CBD的影响，纽约市确立了其国际城市形象，国际性和跨国性行业组织在纽约市如鱼得水。曼哈顿CBD的住宅和商业用房的成交额，占美国房地产市场中此类用房成交额的40%；美国21%的电话是从纽约打出的；地产增值，政府税收增加，曼哈顿的地产估价约占纽约市地产估价总额的53%。CBD和它的衍生效益促进了纽约市的繁荣，每年纽约地区的机场共接纳了300万到纽约参观游览的游客。曼哈顿是个区，真正CBD面积并不大。

2. 巴黎拉德方斯区

拉德方斯区位于巴黎市的西北部，巴黎城市主轴线的西端。于1958年建设开发，全区规划用地750公顷，先期开发250公顷，其中商务区160公顷公园区（以住宅区为主）90公顷。规划建设写字楼250万m^2，共12万雇员使用，共容纳1200个公司。

目前已建成写字楼247万m^2，其中商务区215万m^2、公园区32万m^2、法国最大的企业一半在这里，共10家；建成住宅区1.56万套，可容纳3.93万人，其中在商务区建设住宅1.01万套，可容纳2.1万人；在公园区建设住宅5588套，可容纳1.83万人；并建成了面积达10.5万m^2的欧洲最大的商业中心；成为欧洲最大的商业中心；成为欧洲最大的公交换乘中心，RER高速地铁、地铁1号线、14号高速公路、2号地铁等在此交汇。建成67公顷的步行系统、集中管理的停车场设有2.6万个停车位，交通设施完善；建成占地25公顷的公园，商务区的1/10用地为绿化用地，种植有400余种植物，建成由60个现代雕塑作品组成的露天博物馆，环境的绿化系统良好。优美的环境和完善的设施每年吸引约200万游客慕名而至。拉德方斯区交通系统行人与车流彻底分开，互不干扰，这种做法在世界是仅有的。拉德方斯的规划和建设不是很重视建筑的个体设计，而是强调由斜坡（路面层次）、水池、树木、绿地、铺地、小品、雕塑、广场等所组成的街道空间的设计。拉德方斯的主轴线有很强的凝聚力，特别是巨门建成后，全区面积大为改观，从此，拉德方斯有了中心，有了标志，有了精神支柱，增强了其吸引力。巨门建成之前人们都认为拉德方斯离巴黎市区远，景观平淡，缺乏吸引力；而巨门建成后，人们改变了原来的看法，认为该区非常值得到此一游。

3. 东京新宿

新宿区位于东京都中心区以西，距银座约6km，是东京市内主要繁华区之一，仅次于银座和浅草上野。在成为副都心以前，新宿在消费、娱乐行业方面就颇具吸引力。

进入20世纪50年代，随着日本经济高速发展，作为首都东京原都心即原中央商务（CBD）的中心三区（千代田区、港区和中央区），已不能适应形势需要，政府机关、大公司总部、全国性的经济管理机构和商业服务设施等高度集中，交通拥挤，建筑高度密集。为控制、缓解中心区过分集中的状态，同时结合周边地区发展需要，1958年下半年东京都政府提出建设副都心（即新宿、涩谷、池袋）的设想，并首先从新宿着手。

经过近50多年的规划建设，新宿副都心已经在东京都的西部形成。目前，建成的商务区总用地面积为16.4公顷，商业、办公及写字楼建筑面积为200多万m^2，并形成东京的一大景观——超高层建筑群（共有40栋大厦），其中不乏百米以上的摩天大楼。为实现办公自动化所需的人均办公面积目标（7~15m^2/人），新宿还将计划建设新的超高层建筑，其中有8座百米以上的建筑。

目前，新宿副都心的经济、行政、商业、文化、信息等部门云集于商务区，金融保险业、不动产业、零售批发业、服务业成为新宿的主要行业，人口就业构成已接近东京都中心三区。随着新宿副都心的开发建设，尤其是东京都部分政府办公机构的迁入，使副都心的魅力大增，各行业更加积极地涌入新宿，首当其冲的是金融业。仅在以新宿站为中心、半径为7000m的范围内，就聚集了160多家银行，新宿已成为日本银行战争的缩影。

据统计，目前新宿商务区的日间活动人口已超过了30多万人。由于新宿是东京都的一个交通枢纽，共有9条地铁线路由此经过，日客流量超过了300万人，预计，随着新超高建筑的完成和12号地铁环线等交通线路的建成使用，新宿的日客流量将

> 超过400万人。
>
> （资料来源：百度文库，《世界著名CBD》, http://wenku.baidu.com/view/94b7a718c5da50e2524d7fed.html）

2. 城市工业区

城市工业区是城市产业集聚地。大部分工业企业、仓储运输以及城市公用设施项目基本集中在这里。在工业区，也集聚了经济管理机构、科学研究单位等，高等、中等学校等。城市工业用地在城市建设用地中占有一定的比例，一般以占城市建设用地15%～25%为宜；拥有大中型工业企业的中小工矿型城市，其工业用地占城市建设用地可大于25%[1]。

根据各种工业的特点、污染状况、占地面积等，可以分成内围工业区、外围工业区和远郊工业区。内围工业区在中央商业区外侧，主要生产的是高档服装、首饰、食品、印刷、精密仪表等，它们占地面积小，主要面向本地消费市场，又要求与中央商业区的企事业机构建立密切联系，及时了解市场信息并获得技术支持。外围工业区一般在城市周围边缘地区，这里土地面积大、地价低、交通方便，距离居住区也近。这里的工业一般是厂房大，装备有自动化生产流水线，机器设备实行平面布局，产品体积大又不能堆得过高，料场、仓库大，产品多属标准化的定型产品，适于大批量生产，如以本市为销售市场的耐用品。另外是污染较轻、技术要求高的工业，包括大部分轻工业和重工业中的机械制造、金属加工业。远郊工业区一般集中了规模大、占地很多、污染严重的工业，如冶金、炼油、化工、重型机械、发电（核电厂）和造纸等工业。

3. 城市居住区

居住区一般在中央商业区与内围工业区之间，也可以设在内围工业区与外围工业区之间。居住区是人们生活、休息的场所。随着生活水平的提高，人们对居住环境要求也日益提高。它要满足以下要求：一是交通便利；二是环境幽雅舒适，无煤气厂、化工厂、石油站，无三废，无噪声源；三是治安良好；四是文化教育设施齐备；五是采购娱乐方便；六是人际交往方便。

4. 郊区

郊区主要是低密集度和中密集度的居住用地。居住区则根据社会经济阶层划分开来，在靠近铁路站点和公路站点的地方，也存在类似的商业聚集区，在这些区域内更容易获得就业机会。郊区地带学校、教堂、公共住房和医院四散分布，商店更倾向于集中分布，和其他商业设施和社会设施集中在一起，形成一个规模较小的"郊区商业中心"。

随着交通设施电气化和郊区能提供更好的电力供应保障后，郊区对制造业愈来愈具有吸

---

[1] 李德华. 城市规划原理 [M]. 北京：中国建筑工业出版社，2001.

引力。毗邻主要交通路线的位置更是受到青睐,在这些地点设厂,企业不仅可以更容易地把产品输送到其他地方,还可以大大降低土地使用成本。

除了这些使用方式外,还有一些大面积的郊区土地被开发成别墅区、高尔夫球场、赛马场、停车场、基地和其他的公共活动场所。

5. 城乡接合部

城乡接合部就是指城市由于现有的各项功能已经不能满足不断增长的人口及城市功能的需求,在原有的行政区域基础上将周边的郊区划入城市区域。但由于新划入的区域往往离城市中心较远,各项配套设施及管理政策、措施暂时还没有到位,从而形成了暂时的城市不是城市、郊区不是郊区的地区。

城乡接合部在有发展潜力的城市是投资热点,具有无限的价值增长空间。这里往往是城市低收入者、外地务工人员、原居民的集中居住地。

需要注意的是,为了保证城市各项活动的正常进行,必须把各功能区的位置安排得当,既保持相互联系,又避免相互干扰。一般地说,最主要的是处理好居住区和工业区之间的关系。为保证职工上下班的方便及居住环境的卫生、舒适和安宁,居住区和工业区及其他工作地点之间,应有便捷的交通联系。排放废气和废水的工厂应布置在居住区的下风向和河流的下游地带;产生噪声的工厂、铁路列车编组站、飞机场应尽量远离居住区;居住区和工业区之间应布置适当的卫生防护地带。要保证居住区、城市的行政文化中心及其他大型公共活动中心、工业区和火车站、港口码头、飞机场之间有便捷的交通联系;同时,又要尽量避免居住区和城市中心区被铁路分割。专为工业企业服务的材料、成品仓库,应布置在工业区内;而危险品仓库、对环境有污染的仓库、堆场则应同其他仓库、居住区、工业区隔离开来,布置在城市边缘的下风向或河流的下游地带。

> **专栏3-4 美国的郊区城市化**
>
> 郊区城市化是现代的一种普遍现象,即城市附近的郊区开始变成城市。伴随着城市中上阶层人口移居市郊,城市中心城区以外的郊区乡村区域的城市化过程。郊区城市化源于美国。美国的郊区城市化始于1920年,第二次世界大战之后进入了迅速的郊区城市化过程,其基本进程一直延续至今。
>
> 郊区城市化源自中心城市的推力和郊区的拉力的相互强化作用。一方面,从1920年代开始,由于许多中心城市面临着基础设施老化、公共交通和教育系统不堪重负、外来人口和贫困市民大量增加、城市环境和社会治安恶化等问题,这些问题构成了中心城市对人口增长和产业发展的推力;另一方面,郊区良好的环境、低廉的土地成本和税收以及巨大的开发潜力等因素对人口增长和产业发展有着很大的拉力。在中心城市的推力和郊区的拉力的共同作用下,美国社会的中层和上层开始向

中心城市周边的郊区迁移，从而开始了历经几十年的郊区城市化过程。

1. 城市交通向郊区延伸是郊区城市化的重要前提

交通系统的发展对郊区城市化具有决定的意义。1956年，为促进交通系统的发展，美国国会通过了《州际高速公路法案》，以设立高速公路信托基金的方式来支持高速公路的建设。汽车、石油、橡胶、玻璃、钢铁和水泥等相关的产业也得到了发展。与此同时，有关部门在全国规划建设了超过4万英里的州际和地方高速公路，其中超过5000英里的公路都建在都市区中。联邦高速公路计划开辟了一条通向低密度、多中心的都市区的道路，使人口、产业和居住地重新分布。随着高速公路的建设，中心城市的中产阶层不再局限在市区，可以到更远的郊区买房；各类商业、制造业和房地产业也发现了郊区发展的广阔空间和潜力，人们不再把自己与有轨电车线路和铁路的区位捆在一起，纷纷向郊区迁移。自20世纪30年代以来逐步进入到"汽车时代"。1900年，平均每9511人才拥有一部汽车，而到了1930年，每5.3人就拥有一部汽车，此后逐步提高到并且稳定在平均每2人就拥有一部汽车。美国人愿意在交通方面花钱，如1997年平均每个美国家庭的年收入为39926美元，交通费用的平均支出为6457美元，占总收入的16%。私人交通为6064美元，其中购买汽车2736美元、汽油1098美元、其他的交通支出2230美元；公共交通支出为393美元，其中飞机费用为249美元，其他公共交通费用为56美元，税收为17美元。在整体的交通环境改善后，人们更容易进入郊区，为郊区城市化创造了极为重要的前提条件；交通网络还决定了郊区城镇的空间布局的框架。

2. 社会经济的发展是促进郊区城市化的重要因素

随着收入的提高和都市区交通环境的改善，居民有条件追求更好的生活环境。一般而言美国中心城市环境脏、噪声大、犯罪率高、贫困人口多、问题家庭多、房子拥挤质量差、选择房子限制多，因此，舒适的环境往往在中心城市之外。为追求舒适的生活环境，人们愿意舍弃中心城市而到较远的郊区生活。郊区城市化与美国社会文化的价值观念也有一定的关系。20世纪50年代，人们对家庭生活比较向往，已婚妇女大多愿意作家庭主妇，形成了美国少有的高出生率时代。1957年，出生率达到3.77%，多子女家庭增多，家庭规模变大，大家庭需要大的房子，房子成为"美国梦"的一个重要组成部分，由此产生了对房子的巨大需求。杰斐逊式的民主培养了人们的强烈的乡村意识。郊区生活被描绘为美国理想的生活方式，到小镇居住是人们的生活理想之一。而人们对中心城市却有着更多的负面的认识。有人将中心城市比喻成"必要的魔鬼"。

推动郊区城市化的力量还包括其他一些文化价值的理念：如美国人对新事物的爱好，期望接近自然，自由迁徙，自由竞争等。美国人口流动频繁，据1990年的人口调查，接近50%的人口表示在过去5年里搬过新家。在自由市场经济竞争中，厂商和居民都会选择对自己更为有利的环境生产和生活。这是市场经济规律作用的必然结果。

3. 政策因素的影响促进了郊区城市化

这些政策的本来意图不是为了郊区的城市化，而执行的结果却成为郊区城市化的催化剂。主要包括房屋政策、国防生产的政策、高速公路建设的政策等。由联邦房屋管理局（FHA）和退伍军人管理局（VA）提出的房屋政策，使中产阶级和老兵更容易购买到住房。如第二次世界大战后的抵押贷款保险政策、抵押贷款利息支付的联邦税收抵扣政策、减少定金和延长贷款偿付期限的政策等，既保证了信贷者贷款的安全，又为中高收入者购买住房（特别是新的住房）提供了十分优惠的条件。这些政策之所以会促进郊区化，是因为贷款保险项目本身使购买者更容易购买新的住房，且该项目特别倾向于资助购买单家独院的房子。这种房子主要在郊区，因此购买的新房主要在郊区，由此推动了郊区城市化的进程。受房屋政策的影响，拥有住房的美国人从1940年的43.6%增加到2000年的65.5%，大多数人的"美国梦"实现了。罗斯福新政以来的新经济政策的公共房屋计划，却使穷人和少数民族后裔更加集中在中心城市中。这也成为中高收入者往外搬迁的一个因素。另外，国防政策也是促进郊区城市化的重要因素之一，美国战时生产委员会（WPB）把大量的战时生产项目布局在郊区和"阳光地带"，也是推动郊区城市化的一个因素。

4. 人口的外迁是郊区城市化的一个重要因素

郊区城市化使得人口分布发生了重大转变。在社会经济发展因素和各种政策的推动下，20世纪20年代美国就开始了中心城市人口的外迁过程，直到20世纪50年代以来才成为大规模的现象。1950年美国郊区人口为402.3万人，2000年达到1401.5万人；相应的郊区人口的比重，由1950年的26.7%增加到2000年的49.8%。从中心城市、郊区和非都市区人口变化的过程来看，人口的增量主要分布在郊区。从1950年到2000年，人口增加了1300.9万人，其中约有77%住在郊区。

郊区城市化的结果是，一些老城市人口流失严重。据统计，自1950年以来，底特律市减少了将近50%的人口。从1980到1990年间，许多城市的人口规模变小了，如匹兹堡市（Pittsburgh）减少了12.8%，圣路易斯市（St. Louis）减少了12.4%，克里夫兰市（Cleveland）减少了11.9%，新奥尔良市（New Orleans）减少了10.9%，布法罗市（Buffalo）减少了8.3%，芝加哥市（Chicago）减少了7.4%，亚特兰大市（Atlanta）减少了7.3%。

5. 制造业和零售业的郊区布局和就业机会的郊区化

部分产业的郊区布局是郊区逐步成为独立的城镇的关键。郊区从最初的"卧城"过渡到相对独立的社区，进一步发展成为完全独立的区域单位——城镇。在这个过

> 程中，产业的迁移起到了关键性的稳定作用。郊区相对于中心城市，在区位上具有容易取得工厂扩展和相关的附属配套设施的空间（如装卸空间，仓库空间，工人、供应商和客户停车场所等），劳动力素质相对高，还有建设上的限制较少等优势。生产技术的改变也是制造业往郊外迁移的一个重要因素。由于生产的专业化，生产技术投入的产出增加，工厂有足够的利润来支付迁移成本。这为生产企业在郊区建立新的专业化工厂提供了经济保障；加上通信和生产管理条件的改变，增加了制造业的郊区迁移的可能性，有时甚至出现明显的非城市的区位指向。在郊区，比较集中的产业主要包括：制造业、房地产业、批发、零售业以及一些与制造业相配套的产业。随着产业迁移，就业机会在郊区出现。对许多人来说，容易取得就业机会是他们进行区位选择的决定性因素。当然，很难判断是人口迁移导致产业与就业机会的迁移，还是产业与就业机会的迁移造成人口的迁移，但相互影响的结论是肯定的。
>
> （资料来源：互动百科，《郊区城市化》，http://www.baike.com/wiki/郊区城市化，有删减）

3.2.3 城市功能分区的影响因素

城市的功能分区与城市的发展历史、自然地理、社会经济条件等因素密切相关。

1. 历史因素

历史因素是城市功能分区形成的基础。城市是历史发展的产物，城市原有的基础是城市功能分区的最基本的依据。市内早期的建筑和街道设计可以维持久远；城市内部早期设立的活动可以不断吸引相同的活动。所以早期的土地利用对日后的土地功能分区的形成有着深远的影响。例如，北京故宫在历史上一直就是代表封建权势的皇室宫殿，现在作为国家的政治中心，围绕故宫一带的城市中心，是一个重要的行政区，而不会成为商业区。

在中国，城市历史背景复杂，历史因素对城市地域功能分区的形成作用非常明显，城市的发展和更新改造需要考虑如何继承和保持城市特色。再如上海市中心商务区就体现出了继承历史的基础上的创新，把浦西的外滩（传统的商务中心）和浦东的陆家嘴（新建的金融贸易区）联结起来共同成为上海的现代化的商务中心，这些都是充分考虑了历史影响的明智做法。

2. 经济因素

城市土地有限，不同地段租金不同。在市场经济条件下，只有付出租金最高的经济活动才可能得到相应的地段。而不同的经济活动类型其付租能力（或愿意付出的租金）又不同。直接影响地租高低的因素主要有以下两个方面：通达度和距离城市中心的距离。一般来说，通达度越好，距离城市中心越近，土地价格或租金就越高。

如图3-8所示,随着距离城市中心的距离不断增加,通达度和地租水平也会相应下降,形成了围绕城市中心向外扩展的不同类型分区。

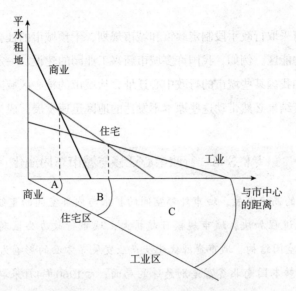

图3-8 城市功能分区随距离递增的变化图

案例分析

成都目前的城市格局基本是建立在现有交通格局基础之上的,盐市口-春熙路是优势明显的中心商圈。但是,随着成都地铁的修建,立体交通网络逐渐完善,天府新区、北部新区及多个卫星城镇会迅速崛起,极大地推动着城市空间格局的发展与演变。

经过几年的建设,成都地铁网络基本形成,原有的商业、居住、工业等分区已经发生了变化。请结合成都地铁路网布局,讨论分析成都城市功能分区格局的演化。

3. 社会因素

城市人口是由不同职业、不同社会阶层、不同种族及不同文化的人组成,形成了不同社会处境,相应形成了不同类型的功能区。

影响功能区分化的主要原因有:①收入。这是形成不同级别住宅区的常见原因。例如高级住宅区,建筑面积大、设备齐全、环境幽雅。但是租金昂贵,因而通常是能支付高租金的高收入阶层居住。②知名度。城市中有些地区在历史、文化或经济等方面有很高的声誉,在市场中有广泛的影响,例如成都的春熙路、上海的南京路、北京的王府井等,选择该处布局可以提高身价和地位,增加知名度和影响力。这无形中成为一种强大的集聚力量。③种族聚居区的形成。在西方大城市中,一个区域内如果某个种族或某个宗教团体占优势,他们的影响或势力就可能逐步扩展，便会形成种族聚居区。这种情况在北美和欧洲表现得尤其明显，像唐人街、黑人区等。

4. 行政因素

有些城市，政府采取行政手段制定政策和城市规划，干预城市的社会经济发展，也可以引导或划定不同的功能区。例如，我国许多城市新兴工业园的建设，一定程度上可看作是行政干预的结果。再如我国某些城市的行政中心迁址，从城市的核心区域搬迁到城市原来的郊区和城乡接合部，其结果必然带动这些原本不发达的地区迅速发展，成为城市的新中心。

专栏3-5　行政中心迁移与城市布局演化

伴随着经济的高速发展，城市外部空间的扩张与内部空间的重组也在快速进行。另外随着城市化进程加快，城市规模日趋扩大，城市行政办公区对城市发展布局、城市交通、城市空间结构、城市资源优化及产业发展等方面的影响力越来越突显。

巴西为了扭转本国南北贫富差别悬殊的局面，于1960年4月采取了迁都的方式，将首都从里约热内卢迁到巴西利亚，带来了明显的效果。巴西利亚原是一座仅有10多万人的小城，工农业均不发达，现在已成为拥有10个卫星城、面积5814平方公里，人口达200万的现代化都市。首都的迁移还使巴西中部地区这片不毛之地的农牧业生产得到迅速发展，工商业初具规模，经济面貌发生翻天覆地的变化。

东西德合并后，柏林拆倒部分柏林墙，建设了著名的波茨坦中心，形成新的柏林行政中心，带动新柏林城市空间结构快速调整，尤其是地下的城市交通枢纽对城市交通体系的发展作用显著。

国内比较成功的实践是青岛市。1992年青岛市公开出售市委市政府办公大楼，将办公区地址东移，同时在新区投资修建了高标准的街道、绿地、广场等基础设施，使东部地价飙升。青岛政府因此获得土地出让金，并引来大量外来投资，顺利完成了政治、经济、文化中心的东移，为老市区的改造、市民的搬迁提供了空间和条件，并使东部新城区迅速发展。

中山市于20世纪90年代初投资建设兴中道，市政府、法院等重要的行政机构相继迁至兴中道两侧。1994年，孙文纪念公园建成，在城市东区形成了依托兴中道，以孙文纪念雕塑与市人大、政协为南北对景的城市景观轴线，不但带动了城市东拓，也形成了旧城与新区、传统与现代相得益彰的城市风貌。再有一个例子就是深圳市。实际上改革开放以来深圳的行政中心就一直在漂移，至今已经迁了3次，第一次是在原来的宝安区，后来又从罗湖迁到上埗，上埗迅速发展起来后，现在深圳又迁到了福田区。整个城市也沿着这个轨迹不断向外延。

泰安市中心城区位于泰山脚下，与泰山形成了"山城相连、山城一体"的城市格局。古泰城具有丰富的历史文化内涵和众多文物古迹，但长期承担城市商业、行政中心职能，保护与发展的矛盾日益显现。2001年，泰安市着手在西部新区建设行政中心。从实施效果看，通过搬迁行政中心，泰安城市建设重心吸引到西部新区，拉开了城市布局结构，缓解了旧城建设与保护的矛盾。

3.3 房地产业的区位选择

房地产的区位优势可以给房地产开发商和投资者带来区位利润。区位利润越高，房地产投资价值越大。在选择房地产区位时，首先应该注意对房地产区位升值潜力的分析，并不是越接近市中心投资取得的收益越高。选择某区位进行投资，往往要进行升值潜力分析，进行各种利弊的权衡比较，以作出科学的决策。选择区位还要有超前意识，特别注意对城市规划、区域政策、交通服务网点的深层次分析。如果投资者能够分辨出哪一个区位在不远的将来对买方或租户具有竞争优势，他们就能在这类信息反映到价格中之前，抢先得到适当区位地块的使用权。如果他们能准确预测未来几年内区位形势的变化，他们就能更准确地估计出新物业的投资价值。将投资价值与尚未完全反映相关信息的市场价值进行比较，可以使那些敏锐的投资者更好地驾驭市场。

3.3.1 影响房地产开发项目区位选择的主要因素

1. 城市规划

城市规划是一个城市长期发展的蓝图，它为城市未来的发展指明了方向。房地产行业的每一步发展，都与一个城市的城市规划密切相关，房地产的开发必须要以城市规划用地为依据，任何一项违背城市规划的房地产开发都是不允许的。

进行房地产开发投资，必须了解城市规划，熟悉城市的未来发展格局和趋势。由于城市规划对城市未来的布局进行了管控和谋划，尤其是对土地的供应进行了安排，有利于房地产开发商选择具有发展潜力的土地进行开发建设。对投资者而言，熟悉城市规划也意味着对未来的投资热点区域可以提前判断，增加投资收益。

2. 自然特性

影响房地产开发项目区位选择的自然因素主要是指房地产的空间不可移动性，这主要由于土地本身所决定。在相同地段的土地，由于形状不同、朝向不同等因素，都会对房地产项目开发产生影响。例如，形状比较规则的土地（如矩形、正方形等）便于工程建设，可以节约施工成本，而形状不规则的土地，开发难度相对较大，投资建设成本较高。再如朝向，"坐北朝南"的房地产项目普遍价格较高。而对于不同类型的房地产，土地的自然特性也会影响其开发投资行为。例如，依山傍水的土地比较适合开发为高档住宅而不适合开发为工业项目。

3. 市政基础设施条件

市政基础设施既包括交通、能源、水、通信、防灾减灾系统等硬件条件，也包括教育、医疗、文化等条件。通常情况下，市政设施越完备越成熟，开发难度越小，投资的回报率越大。以交通为例，在城市主要干道或者城市主要的交通枢纽布局的房地产项目，价格普遍较高，因为这里具备了便捷的出行条件，尤其是商业、居住等项目对交通的要求更高。再如教育、医疗条件，如果房地产项目所在地附近缺乏教育机构、医疗机构，房地产价格相对而言升值潜力不大，住宅项目尤其如此，这也是不少大城市"学区房"热销的重要原因。

4. 生态环境

生态环境是当前房地产开发投资尤其是居住项目开发中越来越重要的影响因素。随着生活水平的提高，人均收入的增长，人们越来越青睐选择安静、闲适的地方居住，远离城市的喧嚣和杂乱。生态环境已经成为选择房地产项目的关键环节，一些拥有良好生态环境的区域和城市（如海南、青岛、贵阳等）正在成为房地产开发的热点区域。

专栏3-6　西雅图VS洛杉矶：气候房价消费之比较

西雅图是一个非常值得骄傲的城市。这种骄傲来自比较。当听到去过洛杉矶的人抱怨那里的司机开车如何疯狂时，当听到那里的人抱怨收入税和消费税有多高时，当听到那里的人"望房兴叹"时，西雅图人的自豪感会从心底不断地涌上来。

当然，洛杉矶是一个更大更繁华也更具诱惑力的都市，是世界的娱乐之都。加上洛杉矶气候宜人，四季阳光充沛，平均日照时间达325天，终年无霜冻。而西雅图常年多雨，到了冬天最冷的时候，西雅图一片冰天雪地，公共交通暂停，居民家中随时可能停电。这时居住在洛杉矶的人就笑了。

微软公司总部所在的西雅图，房价比一般的二线城市高很多。除了微软的原因，还因为它靠海和湖，景观很美。洛杉矶是美国第二大城市，但并没有很多高楼。有人说因为洛杉矶处于地震带，不宜建高楼；也有人说美国人本来就不喜欢高楼。相对而言，在洛杉矶买房要比在西雅图贵得多。比较消费税：洛杉矶是9.75%，西雅图9.5%。在洛杉矶工作要交州个人所得税10.55%，而在西雅图则不需交州个人所得税。

（资料来源：《华侨报》，2012年5月18日。）

---

5. 当前土地使用者的态度

当前土地使用者的态度也会影响房地产项目的选址。这主要是因为消费从众心理和首因效应所致。从众心理是指人们在进行选择时会受到外界人群行为的影响，而在自己的知觉、判断、认识上表现出符合于公众舆论或多数人的行为方式。首因效应是指在短时间内以片面的资料为依据形成的印象。消费者或投资商在进行房地产项目选址时，会受到该区域内其他社会群体选择的影响，如果普遍认为该区域有投资价值，那么消费者或投资商很有可能作出与大多数社会成员一致的选择。

6. 土地价格和供求关系

土地价格和供求关系对房地产项目选址具有重要意义。这两个因素相互交织，成为房地产项目的市场决定力量。土地资源的稀缺性带来的供求失衡导致了土地价格本身具有上涨的刚性。区位条件较好的区域，其土地价格较高，必然造成开发成本和项目的售价上涨，开发商在进行选址时，会追求经济利益最大化，这种类型的土地明显不应该用于回报率较低的工业项目，而应该首选作为回报率较高的商业项目进行开发。

3.3.2 不同类型房地产项目的区位选择

1. 居住项目

居住项目主要是为人们工作劳动之余提供一个安静舒适的生活休息空间。同商业用地目的不同，居住用地的选择不是为了获得最大利润，而是为了获得最大效用。所以，居住用地的区位选择，一般应考虑以下主要因素：

（1）市政公用和公建配套设施完备的程度

市政公用设施主要为居民的生活居住提供水、电、煤气、暖气等，公建配套设施则包括托儿所、幼儿园、中小学、医院、邮局、商业零售网点等。对于小型的居住项目，其本身不具备提供上述配套设施的能力，那么对场地周围已具备的配套设施能力的依赖性就更大。

（2）公共交通便捷程度

以经济观点来看居住用地的区位，主要是从节省出行时间和出行支出两方面考虑的。由于住宅是比较长期使用的稳定居留地，出行经济便成为人们普遍考虑的居住选择因素。因为人们的出行时在居住地、工作地、购物中心和游乐场所之间往返摆动的，所以理想的居住用地区位，是到达以上四点总距离最短的点，尤其是要选择接近工作场所的地点。住所与工作地之间活动频率最高，这样便可最有效地节省出行的费用和时间。

从我国目前的居民家庭结构来分析，对方便快捷的公共交通系统的依赖程度非常大，所以对居住项目位置的选择主要是靠近交通方便、能就近乘车的地方。如果乘车时间只有10分钟，而从住宅到车站的时间却用20分钟，相信住户不会考虑这种住宅。

（3）环境

随着城市居民生活水平的提高，人们对居住环境提出了越来越高的要求。山、水、绿地、阳光、清新的空气、无噪声污染等，都是居民选择安居进而也是房地产商在选择居住项目位置时要慎重考虑的因素。

（4）居民人口与收入

居住项目的市场前景受附近地区人口数量、家庭规模和结构、家庭收入水平、人口流动性、当前居住状况等方面的影响。居住项目投资如果选择在人口素质高、支付能力强的地区进行，就意味着提高了成功的可能性。

2．写字楼项目

广义的写字楼是指国家机关、企事业单位用于办理行政事务或从事业务活动的建筑物。但投资性物业中的写字楼，则是指公司或企业从事各种业务经营活动的建筑物及其附属设施和相关的场地。依照写字楼所处的位置、自然或物理状况及收益能力，通常将写字楼分为甲、乙、丙三个等级。影响写字楼项目位置选择的特殊因素包括：

（1）与其他商业设施的接近程度

商业办公也存在着聚集效应，同样位于城市中心商务区的项目，则未来的使用者就可以方便地和位于相同区域的客户开展业务。因此，与其他商业设施接近的程度，决定了写字楼项目对未来使用者的吸引力，虽然这吸引力也会由于城市建设的发展而经常发生变化，但其对写字楼项目位置选择过程的影响却是不言而喻的。

（2）周围土地利用情况和环境

如果写字楼项目所在的周围有很多工业建筑，环境恶劣，就会大大降低该写字楼的吸引力。写字楼的位置还可能由于其临近政府、大型公司或金融机构的办公大楼而增加对租客的吸引力。

（3）易接近性

写字楼项目位置选择还应重视其易接近性。大型写字楼建筑往往能容纳成千上万的人在里面办公，有没有快捷有效的道路进出写字楼，会极大地影响写字楼的档次。写字楼周围如有多种交通方式可供选择，能极大地方便在写字楼工作的人。是否有足够的停车位同样也会影响到写字楼的易接近性。

3．商业项目

商业与工业经营活动的目的都是为了追求最大的利润，但工业利润是通过降低产品生产成本实现的，而商业利润是通过销售产品取得的。对商业经营者来说，产品销售愈多，获得利润也就愈大。商业项目的区位选择，应该有利于实现它的最大利润，其选择原则有以下几条：

（1）最短时间

最短时间原则，即应位于人流集散最方便的区位。商业的服务对象是顾客，商业行为的基本前提是商品与顾客在时间上和地域上的结合，面对面进行交易。所以传统的商业都混杂在居民区中。但是，随着交通条件的改善，汽车成为顾客购物行为的代步工具，顾客购物移动的能力大大提高，活动范围也大大增加。因此距离已不是决定顾客购物行为的主要因素，而更多的是考虑购物过程所花费的行车时间。商业网点的区位，以位于它的吸引半径边缘10~30分钟行车时间的地点最为理想。

（2）区位易达性

区位易达性原则，即进入性原则，就是说商业网点应分布于交通最便捷的区位，即易达性最好的区位。这个区位是它与城市内其他地点见的站点数目之和最小的点。一般说来，火车站、港口、长途汽车站等城市交通的聚集点，都是易达性最好的区位。因此它们成为不同等级和规模的商业企业选择的目标，并且都已具备了相当的商业繁华度。

（3）接近购买力

商业利润是建立在居民购买和消费商品的基础上的，而居民的购买力取决于人口数量和他们的收入水平。一般说来，商业企业的存在，是以一定服务人口为前提的，这种维持一个商业企业存在的最低服务人口数量，称为这个商业企业的人口门槛。所以商业用地选择必须考虑所在区位的人口密度和人口数量，中央商务区和特大型购物中心的用地区位选择必须与该城市的人口分布重心相接近。如北京的西单、王府井、前门，上海的南京路、淮海路，南京的新街口等就是这样。

人口是购买力的一个基本因素，但它只有与一定的消费水平相结合才能形成现实的购买力，而人们的消费水平又取决于他的经济收入和消费倾向。在人口数量既定的情况下，人们的经济收入与消费倾向的组合有四种情况：高收入、高消费；低收入、高消费；高收入、低消费；低收入、低消费。所以商业用地的区位选择，既要接近人口稠密区，又要接近人口的高收入、高消费和低收入、高消费地区。

（4）满足消费心理

商业企业是多种多样的。但无论哪种商业企业的用地选择，都必须顾及顾客的消费心理。顾客的消费心理是千差万别的。有信誉的老商号和传统优质商品对顾客都有较大吸引力。另外有些顾客喜欢逛专卖商店，因为那里可以买到别处买不到的称心如意的商品。所以商业用地的区位选择应投顾客所好，要做到新商场和传统商场相结合，综合商店与专门商店相结合，尽可能满足顾客多种多样的购物心理要求。

（5）接近CBD

商业活动具有扩延效应。一旦一个商业中心形成，在其附近布局新的商业企业便有利可图。中央商务区的商业密度指数、商业职能指数和商业规模指数都比较大，具有极大的扩延效应。在此附近争得一席之地，从事商业经营，能取得更大的利润。

4．工业项目

工业项目场地的选择需考虑的特殊因素包括：当地提供主要原材料的可能性，交通运输是否足够方便以有效地连接原材料供应基地和产品销售市场，技术人才和劳动力供给的可能性，水、电等资源供给的充足程度，控制环境污染的政策等。各类型开发项目的投资者选择区位时所考虑的以上因素应该是比较基本的。对于购买商业用房地产和居住用房地产的消费者而言，他们对区位的选择标准，大体与上述房地产开发项目的投资者相同。因为投资者的标准只有与消费者一致，才能实现最大的效益。

专栏 3-7　物流配送中心选址的影响因素

1. 客户分布。配送中心是为客户服务的，首先要考虑客户分布。对于商业配送中心，其客户主要是超市和零售店，分布在城市内人口较密集的地区，为提高服务水平，同时也考虑其他条件的影响，故配送中心通常设置在城市边缘地区。

2. 供应商分布。配送中心靠近供应商，对货源供给的可靠性高，库存可以减少，但供应商一般离需求地比较远，而且分布也比较分散，配送中心靠近供应商，对降低运输成本是有利的，因为进货的批量大。

3. 交通条件。交通条件是影响配送成本和物流效率的重要因素，特别是大宗物资的配送。因此，配送中心地址选择应尽量靠近交通运输枢纽，如高速公路、铁路货运站、港口、空港等，以保证配送服务的及时性、准确性。

4. 土地条件（可得性、土地成本）。配送中心需要占用一定数量的土地，用地必须符合国家的土地政策和城市规划；土地成本也是影响物流成本的重要因素。

5. 人力资源因素。配送中心需要不同层次的人员，一般属于劳动密集型作业形态，用人较多，其工资待遇应于当地工作水平相适应，配送中心选址应考虑员工来源和成本。因此，地区劳动力富缺程度、工资水准高低、职业技能强弱等状况，都是配送中心选址时应予以考虑的。因为这些情况关系到招工的难易、工薪开支的大小、技术培训的规模以及劳资间的关系。

6. 附属设施条件。配送中心周围的服务设施也是考虑的因素之一，如外部信息网络技术条件，水电及通信等辅助设施，北方地区的供暖保温设施等。

7. 地区或城市规划。配送中心规划属于地区或城市规划的一部分，必须符合城市规划的要求，包括布局、用地，以及与其他行业规划的协调。

8. 自然条件。配送中心需要存放货物，自然环境中的湿度、盐分、降雨量、台风、地震、河川等都会产生风险，也会增大物流成本。

9. 国家、地方的激励措施。物流设施的建设特别是配送中心与仓库的建设，能为当地政府开辟税源，所以是受到欢迎的。但是有的地区税种过多、税负过重，特别是存货税过重更是一个大问题。有的地区为了吸引物流企业落户，提供了许多优惠条件，诸如建筑材料与物流设备免征进口税等，但是开业几年以后的税赋是很重要的，必须有长远的考虑，而且还要了解能够从政府部门得到什么样的服务。有的地区对于那些能够提供就业机会的物流企业甚至还给以补助，比如提供免税仓库和办公用房等。

10. 其他因素。要考虑不同类别的配送中心对选址的需要的不同的。如有些配送中心所保管的商品有保温设施、冷冻设施、危险品设施等对选址都有特殊要求。

本章实训

【实训任务】

调查所在城市不同类型房地产的空间布局

请与你的团队成员紧密合作,在老师的指导下,应用所学到的知识,分组选择某一特定类型的房地产项目,综合运用网络调研、文献收集、现场观察等方法进行不同类型房地产空间布局的调查。

1. 实训准备

(1)分组确定调查的房地产类型。建议分为四个小组,分别实施对商业房地产、居住房地产、写字楼、工业房地产进行调查。

(2)调查前认真分工,详细了解各组房地产类型的基本情况,选定调查的目标物业和区域,拟定调查的工作方案。

(3)准备签字笔、记录本,有条件的话,准备相机和录音笔。

2. 实训过程

(1)进行调查。

(2)团队合作处理数据资料。

(3)小组讨论得出调查结论。

3. 实训结束

(1)实训总结分工。

(2)制作汇报PPT。

(3)演讲汇报。

(4)教师和行业专家共同评分。

【实训步骤】

第一步:确定调查的对象

(1)项目团队集思广益,遴选调查的对象和区域。

(2)对确定的调查主题进行初步研究,确定调研对象、范围、调研的目的和需要解决的问题。

第二步:调查策划

(1)深入研究调研对象,确定调研的时间、地点和方法。

(2)收集相关背景资料,咨询相关专业人士,拟定工作方案。

(3)对团队成员进行分工和必要的技术培训。

第三步:收集调研资料

(1)收集调研对象相关的静态资料(二手资料),对收集的资料进行研究,熟悉调研主题和调研对象。

(2)实施调查。

第四步：调查资料的整理与分析

（1）对采用各种方法收集的对象信息进行筛选、勘误和整理，形成资料库，存档以供今后调研使用。

（2）对整理后的资料和数据进行调查的简要分析。

思考与练习

1. 区位论有哪些主要流派？其基本观点是什么？
2. 城市空间结构有哪些模式？列举各种模式主要的代表性城市。
3. 城市功能分区有哪些影响因素？
4. 不同类型房地产项目的区位选择应注意哪些方面？

拓展知识

保罗·克鲁格曼新经济地理学的区位理论

北京时间2008年10月13日晚，瑞典皇家科学院诺贝尔奖委员会宣布将2008年度诺贝尔经济学奖授予美国经济学家、普林斯顿大学教授保罗·克鲁格曼（Paul Krugman）。克鲁格曼获得2008年度诺贝尔经济学奖，主要是因为他在分析国际贸易模式和经济活动的地域等方面所作的贡献。

保罗·克鲁格曼是新经济地理学的代表性人物，他对于现代经济学最杰出的贡献之一在于通过空间经济模型分析，创设了贸易与地理集聚间的关联，从而拓展了国际贸易理论和区域经济理论，在金融货币理论方面他也有所建树。

克鲁格曼力图在贸易理论和区位理论间建立某种关联。克鲁格曼认为，规模经济促成生产集中，而运输成本核算则具有阻止生产活动集中的作用。当运输成本下降一些以后，公司会在一些地方集中布局，以实现生产或运输成本的规模经济。生产商偏好的区位，往往是需求较大或投入品供应便捷的区位，这通常也是其他同类生产商倾向选择的区位。但是，当运输成本降至很低时，生产厂商并不一定要就近布局，生产活动会出现分散化。然而，由于现实中运输成本仍维持一定水平，这便使得那些起步较早的区域吸引较多工业，从而出现较快的增长。克鲁格曼用这种理论解释美国东北部工业带的形成。

在工业集中区的形成上，克鲁格曼不同意古典或新古典工业区位论中的经济竞争均衡模型。他认为经济格局的形成中，偶然性、路径依赖、历史和特殊事件起决定作用。一旦早期的区位优势形成以后，通过前向和后向关联，可产生积累效应。这种非理性的经济分布在规模收益递增作用下，具有一定的"锁定"（Locking In）效应，因此，在现实世界中，自动向最优空间格局发展的趋势并不存在。

学习资源

1. 精品课程：房地产投资及其区位选择，http://www.tudou.com/programs/view/G3qAoZtwkxo/.
2. 地产人网站，http://news.zh.fang.com/zt/201003/0809zfhz.html.
3. 刘茜茜，刘畅，王远. 房地产区位价值影响因素分析[J]. 沈阳建筑大学学报（社科版），2011，13（3）：296–298.

本章小结

地租指特定地块（宗地）的地理空间位置及其与相邻地块的相互关系。从广义讲，则是人类一切活动，包括经济、文化教育、科学卫生的一切活动以及人们居住活动的空间布局及其相互关系。杜能的农业区位论、韦伯的工业区位论、克里斯塔勒的中心地理论等都研究了不同类型生产活动的区位选择，对房地产业发展具有指导意义。城市空间结构是从空间的角度来探索城市形态和城市经济要素相互作用的关系，它直接影响到城市经济的发展。城市功能分区则按功能要求将城市中各种物质要素进行分区布置，组成一个互相联系、布局合理的有机整体，为城市的各项活动创造良好的环境和条件。城市的功能分区与城市的发展历史、自然地理、社会经济条件等密切相关，这些也影响房地产的区位选择。

房地产产权理论 4

产权 4.1
土地产权和房屋产权 4.2

【学习提要】 本章主要介绍产权的含义、基本内容及产权关系,我国土地所有权、土地使用权的性质及其所涵盖的内容。通过本章的学习,能够掌握土地所有权和土地使用权的各项权能及我国存在的土地所有权及使用权性质。

案例引入

张家港豪宅车位"产权"纷争两年

素有张家港市中心第一巅峰豪宅之称的王府名邸小区,位处江苏省张家港市CBD黄金地段,依托8幢港城至尊豪宅、24层高空顶端视野和16套华贵复式空中别墅,开盘后以"傲然地标、万众瞩目"自居。项目推出伊始,就被冠以"名邸八最":张家港市最人性化的建筑设计、张家港市最阳光灿烂的住宅以及张家港市最前卫的社区配套等,也正是这"八最"中的"一最",张家港市最大的地下停车场引发了2009年1月1日王府名邸小区的群体性上访事件。当日,该小区内1幢到8幢的业主们在各自窗口拉出横幅,分别有"苏州人防车位7万,张家港20万"、"车位收费20万只开企业收据"等标语。以此行为向外界宣告,王府名邸地下车位系人防工程,开发商却以每个车位20万元左右的价格卖给了小区业主,有的只是企业的收据,既没有产权证,也没有不动产销售发票。

2006年1月24日,沈先生以每平方米5478元购买了一套张家港市新城置业有限公司(下称"新城置业")开发的王府名邸小区的住宅之后,新城置业告之小区内所有的车位都可以卖给业主。考虑到王府名邸处于张家港市沙洲路步行街中段,是市里最繁华的商业区,沈先生担心日后停车位紧张,购房当日又花19.8万买了一个地下车位,并收到了新城置业开出的收据。"当初房子我是5000多元/m²买的,车位却是2万元/m²买的,而且买的还是小区配建的人防工程,也是小区配套公共设施中的车位。"虽然两年前沈先生就知道了自己很冤,但被问及有关车位的事情,他依旧很气愤。在王府名邸小区,众多业主的境况跟沈先生相似。2004年7月16日,钱先生以每平方米6470元买了王府名邸小区的房子之后,又在沈先生买车位的同一天花21.8万元买了一个车位。就这样,小区内大约100多位业主都领到了当时唯一一张可以证明自己已购买地下车位的收据。"新城置业迟迟没有和我们签订正式有效的车位转让合同,也没有给我们开具不动产销售发票,这让人很不踏实,总觉得这里面存在'猫腻儿'。"钱先生说。

但真正使业主和开发商完全对立的是两年后的一件事。2007年新城置业针对小区车位又给业主们发了一张带有"张防权证字"字样的"人民防空工程平时使用权证",再次加深了业主们的疑虑,地下车位到底有没有合法身份?于是业主们纷纷采取行动展开对小区地下车位的调查,最后发现小区的地下车位既是王府名邸配建的人防工程,同时又是小区配套公共设施中的车位。新城置业并不具备所有权，无法办理相关权证，也不能开具发票，更无权销售和处置。得知这一消息，业主们的第一反应便是自己被开发商骗了。沈先生说："我的钱是辛辛苦苦赚来的，20多万块就买了一个使用权，这跟'打水漂'有什么区别？当初预订车位的时候，强制我们每个车位交10万元的定金，主动权都在开发商那里。"业主们多次与新城置业交涉车位的事情，得到的回答是所有手续都是合法的，车位的所有权毫无争议地属于开发商，售价依据了张家港市物价局的批文。之后，业主们和开发商针对小区车位的纠纷再也没有中断过。

直到2008年底再次升级。2008年12月13日，新城置业所属的新城物业管理有限公司以新城物业王府广场项目处的名义，在王府名邸小区内张贴了一份通知称，王府名邸地下室停车场道闸系统即将启用，届时将对临时停车执行2元/小时的收费标准。请王府名邸未购买车位或未办理租赁手续的业主，到新城置业营销部办理手续。"临时停车每小时收2元，意味着没有买车位的业主在自己家门口停一晚就要交20多块钱。在该通知之前，停车场执行的收费标准是由物价部门核定的按每次收费4元/辆，这与物业和小区业主委员会签订的业主公约是一致的，但这次提价物业方面既没有和业主委员会沟通，也没有得到物价部门批准。"小区的另一位业主表示。

想到开发商此前的种种做法，业主们越想越恼火，越想越觉得这是个圈套。多次争议无果后，业主们便采取了维权行动。一番争执后，开发商适当地作了妥协，将业主车位的年租金从6000多元降到了3600元，社会车辆4800元。但临时停车依然执行2元/小时的收费标准。"现在损失最大的就是买了车位的业主，就算年租金按3600元计算，20多万元能租上很多年呢。"钱先生说。经过几番商讨，小区业主们愿意出面讨回车位费的多达40多名。于是业主们一纸诉状将新城置业告上了法庭。

（注：资料节选于苗野.《中国房地产报》.2011年5月30日。）

案例分析：以上案例中所出现的小区停车位的权属问题在全国范围内已经出现了多次，这也牵扯到了房地产产权中所有权、使用权等权利的纠结。这就要求我们必须了解在房地产产权中所涵盖的内容。

在房地产经济中围绕房地产所产生的一切经济活动实际上都是与房地产产权紧密相关的，所以说房地产产权是房地产经济的基础和灵魂。而房地产产品的特殊性又使得房地产经济关系更为复杂，为此，健全的产权制度也是房地产业稳定发展的重要保障。

4.1 产权

4.1.1 关键概念辨析

房地产产权是一种不动产财产权利，更是多种产权的总和。要对房地产产权作出科学的界定，关键在于阐明财产权与产权的含义。

1. 财产权

财产权或财产权利（Property Rights），是具有经济利益的权利，是以财产利益为内容，直接体现财产利益的民事权利，是一定社会的物质资料占有、支配、流通和分配关系的法律表现。①它具有物质财富的内容，一般可以通过货币进行价值计算。财产权包括以所有权为主的物权、准物权、债券、继承权以及知识产权等。在婚姻、劳动等法律关系中，也有与财物相联系的权利，如家庭成员间要求赡养费、抚养费的权利，夫妻间的财产权和基于劳动关系领取的劳动报酬、退休金、抚恤金的权利等。不同的社会，有不同性质的财产权利。在资本主义国家，奉行私有财产神圣不可侵犯的原则。在社会主义国家，公共财产是神圣不可侵犯的。在不同的社会和国家里，对作为财产权客体的财物种类的限制也不同。在资本主义国家，除了已宣布为国有的财产外，几乎所有的财物都可以作为私人财产权的客体。在中国，财物依其属于生产资料或生活资料，依其地位与作用，分别属于国家、集体经济组织或个人。

2. 产权

产权是社会经济活动中广泛应用的一个概念。其理论源于西方，但由于国情、法律体系的不同以及各学术界在认识问题和研究问题上角度的不同，导致人们对产权的定义理解有着差异性。我国的法学家和经济学家对此仍有不同的看法，大致存在着以下几种观点：

第一种观点认为产权就是所有权。产权作为关于财产的权利，其基础和核心就是所有权，即从人对资产的占有隶属关系来理解的狭义所有权。第二种观点则认为产权与所有权有着不同的内涵，所有权就是对资产的排他性隶属权利，而产权则是一个包含所有权在内，但远比所有权内容宽泛的范畴，除了所有权，它还包括占有权、支配权、经营权、收益权以及处置权等一组权利。例如，《牛津法律大词典》中就认为"产权等同于财产权，是指存在于任何客体之中或之上的完全权利，它包括占有权、使用权、出借权、转让权、用尽权、消费权和其他与财产有关的权利。"②第三种观点认为产权是独立于所有权之外的一种财产权利。第四种观点认为产权即物权，"就是法律赋予人们对财产依法直接管理支配并享受其收益、排斥他人干涉的权利"。③

事实上，产权早已不仅限于所有权范围，内涵早已扩大。可以说，产权是产权主体拥有的与财产有关的权利的集合，它是一定社会的人与人之间财产关系的法律表现。它并非人与物之间的关系，而是在由于物的存在和使用而引起的人与人之间的一些被认可的行为关系。

但以所有权为主的产权和所有权既有联系又有区别，从二者所反映的客观经济关系上看，既有相联系和重合的诸多方面，也存在着发展上和具体运用上的差别，所有权是产权的基础，产权是由所有权派生出来的，所以虽然在着眼点上、运用的领域上以及归属权上的不

---

① 中国大百科全书编辑.《中国大百科全书》（法学卷）[Z]. 北京：中国大百科全书出版社，1984.
② （美）戴维·W·沃克. 牛津法律大词典 [Z]. 北京：光明日报出版社，1988.
③ 金俭. 房地产法的理论与实务 [M]. 南京：南京大学出版社，1995.

同，但所有权主体是产权主体形成的前提，没有所有权就谈不上产权，所以，二者也是密切相连的。随着社会经济的发展，仅仅是拥有所有权已经不能满足现实实践的需要，因此，产权不仅包括财产所有权的内容，也延伸到了物权的范围。罗马法系的物权法就对物权进行了严格的界定，它将物权分为自物权和他物权，自物权即完全物权，他物权则包括用益权、使用权、抵押权等。

专栏4-1　产权的演变

1. 罗马法的绝对所有权

在这种"个人本位"的绝对所有权原则下，一方面，它强调所有权，承认个人所有权的绝对性、排他性和永续性，另一方面，又强调对物的"所有"，而不是对物的"利用"。这种所有权主要表现在：

（1）所有权中心主义

所有权是支配力最完整的物权，所有权人能按照自己的意志对自有物实施占有、使用、收益和处分的权利，在此基础上产生物权，赋予其所有人对物特定方面的、受所有权人限制的权利，这就形成了完整的所有权概念。

（2）一物一权原则

一物只能有一个意志主体独占性地全面支配，由所有权人实施完全的处分权，所以，一物在质上只有一个所有者。他物权是在所有权基础上设立的，他物权的行使要受制于所有权人，他物权人的使用权的行使是所有权人意志的体现，并不因他物权的设立而使所有权人受损或权利丧失。

（3）绝对所有权原则

绝对所有权是"所有权绝对主义"立法思想的具体体现，主要表现为所有权是绝对性、排他性和永续性的权利。绝对所有权表明所有权人可以根据自己的意愿行使其使用、收益、处分等权利。所有权是不受限制的、绝对的，但所有权的行使要受到社会公德等的制约。

（4）所有权的弹性力和归一力

在某些条件下，所有权的某些权利可以同所有权相分离，例如他物权，这是所有权的弹性力。但这时所有权只是在一定时间、某一方面受到限制，一旦他物权终止，限制即消除。分离出去的权利回复于所有权，这就是所有权的归一力。所有权的归一力，也说明所有权是物的各种权利的总和，一切权利受制于所有权，这从另一个角度说明了所有权的绝对性。在经济不发达的简单商品社会，人们改造世界的能力有限，所有权客体有限，人们将注意力集中于土地等物上，形成绝对所有权原则。它在资本主义发展的早期阶段特别是农业阶段，起到了重要作用。

2. 英美法的地产权

地产权是英美法中土地制度的基础。1066年诺曼底公爵征服了英格兰后，英王变成了其全国土地的唯一绝对所有权人。征服者威廉以所谓"保有者"的形式将英格兰的土地授予一批追随者，这些追随者又将土地以保有权形式授予一级领主，直至最终佃户，形成了一个金字塔式的等级结构。所有权的主要内容是被授予土地的人对国王或上级领主有应尽的义务，如定期服役或纳供等，如果不尽其义务，土地就要被剥夺，所以说保有权也可以解释为保有条件，说明保有人同上级领主之间的关系。根据这种关系，保有人持有一定的土地，但并不拥有完全的所有权，而是以定期服役或纳供为代价而接受他人授予并服从于他人。在保有制度下，保有人和领主同时都享有地产权和土地权益，尽管后者有权实际占有和使用其持有的土地。英国的这种土地产权制度是典型的封建土地制度，但保有条件是变化的。1680年以后，各种具有封建义务性质的保有条件被逐步取消，1923年以后，附加在保有土地上的所有封建义务完全取消。现在的保有成为一项法定产权，即完全保有的土地或租地权。英美法系的土地产权中有紧密联系的两个层次构成：一是土地所有权，它属于国家或政府；二是地产权或土地权益、不动产权益，它是指对土地占有、使用和收益的一系列各种各样的权利。

3. 日耳曼法的所有权

日耳曼法是农业社会的法律，同时又具有游牧部落的传统。所以，日耳曼法以"团体本位"为立法原则，以物的利用为中心，所有权具有相对性。日耳曼法中对于所有权的界定有其鲜明的特征。

（1）各种利用权为独立的物权

因为日耳曼法的立法原则是以物的利用为中心，所以，它并不强调物的归属和全面的支配力，而是强调物的实际占有和利用。因此，也不存在所有权派生他物权的概念，各种具体的利用全都是独立的物权。物的全面利用是各种利用权的集合，各种利用权在量上是不同的，全部利用权的组合就是物的全部权利。

（2）所有权的双重性

日耳曼法的所有权不是绝对的，物之上可以有两个所有权，如一块地上存在"上级所有权"和"下级所有权"，前者是收取地租的权利，后者是支付地租后的使用权。

（3）团体所有时权利的分离

日耳曼法中不动产由公社等团体所有，团体再给内部成员以各种使用权、收益权。这样，团体的成员拥有使用权、收益权，而团体享有管理权和处分权，形成使用权同管理权、处分权的分离。

> （4）所有权的可分割性
>
> 所有权的可分割性主要表现为：所有权可分割为管理权、处分权、使用权和收益权，不同的权利可以为不同的人所有，形成一物可有多个不同的物权人，不同的物权人可分别享有各自的权利。
>
> （资料来源：谢经荣，吕萍，乔志敏. 房地产经济学（第三版）[M]. 北京：中国人民大学出版社，2013.）

3. 物权

房地产属于物权的范畴。根据《中华人民共和国物权法》第二条的规定，物权是指权利人依法对特定的物享有直接支配和排他的权利，包括所有权、用益物权和担保物权。简而言之，就是对特定物的排他支配权。所谓直接支配，是权利人无须征得他人同意，可以根据自己的意志行使自己的权利，依法对物享有占有、使用等支配权利，其他任何人未经权利人同意都不得对其权利进行干涉或侵害，所以物权也称为支配权。排他性，是物权不可侵犯的法律特性，也是表明一物一权，即同一物上不得同时设立两个所有权，且不得有内容相冲突的物权并存。[①]

用益物权和担保物权都属于物权的他物权。用益物权是一种非所有人对他人之物依法享有的占有、使用、收益的排他性的权利，是对所有物的利用，着眼于其使用价值。担保，就是担当保证，所谓担保物权则是以保证债权实现而设定的，当债务人不履行到期债务或发生约定实现担保物权的情形时，依法直接获取或者支配债务人或第三人的特定财产为内容的一种他物权。

4.1.2 房地产产权和产权制度

房地产产权（Real Estate Title），是指将房地产这一不动产作为一种重要的特殊的财产而形成的物权，是依照国家法律对其所有的房地产享受直接管理支配并享受其利益以及排除他人干涉的权利，包括房地产所有权和房地产他物权。因此房地产产权具有绝对性和排他性。绝对性是指只有产权人才具有对房地产的充分且完整的控制、支配权，以及从而享有的利益；排他性，是指产权人排除他人占有、干涉的权利。这种权利包括直接的物权，也包括由此派生的典权、抵押权等他项权利。[②]

房地产产权同时也可以理解为是权利人依法对其所有的房地产享有的占有、使用、收益和处分的权利。所谓占有，是合法取得和拥有的意思。它是指事实上对房地产的控制和支

---

① 窦坤芳. 房地产经济学基础 [M]. 重庆：重庆大学出版社，2007.
② 王国力，林志伟. 房地产开发、产权、产籍与法律制度 [M]. 北京：机械工业出版社，2008.

配。占有是房地产产权的基本内容,占有房地产的可以是所有者本身,也可以是非所有者通过合法手续对房地产的占有。所谓使用,是指房地产的占有者按照房屋的性能及使用价值对房屋合理地加以利用。房地产的权属所有人可以自己行使使用权,如自住、自用等,也可以依照一定的条件把房地产的使用权转让给他人,如出租、出借、抵押等。房地产的使用权和占有权是密不可分的,没有占有权,使用权就失去了存在的基础,而使用权又可以从所有权中分离出来,即有使用权不一定就有所有权,但却一定有占有权。所谓收益,是指房地产所有权人按照法律规定,从履行权利义务关系中得到的收益,如出租房收取的租金。房地产收益是房地产所有权内在固有的要求,它是所有权实现的重要途径之一。所谓处分,是指房屋所有权人在法律允许的范围内,根据自己的意志,对房地产进行处置的权利,如依法对自己所有的房地产出售、赠与、交换等。

房地产产权制度是指在一定的社会制度下,人们因利用房地产而产生的由国家和社会规定的人与人之间关系的总和,也就是有关房地产的法律、法规及房地产利用和房地产产权流通办法与规定的总和。房地产是一种不动产,这一固有的特点就决定了它的产权关系较为复杂多样,所以,它更加需要以法律、法规的形式来加以界定、规范确认和保障,例如有关房地产所有权的制度,有关房地产租赁的制度,有关房地产抵押、按揭与信托的制度,有关政府对房地产的管理制度等。①

专栏4-2 不动产登记暂行条例解读

2014年11月,国务院正式公布了《不动产登记暂行条例》,该条例从2015年3月1日起施行。此前被视为最大看点的"以人查房"条款,在不动产登记暂行条例中着墨不多,而是强调个人信息不是想查就能查,未经同意也不能泄露相关信息。该条例还要求在全国建立统一的不动产登记信息管理基础平台,实现信息实时共享,这就意味着民众期待已久的房产信息全国联网已"箭在弦上"。

A. "进一个门,办一张证"将成趋势

条例原文:第八条——不动产以不动产单元为基本单位进行登记。不动产单元具有唯一编码。不动产登记机构应当按照国务院国土资源主管部门的规定设立统一的不动产登记簿。不动产登记簿应当记载以下事项:(一)不动产的坐落、界址、空间界限、面积、用途等自然状况;(二)不动产权利的主体、类型、内容、来源、期限、权利变化等权属状况;(三)涉及不动产权利限制、提示的事项。

条例解读:南京市房管部门相关人士接受记者采访时表示,尽管目前还没有收到关于"两证合一"的有关通知,不过该人士认为,"进一个门,办一张证"将是大

---

① 简德三、张学文. 房地产经济学[M]. 上海:上海财经大学出版社,2012.

势所趋。所谓"两证合一",指的是产权人手中的房产证与土地证合为一本,目前办理的流程是在房管部门申办房产证,在国土部门办理土地证,虽然经过多年"提速"后,如今办理两证的速度已大大提高,甚至"立等可取",不过进两次门、办两本证依然显得繁琐。按照不动产登记暂行条例的规定,"不动产单元具有唯一编码",那么今后只有一本房产证也应实现。业内人士表示,由于涉及国土、房管等多个部门的业务调整与人员调动,短期内恐怕还难以实现"进一个门、办一张证"。

B. 信息联网,为房产税开征铺路

条例原文:第二十三条——国务院国土资源主管部门应当会同有关部门建立统一的不动产登记信息管理基础平台。各级不动产登记机构登记的信息应当纳入统一的不动产登记信息管理基础平台,确保国家、省、市、县四级登记信息的实时共享。

条例解读:信息共享是不动产登记的关键,包括目前的房产登记在内,更多都是各县市实施,但是信息封闭,相互之间并不共享。实现共享之后,可以在全国层面查询任何一条不动产的登记信息。一旦明确个人名下的不动产数量,这就相当于为房产税的全面开征打开了一扇"门"。

南京工业大学房地产管理系主任吴翔华表示,有关开征房产税的说法提出快10年了,至今仍杳无音信的重要原因在于,个人所拥有的不动产数量不仅缺乏统一登记,而且跨区域查询也很困难。"除了房产之外,有的人还拥有土地、林场等不动产,在开征房产税时理应统一纳入认定范畴",吴翔华认为,实施不动产统一登记后,开征房产税的计税基础将更加精准。

C. 多部门信息共享"剑指"反腐

条例原文:第二十五条——国土资源、公安、民政、财政、税务、工商、金融、审计、统计等部门应当加强不动产登记有关信息互通共享。

条例解读:除了四级信息联网共享之外,不动产登记暂行条例还明确公安、财政、税务等多个部门也将实现信息互通,这就意味着不动产登记也将为反腐助力。就已经实施的官员财产申报制度而言,不动产统一登记实施后,官员房产等家庭财产申报得真不真实,怎么来的,有没有转移给谁,转移前后的受益人是谁,都能很容易地查到,对推进阳光政务、完善监督都有积极意义,来路不明的房产将暴露在阳光下。

D. 未经同意不能泄露相关信息

条例原文:第二十八条——查询不动产登记资料的单位、个人应当向不动产登记机构说明查询目的,不得将查询获得的不动产登记资料用于其他目的;未经权利人同意,不得泄露查询获得的不动产登记资料。

条例解读:业内人士认为,这一条款主要说明了两方面问题,一是,不是想查就能查,不动产登记信息查询不会向公众完全公开,需要查询的话,必须向不动登记机构说明查询目的，没有合法正当的目的，是无法查询的。二是，即使查询到了相关信息，也不能用于其他目的，没有经过房主的同意，不能公开传播这些信息。"这就好比你出于好奇，或是其他目的去查询某人的房产信息，基本上是查询不了的。"专家表示，过去网络上经常有"房叔"、"房嫂"们的个人房产信息被网友晒到了网上，虽然起到了一定的反腐作用，但是从法律上来讲并不合法，反腐还是要通过正常的途径才行。

（资料来源：中华人民共和国国土资源部新闻网，不动产登记暂行条例公布信息平台2017年全面运行，2014，12. http://www.mlr.gov.cn/xwdt/mtsy/zgxww/201412/t20141224_1339118.htm）

4.1.3　房地产产权关系

在我国，城镇土地的国有化决定了国家和政府是城市土地的所有者，土地使用权须通过出让、出租等多种方式为房地产开发商和经营者所得。也正是在这些流转过程中就形成了不同层次的房地产产权权属关系。具体来说，我国房地产产权关系主要有这么几种类型：

第一，政府将一块土地出让给某个房地产开发公司，开发出的房地产商品全部出售，然后该公司从市场撤出，此时房地产开发公司退出该房地产产权关系，既不享有任何权利也不承担任何义务，各个买主即小业主在土地使用权出让期内，作为平等主体与政府相关部门存在房地产产权权属关系。

第二，房地产开发公司对已建好的商品部分自用或部分出售，此时该公司仍然保留大业主的身份，并与小业主平等地与政府发生产权权属关系。因此，这种房地产权属关系表现出政府与多元经济主体之间纵向分散型的特点。

第三，房地产开发公司将建造好的商品全部以出租的方式租给不同的使用者。此时，房地产开发公司与政府直接发生联系，成为大业主，享有这块土地一定时期的土地使用权，并承担对该土地的管理责任，而租户只能与房地产开发公司发生直接联系，与政府之间的联系则需要通过开发公司。因此，该情况下的房地产权属关系表现为政府授权开发公司垄断的纵向式产权关系的特点。

4.2　土地产权和房屋产权

4.2.1　土地产权

土地产权是指以土地所有权为核心的土地财产权利的总和，是人们对土地的所有权以及所有权制约下的占有权、使用权、收益权和处分权等多项权利。所以，在土地产权中，土地所有权是核心，是一级权利，而其支配下的占有权、使用权、收益权和处分权则为二级权利。任何社会生产经营活动都是在土地上进行的，在这个过程中，就不可避免地会形成一种土地关系，其核心内容就是土地所有制关系，这决定了土地关系的性质，决定了人与人之间在占有和利用土地中的地位和相互关系。

1. 土地所有权

土地所有权属于财产所有权的范畴，具有一般所有权的属性，主要指国家或农民集体依法对其所有的土地享有的具有支配性和绝对性的权利，也可以称其为土地所有人在法律规定的范围内对其所有的土地享有的占有、使用、收益和处分的权利。

（1）土地所有权的属性

所有权是物权中最完整的也是最重要的一种权利，在全部物权中起着主导作用。①所有权的完整性。所有权的完整性在不同国家的表现不同，随着时间的推移和经济的发展，所有权内部结构的不可分割性与社会经济发展的要求之间的矛盾越来越需要所有权内部的占有、使用、收益、处分权能的分离。为了适应社会的发展，土地所有权的完整性和绝对性将趋于形式化。②所有权的显要性。早期所有权相对于其他物权，始终处于"对物显要的主宰"。它是其他物权存在的条件，并受其制约。所有权的完整性和显要性共同构成了所有权的绝对性。所以在过去，所有权又被称为绝对权。

（2）土地所有权的权能

所谓所有权的权能，通常认为也就是所有权的内容，即所有权权能是指所有权的具体作用形式或实现方式。根据我国民法学普遍采用的"四项权能"理论，土地所有权可以分为占有权能、使用权能、收益权能和处分权能。

占有权能。占有权也就是对物的实际控制。它既可以由土地所有权人行使，也可以根据法律或依所有权人的意志由非所有权人行使。土地占有权是土地所有权的一项重要权能。在所有权法律关系上，占有表现为权利人不受他人侵犯的对物的实际控制，是为自己的利益所实施而又排除他人的干扰或危害。

使用权能。所谓"物尽其用"也就是对物的有效利用。土地只有被利用才会有价值，才会产生收益。正如生活中，通过使用发挥物的使用价值，例如用电脑上网，居住房屋，用杯子喝水等。所以，土地使用权是能实现土地所有权目的的重要途径。当然，行使土地使用权是建立在以实际占有土地之上的，占有是使用的前提，所以法律对占有权的保护也就包括了对使用权的保护。在实际使用过程中，依据所有权人或使用权人不同的要求、目的，以及使用的客观条件的不同而各有差异，使用权可以由所有权人行使，也可以由所有权人让渡给他人行使。

收益权能。收益权能是指权利人可以由物的使用或物的自然产出而获得经济利益的权利。作为土地收益，包括收获土地上生产的农作物、收取出租土地的地租等，是土地所有权在经济上的实现。土地收益权是土地所有权中一项独立的权能，在土地出让后，权利人可以仍然保留收益权。

处分权能。处分权是作为权利人对物（土地）在事实上或法律上进行处置的权利，它包括了土地权利的出让、转让、出租、赠与、抵押等。一般而言，事实上的处分即实物形态上的处分，是客观上让物消灭或改变物的存在状态，如抛弃、焚毁、拆除等，而法律上的处分即为价值形态上的处分，是转移物的所有权或部分支配权，如买卖、赠与、抵押等。也就是说，处分权就是变更、消灭物的存在状态或改变物的权利归属的权利，可以看出，所有权的处分权能决定物的命运。所以，处分权最能直接体现人对物的支配，被认为是拥有所有权的根本标志，是所有权中带有根本性的一项核心权能。在通常情况下，土地处分权一般均由土地所有者行使，但在一些特殊情况下，可以由土地所有者依法授权土地使用者行使部分土地处分权，比如，在合法合规的条件下，将国有土地的使用权转让给他人，或在法律规定、有明确法律依据的情况下，非所有人可以享有对所有人财产的处分权，例如国有企业作为债务人，不履行到期债务时，抵押权人可以依照法律规定将其经营管理下的合法国家财产作为抵押物变卖等。

以上四种权能构成了土地所有权权能，一般情况下，都是统一由所有权人行使，也可以分别由不同人行使，形成分离、分割的状态，如土地使用权出让。这四种具体权能与土地所有权是密不可分的，但在一定条件下，所有权人出于某种目的是可以将某些权能与土地所有权分离的，例如土地出租这种土地所有权与土地占有权、使用权、部分收益权分离，这是最普遍存在的一种情况，或土地所有权与部分土地处分权分离，如在我国是以出让方式取得土地使用权，可以将土地使用权抵押给他人，作为履行某种债务的担保，在这种情况下，抵押的期限不得超过受让的土地使用权的剩余期限。

（3）土地所有权的特征

虽然土地所有权属于财产所有权的范畴，但是土地所有权相对于一般财产所有权而言有其特殊性，主要表现在[1]：

权利主体的特定性。由我国实行土地的社会主义公有制决定的国家土地所有权的权利主体只能是国家，农村劳动群众集体土地的所有权主体只能是劳动群众集体，其他任何单位或个人都不享有土地所有权。

交易的限制性。在《土地管理法》中第二条第三款规定："任何单位和个人不得侵占、买卖或者以其他形式非法转让土地。"土地所有权的买卖、赠与、互易和以土地所有权作为投资均属非法，在民法上视作无效。

权属的稳定性。由于前两种特性，我国的土地所有权处于高度稳定的状态。除了《中华人民共和国土地管理法》第二条第四款规定"国家为公共利益的需要可以依法对集体的土地实行征用"以外，土地所有权的归属状态不能改变。

权能的分离性。土地所有权包括对土地的占有、使用、收益、处分的权利，是一种最全面、最充分的物权。在土地所有权高度稳定的情况下，为实现土地资源的有效利用，法律需

---

[1] 丁芸，武永春. 房地产经济学[M]. 北京：首都经济贸易大学出版社，2008.

要将土地使用权从土地所有权中分离出来，使之成为一种相对独立的物权形态并且能够交易，因此，现代物权法观念已经由近代物权法的"以所有为中心"转化为"以利用为中心。"

（4）我国国有土地所有权

国有土地所有权是指国家对国有土地占有、使用、收益和处分的权利。

新中国成立后，我国国有土地的规模和范围越来越大，回顾我国国有土地的产生、扩展的历史可以发现，我国国家所有的土地主要有这几种来源：1949年新中国成立后，接受旧中国的国有土地，如政府机关用地、军事设施用地、国家公用设施用地和国家其他用地等；后来没收了的旧中国官僚、买办资产阶级拥有的土地；1950年，根据《土地改革法》，在实行农村土地改革过程中，将一部分农村土地划归国家所有，如大片的荒山荒地、地主的大片土地、原国有农事试验场等；以及后来在50多年经济发展建设的不同时期中，特别是几次工业建设时期以及城市的快速发展所征收的大批农地，这些农地的征收是我国国有土地的重要来源[①]。

在我国，只有中华人民共和国才是国有土地所有权的主体，这是国有土地所有权的特征——所有权主体的唯一性。但是在长期的计划经济时期，当时的法律中没有规定国有土地所有权的主体，随着改革开放的推行和经济体制改革的深入，特别是在2004年新修订的《中华人民共和国土地管理法》中第二条第二款明确规定："全民所有，即国家所有土地的所有权由国务院代表国家行使"，也就明确指出了行使国有土地所有权的主体是国务院。国有土地所有权是国家享有的一种民事权利，其不同于国家领土主权，前者为土地资产所有权主体，可以对抗其他民事主体，后者是国际法上的权利，可以对抗其他国家的侵犯。作为国家土地所有权，其主要功能是为全民服务，国家拥有土地的主要目的是为社会服务，如修建公路、铁路、学校、体育馆等。

（5）我国集体土地所有权

集体土地所有权是指集体依法对其所有的土地占有、使用、收益和处分的权利。集体土地主要包括集体农地和集体建设用地。农地包括耕地和其他直接或间接用于农业生产的土地，如林地、饲养场等直接用于农业生产的，以及如水库、晒谷场、农产品加工设施用地等间接用于农业生产的土地；农村建设用地主要包括宅基地、乡村企业用地、乡村公用事业和乡村公益事业用地等，以及已确认归集体所有的分散的荒山荒地。

集体所有权没有一个全国范围内的统一主体，集体所有的土地只属于各农场集体经济组织的农民集体，它是我国土地公有制的另一种表现形式。我国《宪法》第十条规定："农村和城市郊区的土地，除由法律规定属于国家所有的以外，属于集体所有；宅基地和自留地、自留山，也属于集体所有。"也就是说，农民在宅基地上虽然可以修建住宅，但住宅的所有人对该宅基地只有使用权，而无所有权，农民在自留山、自留地上虽然可以进行经营并将所获得产品归个人所有，但是农民对该自留山、自留地并不享有所有权。所以，集体所有土地

---

① 赵旭. 房地产经济学 [M]. 北京：化学工业出版社，2013.

依法属于村民集体所有。

集体土地所有权的权能特别是使用权和处分权方面受到法律法规的限制。在使用权能方面，集体土地的使用必须服从国家的农业政策和耕地保护政策，耕地不能抛荒，其使用权可以让给村内经济组织或个人兴办企业，耕地也可以承包给家庭使用。作为集体所有的土地只能用于农业生产或农民宅基地等与集体耕作密切相关的建设中，对于可产生巨大经济效益的房地产开发等活动集体土地显然不适用。集体土地在农村可以说历来都是用于农业，所以我国《宪法》规定，城市土地属于国家，农村土地属于集体，必须依法合理利用。在处分权能方面，集体土地所有权不能出让，只有在国家需要时通过征用程序先让渡给国家。在我国，集体土地不得进行买卖、抵押或以其他形式非法转让，更是以耕地保护等为由强化所有权人对其土地的处分权能的限制。

> **讨论与思考**
>
> 自党的十七届三中全会以来，明确允许农民以转包、出租、互换、转让、股份合作等形式流转土地承包经营权，发展多种形式的适度规模经营。请思考土地所有权与承包经营权的区别？

2．土地使用权

土地使用权是从土地所有权派生出来的一项财产权利，是对土地进行使用并以收益为目的的一种物权。我国的土地所有权由国家或集体所有，是不能进入市场进行交易的，为了实现土地所有权的价值，促进对土地的合理利用，就需要一种新的财产权，也就是这里所讲的具有相对独立性的土地使用权，它是将土地所有权和收益权从所有权中分离出来所形成的。

土地使用权作为一种基本民事权利，是一种用益物权，是以土地的占有、使用和收益为目的的他物权，因此，它具备一切物权的基本属性。也正是由于它是一种派生权利，因此，它的发生、变更和消灭都是受到所有权支配的，土地所有权是土地使用权的基础，使用权人的行为不能违背土地所有权人的意志。

> **专栏4-3　主要国家和地区的土地使用制度**
>
> 1．美国
>
> 美国是现代资本主义的典型，但其土地并非全部私有。美国全国的土地中，有59%为私人所有；39%为公有，其中联邦政府所有的为32%，州及地方政府所有的为7%；另有2%为印第安人保留地，即专门留给原来美洲的土著居民的。公有土地中主要是荒漠，另外是道路和保护地、军用土地以及政府用地等。土地所有制状况在各

州之间有所不同，如在阿拉斯加州，联邦政府拥有或控制着该州96%的土地。美国关于土地所有权的规定不同于同为资本主义国家的欧洲国家。在美国，土地所有者同时也拥有地下的一切财富，所以地主可以自由开采地下资源，或者将地下资源单独出售给别人。唯一的条件是他必须遵守政府关于环境保护的规定并照章纳税。美国所有土地都实行有偿使用。美国法律规定土地可以买卖和出租。联邦政府为了国家和社会公益事业，兴建铁路、公路及其他设施，需要占用州属公有土地或私人土地，也要通过交换或购买的方式取得。通讯、输电、输油等管线要通过公有土地的地上或地下，都必须向土地管理局通行权处申请批准，并支付租金。

2. 英国

从法律上看，英国的土地所有权观念是非常特别的。自1066年以来，英国的全部土地在法律上都归英王或国家所有，也就是说，英王（国家）是唯一绝对的土地所有权人，个人、企业和各种机构团体仅以某种方式持有土地。在英国，持有土地所受的条件限制总称"土地保有条件"，土地持有人所保有的有关他的土地权利的总和，叫作他的产业权。英国的土地虽然在法律上属于英王（国家）所有，但完全拥有土地权益的土地持有人纯粹是该土地的永久占有者，只要他不违反土地法、土地规划或侵犯他人利益，就可以随心所欲地占有和使用土地。因此，在实际中这些土地持有人也往往不严格地被称作地主。

3. 德国

联邦德国的土地管理分散在许多部门管理，通过立法，形成各部门的分工合作制度。土地管理的部门有州测量局、地方法院土地登记局、土地整理司。另外，国家财政部主管农业用地评价和地产价值评价。州发展规划与环保部主管各级土地利用规划工作。德国土地管理机构负责地籍资料的采集、编绘、保管、更新、统计和提供利用，土地登记、土地评价、土地利用规划和土地整理。德国土地管理重视土地立法，采用先进技术进行管理，重视对土地信息的保存、利用和完善。

4. 日本

日本现行的土地制度是土地私有制。据日本人自己的解释，所谓土地私有制，是一种法律上承认个人或私人可以占有土地的制度，但并不意味着全部土地都为私人所有。在日本，除个人或股份（有限）公司等法人占有土地外，国家和都、道、府、县、市、町、村等地方公共团体也占有土地。日本的国有和公有土地大部分是山林、河川、海滨地，占土地总资源的比例很小，因而国有土地使用权制度并不很发达，且国有土地和公共土地主要是为了国家及国民的利益而使用的，更强调生态保护。日本的非土地所有人利用土地主要体现在其民法的地上权和永佃权中。

5. 中国香港

在1997年7月1日中国对香港恢复行使主权之前，香港为英国所统治，其全部土地称为"Grown Land",俗称"官地"。中国恢复对香港行使主权之后,香港土地全部回归中国。《中华人民共和国香港特别行政区基本法》规定,"香港特别行政区境内的土地和自然资源属于国家所有,由香港特别行政区政府管理、使用、开发、出租或批给个人、法人或团体使用或开发,其收入全归香港特别行政区政府支配。"因此,现行香港的全部土地均属于国家所有。香港土地使用制是土地租用制。其特点是只租不买断,除授予圣约翰大教堂永久业权外,其余仅授予一定年限的租业权。政府将土地出租或批给房地产开发商或其他土地使用者时,房地产开发商或其他土地使用者要支付一笔"地价",政府还要与其签订土地契约,土地契约还规定了土地的用途、租用年限和每年应缴的地租。

香港地区的土地出让方式主要有拍卖、招标、私人协议和临时出租四种。对于经济利益不十分突出而政府决定支持发展的行业和企业,可以申请免交地价或以低于市场价格的官方优惠价供地。

6. 中国台湾

台湾地区现行的土地制度,据台湾当局的说法,是"平均地权"的土地制度,这种土地制度"既非单一的土地公有制,亦非纯粹的土地私有制,而是二者之综合发展。盖民生主义土地政策之理想,在于地尽其利,民广其生,故何种土地之应为公有或私有,全视其如何方可达成此理想以为断,是即以公有为宜则公有之,以私有为宜则私有之也。因此,为建立平均地权的土地制度,农地是宜于农有(农民私有)的,市地是宜于市有(市民公有)的,富源地是宜于国有(全体国民公有)的。换言之,农地农有、市地市有、富源地国有,系构成平均地权体系的三大要目"。所谓农地农有,是指"农地归农民所有、所耕,耕作所获的成果归农民所享",是"耕者有其田,不耕者不得有其田也"。市地市有,是"市地属于市民公有,而由'公法人'之市政府管理之"。但"既成都市之私有土地,如果一律收为公有,则手续既繁,财政上负担亦重,故除为公共建设——如公园、道路之修筑及其他合理的都市计划之实行,必须征用者外,无防暂维现状,而运用土地税制,做到涨价归公可矣。至于新建都市或既成都市之扩展区域,则宜先将土地收归公有,按照都市计划加以重划改良后,租与需地者使用。"富源地国有,是指"富源地属于全体国民所公有",而由"政府管理之"。台湾土地他项权包括地上权、永佃权、地役权、抵押权、典权、耕作权、租赁权等七种。

(资料来源:百度文库,《主要国家和地区的土地制度》,http://wenku.baidu.com/link?url=XLmS4aSOvPZ7tuIY3pzZ7eIKwIWyS9MVe_59_0mhbynGo00GCubVtPls9Qxp4wuYwUWM7qsAt1FwJOIHQ16R4J1mQgrj4VK71nJhaD7gnuu)

（1）国有土地使用权

国有土地使用权是指国有土地的使用者依照法律规定或合同规定利用土地并取得收益的权利。国有土地使用权的取得方式有行政划拨、有偿出让、出租、作价入股等。有偿取得的国有土地使用权可以依法转让、出租、抵押和继承；划拨土地使用权在补办出让手续、补缴或抵交土地使用权出让金之后，才可以转让、出租、抵押。目前，国有土地使用权以有偿出让方式为主。具体如下：

行政划拨土地使用权。划拨土地使用权是指经县级以上人民政府依法批准，土地使用者缴纳补偿、安置等费用后，取得国有土地使用权，或者经县级以上人民政府依法批准后无偿取得的国有土地使用权。目前，行政划拨的土地使用权主要有：国家机关用地和军事用地，城市基础设施用地和公益事业用地，国家重点扶持的能源、交通、水利等项目用地，法律、行政法规规定的其他用地。通过行政划拨的国有土地使用权由于是无偿取得的，所以不能进入市场交易，也就是说不得转让、出租、抵押和继承，国家可以随时根据需要收回其土地使用权。

出让土地使用权。国有土地使用权的有偿出让是指国家以土地所有者的身份将国有土地使用权在一定年限内让给土地使用者，由土地使用者向国家支付土地使用权出让金后取得土地使用权。具体来讲，有偿出让的主体是国家，客体则是除法律规定可以行政划拨的土地之外城市规划范围内的国有土地使用权。土地使用者需要向国家支付土地使用权出让金。国有土地使用权的出让是有年期限制的，出让年限由出让合同约定，但不得超过法律限定的最高年限，我国在土地出让年限的规定中，按用途不同而有所区别：居住用地为70年，工业用地为50年，教育、科技、文化、卫生、体育用地为50年，商业、旅游、娱乐用地为40年，综合和其他用地为50年。同时，我国规定，国有土地使用权出让的形式有招标、拍卖、挂牌和协议出让等，其中，商业、旅游、娱乐和商品住宅等经营性用地必须采取招标、拍卖、挂牌形式出让。由于四种方式取得的土地的使用条件和转让条件稍有差别，再加上四种方式的竞争性不同，所以，所取得的土地价格也不同。

（2）集体土地使用权

集体土地使用权是农村集体经济组织及其成员以及符合法律规定的其他组织和个人在法律规定的范围内对集体所有的土地享有的用益物权。在法律规定的范围内，集体土地使用权可以转让、出租、抵押和继承等，但是，集体土地使用权也同样具有限制性，一是集体土地所有权的特性加上国家对农村土地的保护政策，决定了集体土地使用权的主体范围主要是集体组织的成员；二是法律对不同种类的集体土地在使用权和处分权上有着不同的限制，这也正是由于其在设置目的上的差异性，例如，农地只能用于农业，宅基地只有使用权而不能转让等；三是政府对家庭使用土地面积和使用方向进行了限制，这也是为了保证农村农业人口的就业。

农村集体土地使用权可以分为农地使用权、宅基地使用权和集体非农业建设用地使用权。农地使用权主要是用于农业生产的土地，它又可以分为耕地使用权、林地使用权和荒地使用权等。集体非农业建设用地使用权按照土地的用途可分成企业用地使用权、公益用地使用权，在一些城乡接合部，农地被用于商业的现象也屡见不鲜，尽管这样，仍保留其为农村集体土地。

> **专栏4-4　宅基地产权制度之现状及改革方向**
>
> 1. 一户多宅和超标占地现象比较普遍，土地浪费严重
>
> 作为一种社会福利，农村宅基地使用权的取得是基于集体经济组织成员资格，而非通过市场行为交易。农民取得宅基地使用权的成本基本为零，这激起了农民尽可能多占宅基地的欲望，农村宅基地取得的监管措施并不严格，批少占多，建新房也拒不交出闲置下来的老宅基地，占有多处宅基地等现象比较普遍，加之农房继承等事实行为以及祖宅不卖等风俗习惯，导致一户多宅和超标占地现象较为普遍，土地浪费严重。
>
> 2. 城市化进程加剧了农村宅基地的闲置
>
> 我国城市化进程明显加快，大量农民涌入城市，其中有相当一部分农民在城市已经有稳定的工作和收入，农村人口的减少，使得相当一部分宅基地闲置，而城市化的加快使城市建设用地需求增加。显然，现行的宅基地资源并未在统筹城乡的背景下得到合理配置。
>
> 3. 宅基地保障功能弱化，资本功能日益凸显
>
> 宅基地制度设计的定位是在于其保障功能，即保证农民的居住权。但随着市场经济的建立，在城乡统筹背景之下，要求城乡各种要素能够自由流动，农民对宅基地不仅限于居住的要求，也有通过买卖、出租、抵押等方式实现利益最大化的诉求，宅基地资本功能日益凸显。
>
> 党的十八届三中全会通过的《中共中央关于全面深化改革若干重大问题的决定》提出，"保障农户宅基地用益物权，改革完善农村宅基地制度，慎重稳妥推进农民住房财产权抵押、担保、转让，探索农民增加财产性收入渠道"。
>
> 落实十八届三中全会关于包括农村宅基地在内的农村土地管理制度改革的要求，必须坚持集体所有制、用途管制、城乡统筹、维护农民土地权益四个重要原则。首先，改革的根本目标是要健全和维护我国基本的土地制度，平等保护两种所有权，建立起适合我国市场经济要求的各种土地要素有序流动、平等交换、合理利用的土地市场。其次，改革的出发点是要维护好农民集体的土地权益，使农民的宅基地权利得到切实的保护，增加农民财产性收入。
>
> 解决农村宅基地的问题，首要的是切实保障宅基地的用益物权，针对当前农村宅基地在使用、管理方面存在的问题，完善好宅基地管理制度，同时要探索宅基地

上的农民住房的财产性收益的路子，因此，三中全会《决定》提出要选择若干试点，慎重稳妥地推动农民住房抵押担保转让，我们要根据这个要求做好有关工作。他进一步解释说，当前在农民宅基地的权利中，占有和使用的权利已经得到了充分体现，但收益权未能充分显现。所以，下一步对宅基地制度的改革，就是要在保障宅基地用益物权基础上进一步扩大权能，使农民能够获得更多财产性收益。

当前，农村宅基地使用方面存在的四大问题：一是宅基地取得和分配上存在问题，规划和计划落实不够，导致农村宅基地布局散乱，宅基地分配有时得不到保障；二是在宅基地管理上对节约集约用地促进不够，导致粗放利用，存在一户多宅、超标占地的情况；三是在宅基地用益物权上保障不足和权能不足并存。一方面，宅基地被实际赋予的权能还不够，当前只有使用的权利，因此也出现了超越权能的问题，比如乱出租、违章搭盖等。另一方面，在一些征地过程中也存在对农民宅基地用益物权保障不足等；四是在宅基地退出方面存在问题，退出机制还不够健全，因此形成大量空心村、闲置地，导致用地不合理。

（资料来源：1. 刁其怀.《中国房地产》，2010.4。2. 百度文科，《农地宅基地》，http://baike.baidu.com/link?url=WkCsW3J_j6A1YPZ61F6Ym8Sn0p6z5U6DcJlEtE9mRW-oPfubmKcEWmVLyRPPOObifaDZmPIjCzFAMpR7adjRnq）

3. 土地他项权利

土地他项权利是指在已经确定了他人所有权和使用权的土地上保留的其他利用土地方面的权利。我国实行土地所有权和使用权分离，这决定了我国土地的他项权利是土地所有权和使用权以外的各项土地权利，只要是在土地法律法规确认和保护的土地权利，都可以纳入土地他项权利范围，所以土地的他项权利是土地的利用的社会性、广泛性和多重性的反映。土地他项权利主要有土地相邻权、土地租赁权和土地抵押权等。目前，我国实行土地公有制，土地他项权利的种类不多，但随着土地使用制度的改革，已经逐步派生出各种各样的他项权利，包括抵押权和租赁权，此外还有地役权、耕作权、借用权、空中权和地下权等[1]。

（1）抵押权

经有偿出让的土地使用权可以在法律许可的范围内用来抵押，所有权人或使用权人将其所有权或使用权作为还债的担保，如果当抵押人不能或不愿履行债务时，抵押权人可以依法处分土地所有权或使用权，并从中得到收益补偿。土地使用权在抵押时，其地上建筑物、其他附着物随之抵押。

---

[1] 高群，樊群. 房地产经济学[M]. 北京：机械工业出版社，2013.

（2）租赁权

经出让的土地使用权可以出租，承租人对所承租的土地有租赁权。这是土地所有者或非土地所有者依法作为土地出租人将土地使用权随同地上或地下建筑物、其他附着物租赁给承租人使用，并向承租人收取租金的权利。

（3）地役权

为了自己使用土地的需要而使用他人土地的权利。一般就地役权的内容而言，可以分为通行地役权、用水地役权和建筑物地役权。其中，用水地役权还包括排水权、引水权、取水权和饮畜权，建筑物地役权则是为自己土地上的建筑物的建造和使用而利用他人土地的地面、地上建筑物或者地上空间的权利，包括电线架设、观望权、日照采光权等。相邻关系是通过法律规定的，所以不需要作为土地他项权利予以确认，但将邻里之间的通行权、排水权等进行权利登记以便更好地保护土地产权各方面的合法权益。

> **专栏4-5　地役权与相邻权的关系**
>
> 1. 地役权与相邻权之间的联系
>
> （1）相邻关系与地役权都与不动产的利用有着密切的联系，都是权利人为了自己不动产的便利或经济效益，对毗邻或邻近的不动产施加一定的负担，对相互毗邻或邻近的不动产的权利人的权利进行部分限制，要求对方应尽某种容忍或不作为义务。
>
> （2）相邻关系与地役权作用功能类似，但地役权是在相邻关系的基础上的进一步发挥；相邻关系的规定旨在规范相邻不动产权利人之间的利害冲突，为相邻不动产之间的关系设定法定标准，即根据不动产的自然条件为了正常生活生产而必须有的最低要求，即基本的必要的要求。比如甲拥有一块东西北三面环湖的宅基地，南面是乙享有承包经营权的农地。甲建好房屋出入必须要经过乙的农地才能到达农地南面的马路，乙基于甲所享有的相邻权为甲留了一条一米多宽的小路。而地役权则是为了提高需役地的利用价值提出的进一步改良的或奢侈的需求，如为了精神上或情感上的利益，为需役地上的视野宽广而设定的眺望地役权、安宁地役权等，甚或为了营业竞争而设置的营业限制地役权等。在前例中，因甲房屋周围风景好，经常有游客到甲的家中小憩，后来甲经批准将自己的房屋修缮改装成农家休闲中心，为了方便游客的车辆出入，需要拓宽道路，还得有停车场。这些需求超过了乙基于甲的基本的必要的日常生活需求所承担的容忍义务。甲在不能取得所需土地经营权的情况下，就只有与乙协商通过地役权合同在乙的承包经营地上设立地役权。
>
> （3）地役权的设定可排除或改变相邻关系的适用。相邻关系中权利受到限制的不动产当事人可以通过设定地役权排除相邻关系的适用。比如别墅所有人甲不得设

置屋檐、工作物或其他设备，使雨水或其他液体直接注于相邻人乙的不动产之上，这是甲基于相邻关系为了乙的利益而受到的限制。如果甲为了提高自己别墅的经济价值，将别墅进行修缮改良，在顶部修建了一个空中花园并设置了观赏喷泉，花枝蔓藤从顶部直泻而下，喷出的细细泉水迎光闪烁如同道道彩虹，甚是好看。但是，泉水直接倾注到了乙的不动产之上，侵犯了乙所享有的不动产上的权利（相邻权）。此时，甲就可因自己的利益需求与乙在乙的不动产上协商设立注水地役权（通过支付一定费用作为对价），即可排除乙所享有的相邻权。

2. 地役权与相邻权之间的区别

（1）二者产生的依据不同：相邻关系因法律规定而产生；地役权因需役地权利人与供役地权利人双方协商设定，即法定产生与约定产生的区别，这是二者最明显、最本质的区别。当然地役权亦可因继承或因时效取得。

（2）二者法律性质不同：相邻关系的规定旨在界定所有权或其他使用权的行使范围，限制相邻义务人权利的滥用，相邻权不是一种独立存在的权利，仍然是所有权或其他使用权的内容，并不构成新的、独立的物权；而（经过登记的）地役权则是一种用益物权，是一种典型的物权类型。

（3）二者的法律效力不同：相邻关系因法律规定而产生，是服务于特定土地或附属于特定土地的权利，它对"地"不对"人"，对相邻权人来说是依据不动产的自然条件而发生的法定权利，依其原始权利而具有对抗性，无需登记便可当然发生效力。而地役权主要是依协议而取得，是约定的权利，当事人双方应到不动产登记机关进行登记之后才具有物权效力，即对抗性；经登记的地役权不具有物权效力，只是一种债权。

（4）二者调整范围或者内容不同：相邻关系是法定的对不动产利用关系的一种最低限度的调节，它并不超越不动产权利的范围，其内容范围由法律规定；对相邻权人来说至多是权利的正常延伸，对相邻义务人来说则是对权利的必要限制；而地役权则是在这种最低限度的调节之外的一种更加广泛的调节，主要依当事人间的意思表示而成立，享有相当程度私法自治的空间，这种私法自治的特性能够极大地弥补相邻关系法定内容有限不足的缺陷。

（5）二者在有偿或无偿、存续期间上的不同：相邻关系中，相邻权人行使权利是无偿的，相邻义务人有容忍义务；地役权的有偿或无偿属于意思自治范畴，双方可在契约中自由约定，一般情况下是有偿的。另外，相邻关系的存续期间是法定的，一般随不动产的存续而存续；地役权的存续期间则任由当事人在需役地与供役地权利的存续期限内约定。

（6）二者的救济方式不同：正是因为二者产生原因不同导致二者不同的法律性

> 质与效力,进而在遭受侵害的情况下二者的救济方式也不相同。相邻权受到侵害的,相邻权人只能提起侵权之诉(实质是相邻权所依附的所有权或使用权受到侵害),行使的是物权请求权,根据权利受到侵害的状况(危险、妨碍等)要求相邻义务人承担"停止侵害、排除妨碍、消除危险、恢复原状"等物权责任,有损失的还要求赔偿损失。
>
> (资料节选于:胡发富,《地役权制度若干法律问题研究》,中国法院网,2014,12. http://www.chinacourt.org/article/detail/2014/12/id/1526193.shtml)

(4)耕作权

在已经明确了土地使用权的土地上,在不妨碍土地使用人的使用权的条件下,种植农作物,在大型靶场、试验场内有限制地种植树木和农作物等。这主要是从能合理利用土地的原则出发的。

(5)借用权

通过借用而使用别人的土地,在过去通过借用协议使用土地的比较多,在通过增加限制条件或补签协议等情况下继续借用,对借用方在权利上有了明确规定,也有利于土地使用的稳定性。

(6)空中权和地下权

这两个主要是针对地表土地使用权而言的,在法律法规规定的范围内,利用地表上下一定范围内的空间,并排除他人干涉的权利。空中权如桥梁、空中楼阁等对地上空间的使用权,地下权如地下隧道、地下商场等对地下空间的使用权。

4.2.2 房屋产权

从严格意义上来讲,房产权也有广义和狭义之分。狭义的房产权是指房产权所有人依法对其在地上或地下的建筑物、其他附着物拥有占有、使用、收益、处分的权利。而广义的房地产权则包括狭义的房地产权及其衍生出来的各种权能,包括房产租赁权、房产售卖权、房产抵押权等权能。

1. 房屋所有权

房屋是人们生产与生活必不可少的生产资料,也是人们安居乐业的基本生活条件。因此,房屋所有权显得尤其重要。房屋所有权是指对房屋全面支配的权利,即房屋所有人在法律规定的范围内对其所有的房屋享有占有、使用、收益和处分的权利,并依法排除他人干扰的权利。

作为房屋所有权,其主体是特定的,也就是所有权人,所有权人可以按自己的意愿控制和支配其房屋,这是与土地所有权明显的不同之处,房屋所有权是一种绝对性权利,且它的主体范围相当广泛，国家、法人、社会团体以及任何自然人都有可能成为房屋所有权的主体。另外，同一房屋仅有一个所有权，不能有两个所有权主体，这是房屋所有权的排他性。

专栏4-6　关于社区服务用房产权归属问题的思考

按照我国《物权法》关于"建设用地使用权人建造的建筑物、构筑物及其附属设施的所有权属于建设用地使用权人，但有相反证据证明除外"的规定精神，对建筑区划内的会所、农贸市场、幼儿园、地下室内机动车库车位等附属设施的所有权，依据土地、立项、规划等在初始登记时都登记在开发企业名下。对农贸市场、幼儿园在不改变用途的情况下，开发企业领证后可以整体转让。在保护业主应有合法权利的同时，也有效地维护了开发企业的正当权利。但对小区规划配建的社区服务用房产权归属一直悬而未决。小区业主、开发企业、政府管理部门都有不同的诉求。

小区业主依据我国《物权法》第七十三条"建筑区划内的其他公共场所、公用设施和物业服务用房属于业主共有"的规定，小区业主认为社区服务用房也应当属于业主共有。社区服务用房作为小区配建项目，开发商肯定把这部分投资摊入了售房建设成本，已由全体业主买单，因而产权必定属于全体业主共有。

而开发商则认为，通过招投标程序取得国有土地使用权再投资建设，本着"谁投资谁受益"原则，配建的社区服务用房应该属于开发商。如果街道、居委会要用，政府可以通过行政征收或租赁方式取得使用权。

从政府角度来看，社区服务用房一般是归各级政府所有，由社区街道、居委会实际使用。这对一些老小区和各级政府投资建设的社区服务用房来说，是没有争议的，但对《物权法》实施后新建小区中配套建设的社区服务用房，则不能简单类推。

正是全体业主、开发商、政府对于同一事项，站在不同角度，各自寻求着有利于自己的法律法规，从而使得关于社区服务用房的权利归属问题在业主、开发商、政府间产生重大分歧。导致有的开发项目竣工后，开发商在要件齐全的情况下，向房产管理部门申请社区服务用房产权登记时不能受理的尴尬局面。针对以上情况，结合近年来的投诉及诉讼案件，应当从以下方面进行甄别和把握。

1. 划拨用地上建设的社区服务用房的确权

新建住宅小区内社区服务用房土地为无偿划拨的，办理用地手续时，土地使用权出让合同中又明确社区服务用房的建设内容、面积等以及无偿移交给社区所在街道办事处等具体部门的，应由房地产开发企业在申请新建房屋所有权初始登记时提出申请，代为登记，房产登记机构负责为接收单位核发社区服务用房《房屋所有权证》。

2. 出让用地上建设的社区服务用房的确权

符合城市规划要求，在出让用地上建设的社区服务用房，在签订土地出让合同时未明确产权归属和移交方式的（有偿移交或无偿移交），立项批文中也未载明属于建成后移交的范围，开发企业在申请商品房初始登记时，可申请登记在自己名下，房产登记机构应为其核发房屋所有权证。

3. 社区服务用房的处置问题

社区服务用房既然是政府要求配建，为确保配建的社区服务用房真正发挥其作用，在实际操作中应限制开发企业私自挪用占用，禁止将社区服务用房进行分割、转让、出租、抵押或改变用途。由于房屋权属的确权是在项目建设管理的末端，需要建委协调土地、规划、各尽其责、密切配合。

（资料来源：董军，李求军.《中国房地产》. 2012.3）

（1）房屋所有权的取得和丧失

房屋所有权是一种物权，同一般的商品不同，它的取得和丧失需要一定的形式，需要遵循一定的法律法规。

房屋所有权的取得通常有原始取得和继受取得两种。原始取得就是房屋出现时取得房屋所有权，其最主要的形式就是新建房屋，这也是所有房屋所有权的最初来源。继受取得即为从原所有权人手中以合法的方式取得房屋所有权，它可以分为有偿取得和无偿取得，有偿取得包括了购买、交换，是在市场上通过交易而取得房屋所有权的形式，一方出资，另一方让出所有权；而无偿取得主要有赠与和继承，是按照一定的法律法规进行的。

既有取得，也有所有权的丧失，通常情况下，所有权可以通过自身行为，如出售、赠与或交换等方式，将房屋所有权转让给其他人；其次，如遇自然灾害等原因导致房屋倒塌或毁灭的，房屋的所有权也随房屋的消失而消失；另外，公民死亡，他的财产可以通过继承归继承人所有，或法人解散，经过财产清理，房屋归新的所有权人所有，这两者都是因房屋所有权主体的消失导致所有权的丧失。

（2）房屋所有权类型

房屋按照所有权不同可以分为公有房屋和私有房屋[①]。

公有房屋，即国家所有和集体所有的房屋，可以按照对房屋实际支配和控制的主体的不同分为不同的类型。如国家所有房屋可以分为直管和自管两种形式。前者是由政府房地产管理机构持有的直接管理的公房，它的所有权是典型的全民房屋所有权；后者是由国家机关单位、国有企业自己管理的公产房屋。集体所有房屋的所有权主体是具有法人资格的集体组

---

① 王国力，林志伟. 房地产开发、产权、产籍与法律制度［M］. 北京：机械工业出版社，2008.

织，而不是集体组织中的某个或某几个成员，它可分为集体经济组织持有的房屋、合作社自管的房屋、中外合作、合资企业持有的房屋等。

私有房屋可以划分为独有和共有，在共有中又分为按份共有和共同共有。按份共有中的共有人一般需按照各自所有的份额分享权力和承担义务。需注意的是，共同共有和上面提到的集体所有是有差别的，共同共有的所有权主体为两个以上，而每个产权人对房屋都享有所有权，都具有独立的法律地位，而集体所有的主体是单一的，其集体成员是不具有独立的法律地位，而是由集体经济组织行使权力和履行义务。

2．我国现行的主要房屋产权

目前，我国的房屋产权主要有两种情况：一种是纯住房商品产权，即完整产权。另一种是准住房商品产权，即不完整产权。纯住房商品产权是居民购买的通过招标、拍卖、挂牌等有偿出让的形式所取得的土地上建成的商品房，其产权是完整的，购房人拥有房屋的占有、使用、处分、收益的权利。而准住房商品产权是居民购买的通过行政划拨的方式所取得的土地上建成的公有住房、安居房和经济适用房等。其中，安居房和经济适用房会控制其销售对象，只能卖给中低收入者，由于其限制性，所以，购房人拥有的完全产权也是一种受限制的完全产权。

> **专栏4-7　国土资源部、住房和城乡建设部禁忌叫停在建、在售"小产权房"**
>
> 2013年11月22日，国土资源部会同住房和城乡建设部出台"小产权房"禁令。其中表示，要对在建、在售的"小产权房"坚决叫停，严肃查处，对顶风违法建设、销售，造成恶劣影响的"小产权房"案件，公开曝光，挂牌督办，严肃查处，坚决拆出一批，发挥警示和震慑作用。
>
> "小产权房"是指在农村集体土地上建设的房屋，未缴纳土地出让金等费用，国家房管部门不为其颁发产权证。中国官方近年来曾多次重申农村购买宅基地、农民住房和"小产权房"。不过，由于"小产权房"价格低廉，有的仅占同类商品房价格的一般甚至更低，仍然吸引许多民众"顶风"购买。
>
> 业内人士指出，特别是近年来中国大中城市房价长期快速上涨，超过了当地许多民众的收入碎片。同时，政府的保障性住房如经济适用房、廉租房等无法满足这些住房需求，为小产权房提供大量的限时购买群体。在商品房供需矛盾较大的热点城市周边，"小产权房"更是屡禁不止。
>
> 中共十八届三中全会近期出台的改革文件称，在符合规划和用途管制前提下，允许农村集体经营性建设用地出让、租赁、入股，实行与国有土地同等入市、同权同价。这也被一些人错误地解读为，未来建设在农村集体土地上的"小产权房"有转正入市的可能性。

不过，此次在两部委的通知中已经明确，建设、销售"小产权房"，严重违反土地和城乡建设管理法律法规，不符合土地利用总体规划和城乡建设规划，不符合土地用途管制制度，冲击了耕地保护红线，扰乱了土地市场和房地产市场秩序，建设、销售和购买"小产权房"均不受法律保护。

两部委提醒，要全面、正确地领会十八届三中全会关于建立城乡统一的建设用地市场等改革措施，严格执行土地利用总体规划和城乡建设规划，严格实行土地用途管制制度，严守耕地红线，坚决遏制在建、在售"小产权房"行为。

两部委表示，下一步一要对违法建设、销售的"小产权房"开展一次集中排查摸底。二要对违规为"小产权房"项目办理建设规划许可、发放施工许可证、发放销售许可证、办理土地登记和房屋所有权登记手续的，严肃处理。对监管不力、失职渎职的，要严厉问责。

（资料来源：四川房地产，2013年第11期）

本章实训

【实训任务】

小组讨论：我国土地使用权有偿出让的主要方式

1. 实训准备

（1）分组讨论关于我国有偿出让土地的方式。建议每组4人，分别就招标、拍卖、挂牌及协议出让土地的方式进行讨论研究。

（2）对四种出让方式的特点、程序、优缺点、对房地产价格及其市场的影响作分析。

2. 实训过程

（1）对出让方式进行了解。

（2）搜集房地产市场的影响数据资料并作分析。

（3）小组讨论并得出分析结果。

3. 实训结束

（1）实训总结。

（2）制作汇报PPT。

（3）演讲PPT。

（4）教师进行评分。

【实训步骤】

步骤1：讨论列举国有土地使用权的有偿出让方式

（1）小组成员分别了解不同的出让方式及其特点等内容。

（2）对不同出让方式对房地产市场带来的影响做初步分析。

步骤2：搜集相关资料

搜集招标、拍卖、挂牌、协议等出让方式的特定程序，并分析其对房地产土地价格，甚至房地产市场带来的影响。

步骤3：分析报告

对分析结果整理成书面报告形式，并准备PPT以作演讲。

 思考与练习

1. 房地产产权关系有哪些？
2. 所有权的权能分别是什么？简述其内涵。
3. 我国的土地所有权和土地使用权有什么特征？
4. 如何取得房屋所有权？如何会丧失房屋所有权？

 拓展知识

上海启动"共有产权"

如果2010年被称为中国"保障房元年"，那么2011年将是呈快马加鞭之势的"保障房建设年"。上海市因在经济适用房产权方面的制度创新，成为全国保障性住房建设大潮里备受瞩目的焦点。

3月2日，上海市政府举行的新闻发布会上，上海市发改委、上海市住房保障和房屋管理局共同发布了《上海市经济适用住房价格管理试行办法》（以下简称《试行办法》），对经适房的销售价格、浮动范围、产权份额等作出规定。《试行办法》在建设方式、审核机制、售后管理等方面都有所创新，其中，"共有产权"成为最大亮点。

"共有产权"主要是依据政府在经适房中的各种投入（如免收的土地出让金、行政事业性收费、城市基础设施建设费用、其他税费的减免等）和购房人购房款投入所占的不同比例，设定政府的住房保障机构和购房人不同比例的产权份额，并由双方在购房时通过购房合同事先加以约定。

上海市住房保障和房屋管理局副局长庞元在当天新闻发布会上指出，目前，其他省市有20多种经适房运营方式，上海的"共有产权、有限产权"制度是唯一的。该运作机制可有效压缩通过经适房投资获利的空间，防止社会公共资源流失，减少寻租可能。

早在2009年6月，上海市颁布《上海市经济适用住房管理试行办法》，在第四章中就规定，经适房的房地产权利人拥有"有限产权"。但是对"有限产权"的具体产权比例等细则并未有明确规定。此次颁布的《上海市经济适用住房价格管理试行办法》，进一步明确了购房人产权所有比例的计算公式。据《试行办法》第八条规定，购房人产权份额按照销售基准价格与周边房价的比例关系确定,计算公式为:购房人产权份额=销售基准价格÷(周边房价×90%)。据了解,上海市本批次供应房源的销售基准价格和产权份额,可分为购房人产权份额占70%、购房人产权份额占65%和购房人产权份额占60%等三类。这种上海独创的"有限产权"制度,意味着购房人产权份额要按照销售基准价格与周边房价的比例关系确定。如此一来,销售基准价格占周边房价的比例越高,购房人产权份额也就越高,反之亦然,从而实现不同购房人之间的相对"公平"。

上海市发改委副主任汤志平表示,确定这样的计算公式,主要考虑到经适房保障对象是中低收入群体,在计算购房人产权份额时将周边房价乘以90%,可适当提高购房人拥有的产权份额,进一步体现政府对住房困难群体的政策倾斜。庞元认为,上海"共有产权"模式的核心是按照共有产权的方式着重解决经适房使用和收益分配的公平性问题。当住房困难家庭的经适房用于自住时,住房保障机构让渡名下份额的使用权,所以购房人享有完整的房屋使用权,帮助其解决住房的困难。他同时表示,如果5年后经适房上市转让时,住房保障机构将享有优先回购权。而优先回购权来源于共有产权制度,并规定住房保障机构和购房人按各自产权份额分配转让价款。

今年1月,《中国青年报》曝出福建省上杭县政府网站挂出的2010年申购经适房符合条件人事实上,经适房的售后监督及上市流转的现行政策一直备受诟病。由于没有强有力的制约政策,经适房被多次曝出"权贵阶层"、"有门路者"瓜分以及售后被用来出租牟利等丑闻。今年1月,《中国青年报》曝出福建省上杭县政府网站挂出的2010年申购经适房符合条件人员公示名单中,竟有9成是当地公职人员。名单中,还有不少是当地副科级干部,且存在同一个名字重复出现等怪象。这与2010年底陕西省山阳县超过9成为公职人员申请经适房有异曲同工之处。近日,《深圳晚报》也曝出在深圳福田区一入住不到3个月的经适房小区里,居然已有人放出了出租房。该报记者通过暗访了解到,这个小区有多套经适房被挂到地产中介出租,租金普遍在2600元/月至4000元/月之间。对此,一位长期关注保障房市场的业内人士指出,有没有足够的保障房是一个问题,这些房子能不能分到最需要它们的人手中则是另外一个问题。假如花大力气建了保障房,结果房子却被"权贵阶层"和"有门路者"瓜分,则非但不能解决现有问题,还会引发新的社会不公。

上海对经适房产权制度的创新或将对上述不公现象有所突破。庞元指出,通过"有限产权",政府将拥有更大的统筹空间。他认为,"共有产权"的创新办法主要目的之一就是着力解决经适房使用和收益分配的公平性问题。"双方在购房时通过合同事先约定,住房困难家庭自住时,其有完整的房屋使用权。"汤志平表示,如果购房人取得经适房房产证满5年后将其出售时,住房保障机构除享有优先回购权外,政府还将按照其拥有的产权份额收回所对应的转让收入,并继续用于住房保障,从而有效防止社会公共资源流失,促进住房保障体系的可持续发展。庞元认为,"共有产权"的运作机制可以有效压缩通过经适房投资获利的空间,防止社会公共资源流失,也尽可能减少寻租可能。

(资料来源:庞一涛. 上海启动"共有产权". 中国房地产报,2011.3.14第001版)

📚 **学习资源**

1. 周国宝. 马克思主义产权理论视野下的中国房地产市场［D］. 苏州大学. 2011.
2. 中国房地产产权网，http://www.ccret.org.cn/.
3. 中国房地产信息网，http://www.realestate.cei.gov.cn/.

📖 **本章小结**

产权是产权主体拥有的与财产有关的权利的集合，它是一定社会的人与人之间财产关系的法律表现。它并非人与物之间的关系，而是在由于物的存在和使用而引起的人与人之间的一些被认可的行为关系。房地产产权（Real Estate Title），是指将房地产这一不动产作为一种重要的特殊的财产而形成的物权，是依照国家法律对其所有的房地产享受直接管理支配并享受其利益以及排除他人干涉的权利，包括房地产所有权和房地产他物权，它是由土地产权和房屋产权所形成的权利束。

房地产价格 5

土地价格 5.1
建筑物价格 5.2
房地产价格类型与构成 5.3
影响房地产价格的因素 5.4

【学习提要】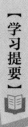本章主要介绍土地价格、建筑物价格的内涵及特征、房地产价格的类型及构成、影响房地产价格的各个因素。通过本章的学习，掌握房地产价格的构成及变化趋势，能够运用价格理论分析房地产价格的变化及影响。

案例引入

稳定房价要坚持宏观调控不动摇

2013年2月20日，国务院常务会议出台了楼市调控的"新国五条"。3月1日，国务院办公厅又发布了被称作中国楼市调控的重量级的"新国五条"细则，立即引起社会各界极大关注。

"新国五条"及其细则与以往历次出台的调控政策的精神、核心内容是一脉相承的，政府调控房地产市场的政策方向并没有变化，只不过调控力度更大罢了。其中心意思就是要坚决抑制投机、投资性购房需求，完善稳定房价工作责任制和房地产市场调控政策体系，健全房地产市场稳定健康发展长效机制，防止房价过快上涨，实现可持续发展，让老百姓买得起房。

中国的房地产业是随着社会主义市场经济体制的建立，而迅速发展起来的。中国房地产市场经过1992~1998年"起步阶段"以后，到1999~2004年就迅猛发展到"量增阶段"，从2005年起房价则呈现出上涨甚至大幅上涨态势。中企资本周刊"盘点十年房价"显示，2003年全国城镇平均房价为2381元，2007年为3445元，2012年则达到5791元。个别一线城市的房价则像脱缰的野马一样迅猛飙升。2012年，北京、上海一手楼均价每平方米分别由2003年的4456元、5118元升至20700、22595元，涨幅高达365%和341%。目前，北京三环内楼盘均价一平方米超过4万元，五环均价也达到2.5万元。不少市民，尤其是广大进城务工的农民惊呼：辛辛苦苦干一年还买不到城头的一平方米房子！显然，房价过快上涨，是不可持续的。

为遏制房价过快上涨的势头，早在2002年原建设部等六部委就颁布了《关于加强房地产市场宏观调控促进房地产市场健康发展的若干意见》，收到较好成效。但是，2008年底，为应对国际金融危机，我国出台了投资4万亿拉动经济保增长的政策，随之而来的则是流动性过剩、引起房价飞速上涨。于是，从2009年12月起，中央再次加大楼市调控力度，相继于2010年1月、4月、9月出台了"国十一条"、"国十条"和"9.29新政"，2011年1月又出台了"新国八条"。随着这些调控政策的贯彻，全国40个主要城市商品住房价格上涨速度从2009、2010年的同比上涨27.74%、27.26%，迅速下降为2011、2012年12月的同比上涨3.64%、5.97%。尽管调控效果比较明显，却仍未达到让老百姓满意的程度。

造成这种状况的原因很多,诸如随着近年来中国经济持续高速增长,城镇化步伐逐年加快,城镇人口和居民可支配收入快速增加,对住房刚性需求旺盛,直接推动了房价的上涨;再如由于我国资本市场投资工具较少,大量资金进入房地产市场,促成了一批投资、投机房地产的炒房客,加上外资热钱的涌入,则又进一步推动了房价的持续上涨等。

然而,除了这诸多的客观因素之外,房价上涨的推手之一,就是部分地方政府在执行中央调控政策时打了折扣。一个众所周知的现象是,在现行财税体制下,不少地方政府都把卖地作为地方财政的主要来源和快速提高地方GDP的一个法宝。于是,他们在执行中央调控政策时打了折扣,甚至以尊重市场法则来搪塞。尊重市场法则就不能加强楼市调控么?非也!固然,我们现在已经告别了计划经济时代,市场经济的法则是必须遵守的,但即使是在欧美等市场经济高度发达的国家,在充分运用市场这只"看不见的手"的同时,也并未放松政府这只"看得见的手"的监管,更何况我国市场经济体制和机制尚不健全、完善,更需要政府加强监管。

住房问题既是经济问题,更是关乎民生、社会稳定的政治问题,党中央、国务院历来十分重视。最近召开的十八届二中全会再次提出,要不断在实现全体人民"住有所居"的目标上取得是实实在在的进展。针对过去部分地方在执行中央调控政策不力的问题,国务院在"新国五条"细则中加大了政府的责任,提出要"认真落实省级人民政府负总责、城市人民政府抓落实的稳定房价工作责任制","对执行住房限购和差别化住房信贷、税收等政策措施不到位、房价上涨过快的,要进行约谈和问责。""安得广夏千万间,大庇天下寒士俱欢颜。"只要各级政府坚持调控政策不动摇、力度不放松,就一定能从根本上将房地产市场导入良性循环,把房价稳定下来。

(资料节选于何世勤,《四川房地产》。2013年第3期,卷首语。)

案例分析:随着我国多年来不断上涨的房地产价格,政府的监管力度也越来越大,在一定程度下抑制了房地产价格的过快增长。由此可以看出,房地产价格的变化不仅包括其自身因素、经济社会因素等各方面影响,还会受到政府的因素影响。

无论是房地产投资和开发,还是房地产经营和消费,价格都是在市场中非常重要的分子指标,它反映出了在房地产市场当中供给和需求的情况。而房地产作为一种特殊的消费品,其价格的形成、变化规律以及影响因素都具有特殊性,同房地产市场有着非常密切的关系。

5.1 土地价格

5.1.1 土地价格的内涵

按照马克思主义经济学原理,土地价格是指地租的购买价格,是地租的资本化。在现实生活中通常表现为人们为取得土地的占有、使用、收益和处分的权利而支付的费用。土地价格也称为地产价格，简称地价。一般来讲，当土地能给人们带来货币收入，也就是说土地能提供地租，才具有价格，所以，地租的存在是土地价格的前提。马克思认为，土地价格"不是土地的购买价格，而是土地所提供的地租的购买价格，它是按普通利息来计算的"[①]。土地价格和地租的关系用理论公式可以表述为：土地价格＝地租/利息率。例如，假定平均利息率为6%，某块土地每年可提供300元的收入，即每年300元的地租，那么这块土地的价格为5000元。我们将每年300元的地租看作一个5000元资本的利息，这5000元钱看作是为了获得土地所有权或使用权，也就是为了获得每年300元的地租，必须如同贷款人为了300元的年利息而向借款人提供5000元资本一样，要支付给土地所有者的土地价格。事实上，为土地支付多少代价，并不取决于土地应该生产什么，而是能够生产什么、生产多少，且土地收益又取决于土地总产品的价格，所以，土地的地租收入决定了土地价格。

土地是一种自然资源，其本身并不是劳动产物，不具有价值，但是土地作为一种有用的并且是有限的自然资源，在商品经济条件下，已经具有商品价格的形式。人类社会的发展，已经经历了一个相当长的历史时期，而在人类劳动的数百年甚至上千年的开发建设后，在土地上投入了巨大的资本和劳动，纯粹的自然土地已经极为罕见。投入土地上的人类开发劳动及其建造起来的城市的经济繁荣程度，决定了城市土地生产力的大小。所以，城市土地的价格构成中，既包含了最原始的自然资源的因素，同时也包含了人类劳动所创造的价值因素。但需注意的是，土地的全部价格并非都来自于人类的劳动或资本投入，因为在这个过程当中，会有大多数的土地资本会发生损耗，或破旧不堪，这种不仅不能提高土地价格，反而会使得土地的价格有所降低[②]。在我国，土地的所有权归属于国家，土地价格体现在土地所有者转移土地使用权的过程中的交换价值，这就是地租的资本化，同时又是土地使用者之间转移土地使用权时的补偿价值。归根结底，只是土地使用权的交换价值。在土地所有权和土地经营权可以分离的情况下，我国的土地价格实际上就是国家对土地使用权在一定时期内的出让价格。

5.1.2 土地价格的特征

1. 土地价格的构成具有双源性

经过人类开发的土地其价格构成具有双源性。一方面，土地价格是土地的资源价值。作为自然资源的土地，具有稀缺性和不可再生性，这是土地价格存在的物质基础；另一方面，是土地的资产价值，也就是人们所投入的劳动所创造的价值，这部分土地资产价值使其在地价构成中的比重会随着人类投入劳动的增加而不断上升。土地价格构成中的双源性是土地价格不同于一般商品价值构成的最主要特征。

---

① 中央编译局. 马克思恩格斯全集：第25卷［M］. 北京：人民出版社，2001.
② ［英］马歇尔. 经济学原理［M］. 下卷，293页.

2. 土地价格具有区位性

土地价格受区位的影响很大。按照区位理论和地租理论，土地区位的不同会使得其收益和地租也会有明显的差异，导致其资本化后的土地价格也发生很大变化。以商业用地为例，该地块区位如何，其繁华程度、周边环境、交通便捷度、城市规划限制等很多因素都将直接关系到土地的收益及其使用效果，所以说土地价格的差异在很大程度上是由于土地区位的不同造成的。具体来讲，区位对土地价格的影响可分为两个方面：一是地区性。不同城市区域之间的土地价格会有差异，且大城市的土地价格高于中小城市，沿海城市的土地价格高于内地城市，经济发达城市的土地价格高于欠发达城市。二是地段性。在同一城市范围内，不同地段之间的土地存在差异，且城市中心区地段土地价格高于一般市区和郊区地段，临街高于非临街的土地。

专栏5-1　2017年全国300城市土地出让金超4万亿元

中国指数研究院公布的《2017年全国300城市土地交易报告》显示，2017年全国300城市土地出让金总额为40623亿元，同比增加38%，北京市以2796亿元名列榜首。

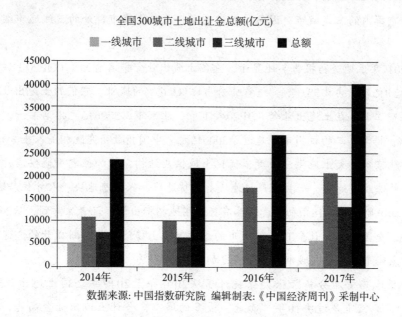

数据来源：中国指数研究院　编辑制表：《中国经济周刊》采制中心

从2014年至2017年这4年的全国300城市土地出让金总额情况，2014年和2015年均超过2万亿元，2016年将近3万亿元，而2017年则超过了4万亿元。近两年全国300城市土地出让金总额为何大幅增加？中国指数研究院相关人士对《中国经济周刊》记者解释说："土地市场热度持续的原因在于土地供应大幅增加。为缓解热点城市房地产市场供求矛盾，稳定市场预期，各地政府均积极供地。2017年，全国300个城市共推出各类用地20.1亿平方米，同比增长9.7%，其中住宅用地推出12.8亿平方米，同比增长4.9%。2018年，增加土地供应仍将是各城市调控重点之一，同时会继续调整供地结构，为构建多层次住房供应体系提供基础。"他还进一步分析说："2014-2015年间主要城市供地量较少，企业积极去库存；而2017年品牌房企销售业绩继续上涨，拿地意愿较高。库存不足也激发企业补仓意愿，2017年前11个月20家品牌房企拿地金额占销售金额的比重为42.8%，较2016年同期有所上升。部分品牌房企拿地激进，拿地金额占销售额的比重超过60%。"

记者还注意到，如果从城市分类角度看，这4年间，一线城市的土地出让金增长缓慢，占全国300城市土地出让金总额比例呈下滑趋势；二线城市的土地出让金增长迅猛，近乎翻倍，占比也不断提升；三线城市的土地出让金也大幅增加，占比缓慢提升。以2014年为例，一线城市占比21.65%，二线城市占比46.15%，三线城市占比32.20%；而到了2017年，一线城市占比下降为15.49%，二线城市占比提高到51.30%，三线城市占比33.21%。

上述人士认为，2018年一二线重点城市调控政策延续收紧态势，随着城市功能疏散带来的人口疏解和产业转移，重点城市需求效应进一步向周边城市外溢。处于热点城市群内的三线城市，因承接外溢需求，与热点城市群外的三线城市继续呈分化趋势。

《2017年土地交易报告》还显示，全国土地出让金排名前20（TOP20）城市总额为21892.8亿元，占比53.89%。这意味着占比仅6.67%的城市，它们的土地出让金却占据了半壁江山。在土地出让金TOP20城市中，北京市以2796亿元排名第一，同比增加228%；排名第二的杭州市也超过了2000亿元。中国指数研究院相关人士分析认为，2017年北京市加大土地供应力度，优化土地供应结构，增加住宅用地供应，同时推出众多特殊政策地块，如共有产权地块、租赁地块、保障房地块、人才住房地块等，从源头保障刚需；2018年初将尝试共有产权用地招标出让。记者注意到，从2015年到2017年，全国土地出让金TOP20城市的总额以及上榜门槛是不断提升的。这或许意味着重点城市和非重点城市的分化将更加严重。

中原地产首席分析师张大伟统计了从2008年至2017年全国土地出让金总额TOP20，北京市是过去10年"卖地"最多的城市，合计土地出让金高达1.43万亿元；上海市土地出让金1.39万亿元，杭州市土地出让金1.088万亿元，重庆土地出让金1.0585万亿元。其他比较高的城市有苏州、天津、南京、武汉、广州、成都、宁波等。合计看，全国土地出让金最高的20大城市10年总金额高达13.58万亿元。

虽然北京市、上海市、杭州市、重庆市等4个城市10年间土地出让金均超过万亿元，但它们的房价却相差不小。根据中国房价行情网显示，截至2017年12月，以住宅二手房为例，北京市均价为63239元/m², 上海市均价为52240元/m², 杭州市均价为29522元/m², 重庆市均价为10351元/m²。

对此，全国人大财经委副主任黄奇帆于2017年5月在复旦大学房地产讲座上表示，地价是决定房价的根本性因素。如果只有货币市场这个外因存在，地价这个内因不配合，房价想涨也是涨不起来的。控制房价的关键就是要控制地价。

他认为，政府应该控制拍卖土地价格，"政府不在土地上去推高房价，地价跟着房价慢慢走。当土地的供应是比较充分的、合理的、有效的时候，如果地价高了，政府就把储备地多卖几块出来平衡一下。"

国信证券（002736）的一份研究报告认为，土地出让金是政府财政收入的重要来源。这份报告统计了2016年全国25个省份的土地出让金及公共财政收入情况（剔除6个无数据的省份），不少省份的土地出让金占财政收入比重较大，占比超过30%的省份有14个，江西占比为75%，位列第一；重庆、江苏、安徽超过60%，河南、浙江超过50%，湖南、河北、四川、山东、广西等5省份超过40%，海南、广东、天津等3省份超过30%。

（资料来源：贾国强，《中国经济周刊》2018年第3期，有删减。）

3．土地价格受市场供求影响大

同一般商品一样，土地价格也是由市场的供求状况决定的。在一般市场中，商品价格会受到其供给与市场需求的双向影响，但在土地市场中，由于其供给总体来说是自然供给，总量一定，且不能再生产，而人类可利用的土地资源非常有限，这就使得其经济供给弹性很小，但人类对土地需求是随着经济变化而弹性很大。因此，在一定条件下，需求是影响土地价格的主要方面，市场对土地需求量大，地价上升，反之则下降。

专栏5-2　2017年上半年成都土地市场供需情况

2017上半年，成都楼市，一方面是限购限售不断加码，一方面则是开发商拿地激情丝毫不减。上半年，大成都地区共出让86宗地块，合计总面积约308公顷（折合约4620.1亩），同比去年上半年下滑了45.4%；成交量方面，上半年共成交土地70宗，成交面积3758.37亩，同比下降41.7%；成交金额方面，1~6月成都土地出让收入走出了一道漂亮的上行曲线，卖地总额273.04亿元，同比微涨8.2%。

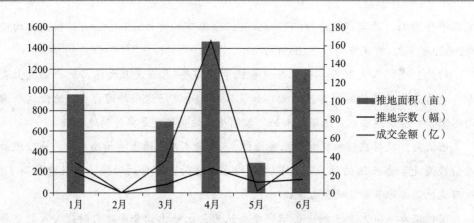

在上半年的土地市场运行中,主城区以145.8亿的金额远超其他区县,其平均楼面地价也达到了8979元/平,同比大涨86.7%。郊县方面,郫都区成为了上半年土地供应火力集中点,土地出让大户天府新区依旧坚挺,以429.04亩的成交面积位居次席;而都江堰更是通过397.9亩的战绩,连续三年挤进成交面积前三。

各区域运营情况				
区域	出让宗数	成交宗数	成交面积(亩)	平均地价	成交总额(亿)
主城区	18	16	722.02	8979元/平	145.8
天府新区	8	8	429.04	403.8万/亩	18.1
双流	6	3	260.5	816.7万/亩	34.5
郫都	3	2	529.98	117万/亩	3.9
新都	2	2	233.2	867.5万/亩	16.7
温江	0	0	0	0	0
金堂	2	2	42.4	93万/亩	0.5
龙泉	5	4	318.5	632.5万/亩	36.7
新津	0	0	0	0	0
蒲江	12	12	172.6	90.7万/亩	3.2
邛崃	1	1	56.8	390万/亩	2.2
大邑	0	0	0	0	0
崇州	6	5	306.7	46.4万/亩	1.6
彭州	3	3	38.8	146万/亩	0.6
都江堰	4	4	397.9	180.5万/亩	6.2
简阳	15	8	249.8	164.6万/亩	3.04
青白江	1	0	0	0	0

2017上半年,成都主城区依旧是开发商拿地热点区域。据统计,上半年主城总供应土地18宗,成交16宗,成交面积722.1亩,成交金额145.8亿。

各区土地出让成交情况

区域	出让宗数	成交宗数	成交面积(亩)	平均地价(元/平)	成交总额(亿元)
锦江	2	1	4.9	5300	1.4
武侯	8	7	201.8	6743	50.9
成华	2	2	55.5	12300	22.6
金牛	3	3	271.8	12460	47.4
青羊	2	2	145.5	7602.5	21.4
高新	1	1	42.6	5000	2.1

(资料来源:上半年成都土拍市场回顾,谁家拿地多? http://cdbbs.fang.com/kft~-1/538239175_538239175.htm)

4. 土地价格具有明显的地区性

由于土地位置的固定性,在地区性市场之间,地价很难形成统一的市场价格。通常不同地域的地价水平不同,一宗土地一个价格。不同的城市或地区,由于地理位置环境、经济发展状况、气候条件、未来发展潜力等情况不同,导致相同级别或用途的土地价格存在差异性[①]。

5. 土地价格具有增值性

土地价格在总体上呈现上升的趋势。随着社会经济的发展、人口数量的增加和城市范围的不断扩展,土地的需求总量持续增加,而土地的供给一定,所以土地价格呈现不断上涨的趋势。同时,由于市政基础设施的不断完善,社会经济环境质量不断改善,加上人们对土地资源的合理利用和配置,使得其生产力不断提高,土地收益也随之提高,地租不断增加,土地价格上升。

5.2 建筑物价格

建筑物价格即房产价格,是建成后建筑物的价格,不包括土地价格。房产价格主要是指房屋建筑及其附属物的价格,该附属物的具体范围则视具体的建筑情况而定。建筑物的价格同一般产品价格一样,是由生产费用加一定的利润形成的。

---

① 高波. 现代房地产经济学导论[M]. 南京:南京大学出版社,2007.

5.2.1 新建房产的价格构成

建筑物为新建成的状态时,其价格主要由以下几个部分构成[①]:

1. 建筑成本

建筑成本是开发企业向建筑施工企业支付的建造房屋建筑的费用,一般可称为建筑工程费用。其中包括,在工程实体项目中所需的人工费、材料费、机械使用费、管理费和利润,这些属于分部分项工程费;为了完成项目施工,发生的非工程实体项目,例如技术、生活、安全等方面所需的措施项目费;其他项目费,包括总承包服务费、预留金、零星工作项目费等;建筑企业必须向有关政府管理部分缴纳的建筑管理费、劳动保险费、安全生产监督费等规费;以及施工企业向国家缴纳的各种流转税,如营业税、城市维护建设税、教育附加费等。

2. 设备工程费

主要是在建筑施工过程中使用的必不可少的一些大型机械设备、电器设备的安置及安装费用。

3. 其他工程开发费

在建筑开发的过程中,有室外工程费的产生,这是在房屋建筑物2米以外至小区规划红线之内的各种管线和道路工程的费用,包括水电、暖气、煤气管和小区道路的建设费、绿化与环境卫生设施的建设费等;也有附属工程费,如小区内锅炉房、变电室、煤气调压站、高压泵房等附属工程的建设费用;另外还有配套工程费,这是使用服务的工程建设,包括小区内的中小学、幼儿园、托儿所、体育场、居委会等用房建设费。

4. 其他开发成本

包括在房地产开发前期而进行的咨询、策划、可行性研究、规划、勘察、设计等施工前期成本,以及销售费用、管理费、开发税费和贷款利息等。

5.2.2 已使用房产价格的构成

如果建筑物是一个已经使用了若干年的建筑物,那么该建筑物的价格就是用建筑物的重新购建价格减去价值损耗。

建筑物的重新购建价格有重置价格(Replacement Cost New)和重建价格(Reproduction Cost New)两种。重置价格适用于因年代久远、已缺乏与旧建筑物相同的建筑材料、构配件和设备等原因,使得旧建筑物复原建造有困难的一般建筑物。所以,重置价格是按照现行市场价格,使用现代技术和材料,购买或建造一个与原对象有了相同用途的全新房地产所需支付的全部金额。重建价格是按现行市场价格,一切按旧建筑物的原样和原标准建造一个全新状态的建筑物所需的全部金额。

---

① 高群,樊群. 房地产经济学[M]. 北京:机械工业出版社,2013.

价值损耗一般用折旧（Depreciation）表示。当建筑物使用一定时期以后，会产生各种各样的损坏或功能降低，造成建筑物损耗及贬值的因素有很多，有自然的、功能的、经济的，由此造成的贬值就可以分为自然性贬值、功能性贬值、经济性贬值。自然性贬值是由于在正常的使用过程中，由于长期磨损、潮湿或自然灾害而发生破损、自然老化、损坏等，从而引起的贬值。功能性贬值是由于市场变化、生活习惯的改变，原建材、原房屋布局和结构等建筑物所提供的服务功能不适应人们的新需求而造成的贬值。经济性贬值产生的原因是由于建筑物所处的环境的变化，如经济衰退、环境污染、交通拥挤、战争发生和政府政策转变等所导致的贬值，这些原因不仅会让建筑物贬值，同时也会导致土地价格的下降。

5.3 房地产价格类型与构成

价格是市场运行的核心，是商品价值的货币表现。在房地产市场中，房地产价格是一个重要指标。房地产价格从一般意义上讲，是人们在合法获得他人房地产时所必须付出的代价，是房地产商品和货币相交换的比例。房地产价格是建筑物连同其所占土地的价格，即房价与地价的统一。

5.3.1 房地产价格的类型

房地产与一般商品相比具有很多不同的特征，加上房地产市场的特殊运行规律，决定了房地产价格的种类形式具有多样式。房地产价格种类繁多，不同的分类方式以及不同的价格形式所起的作用不尽相同。

1. 成交价格、市场价格、理论价格和评估价格

房地产成交价格简称成交价，是指房地产交易双方实际达成交易的价格。它是已经完成了的事实，这种价格通常随时间、供求关系的变化及交易双方的收入水平、动机、对交易市场的了解程度、急迫程度、讨价还价能力、双方之间关系、个人心态、偏好和素质的不同而经常波动。

市场价格是指房地产商品在市场上的一般、平均的价格，是一个大量数据的抽象结果。同一宗房地产商品在同一市场上一般只有一种价格，这个就是房地产市场价，其决定于此类房地产商品在市场上的供求状况[1]。

房地产理论价格是经济学理论认为的房地产内在价值的货币表现，是遵循"经济人"假设下的房地产均衡价格，是真实需求与真实供给相等的条件下形成的价格。理论价格不是事实，但却是客观存在的。一般来说，房地产市场上，成交价格围绕着市场价格上下波动，市场价格又围绕着理论价格上下波动。

房地产评估价格是评估人员根据科学的方法对房地产客观合理价格进行估计、测算和评

---

[1] 董藩，丁宏，陶斐斐. 房地产经济学 [M]. 北京：清华大学出版社，2012.

定的结果。评估价格根据估价方法的不同而有不同的称呼,如通常将市场法求得的价格称为比准价格,将成本法评估求得的价格称为积算价格,用收益法评估求得的价格称为收益价格等。评估价格需要评估的是客观合理的价格,而实际上,其结果常常带有估价人员的主观因素,这与市场上真正交易的成交价格不同。房地产的评估价格、理论价格和市价都有着密切的关系,从理论上讲,一个好的评估价格与理论价格相等,此时可称作公平价格。

2. 市场调节价、政府指导价和政府确定价

市场调节价也可称为自然市场价,是在市场竞争条件之下,房地产价格完全由市场自发调节并由房地产经营者自主制定。市场中商品房市场价格属于这种类型。

政府指导价是由政府相关主管部门按照定价权限和范围规定基准价并允许在一定范围内上下浮动,指导房地产经营者制定的价格。在我国,具有社会保障性质的专供给中低收入者的经济适用房价格属于这种类型。

政府确定价是政府相关部门按照定价权限和范围制定的价格,此类房地产是供应给低收入者的廉租住房,由于是社会保障性住房,含有政府的房租补贴,所以租金较低。[1]

3. 土地价格、建筑物价格和房地价格

从房地产总体的物质实体划分,可以分为三种物质形态:土地、建筑物和"连房带地"的房地整体。房地产价格由此相应就分为土地价格、建筑物价格和房地价格。

土地价格,简称地价,是单纯的土地价格及附有建筑物的房地产中的纯土地价格。对于同一块土地,其开发条件不同,"生熟"程度的不同导致不同的价格,根据"生熟"程度可把土地大概分为生地、毛地、熟地三种,所以又产生生地价格、毛地价格和熟地价格。如从土地的开发程度来分,主要有以下六种:①未征用补偿的农地。②已征用补偿但未做"三通一平"的土地。③已做"三通一平"的土地。"三通一平"是指路通、水通、电通和场地平整。④已做"三通一平"或更高程度的开发土地。如已做"七通一平"的土地,"七通一平"是指具备了道路、给水、排水、电力、通信、燃气、热力等设施条件和场地平整。⑤在现有城区内附有待拆建筑物的土地。⑥已做拆迁安置的城市空地。

建筑物价格是指建筑物部分的价格,不包含建筑物所占有的土地的价格。单纯的建筑物价格在房地产市场中较少见,只有在特定情况下出现,如出售给中低收入者的减免了土地出让金的经济适用房,其属于住房保障性的建筑物价格。

房地价格也就是人们通常意义上讲的房价,是指建筑物连同其占用的土地的价格。所以,通常来讲,房地价格=土地价格+建筑物价格。

4. 所有权价格、使用权价格和其他权利价格

这是按照所交易的房地产权益来划分的房地产价格。在房地产交易过程中,可能是所有权,可能是使用权,也可能是其他权利,如抵押权、地役权和租赁权等。

所有权价格是完整产权意义上的价格,是交易的房地产的所有权的总和。所有权为占有

---

[1] 张永岳,陈伯庚,孙斌艺. 房地产经济学 [M]. 北京:高等教育出版社,2005.

权、收益权、排他权及处置权（包括出售、出租、抵押、赠与、继承）等各项权利的总和。通过买卖交易，所有权由卖方转移到买方，体现了房地产产权关系的变化，所以俗称"产权价格"。

房地产使用权价格是指交易房地产使用权的价格。在我国，土地的所有权属于国家，取得土地都是通过有偿出让和转让的方式，且都只有土地使用权。从国家那里获得的土地使用权的价格称为土地出让金，同一块土地的使用权价格会因土地的用途、容积率和使用权年限的变化而不同。

其他权利价格中抵押权价格和租赁权价格比较常见。抵押权价格是对用于抵押的房地产所评估的价格，由于抵押权价格主要是考虑抵押贷款的安全型，所以其价格一般要比市场交易价格低；租赁权价格是承租方为取得房地产租赁权而向出租房支付的价格，包括商品住房、工业厂房、商铺和办公楼等各类房地产的出租价格。

5. 总价格、单位价格和楼面地价

房地产总价格简称总价，是房地产的整体价格。

房地产单位价格简称单价，有三种情况：对土地而言，是指单位土地面积的土地价格；对建筑物而言，是指单位建筑物面积，如建筑面积、使用面积等建筑物价格；房地单价是指单位建筑面积的房地价格。我们通常所说的房价就是指房地单价，对于这种类型的房地产价格通常采用按套内面积分摊到每平方米建筑面积的单位价格。可以说，房地产的单位价格能反映地价水平的高低，而房地产总价格却不能。

楼面地价是单位建筑面积的土地价格，通常是指按照城市规划所规定的该块土地可修建的最大建筑面积来分摊的单价，即平均到每单位建筑面积上的土地价格。按楼面地价计算房地产开发中的土地成本较为准确，所以，在现实生活中，楼面地价往往比土地单价更能反映土地价格水平的高低。楼面地价＝土地总价格÷建筑总面积，而建筑总面积÷土地总面积＝容积率，由此可以换算出：土地单价＝楼面地价×容积率。[1]

6. 其他价格类型

基准地价，是针对不同级别或不同地域的土地，按照商业、居住、工业等用途划分，分别评估确定的某一估价时点上法定最高年限土地使用权的平均价格。一般先在城镇规划区范围内划分土地级别，然后在每一级别中划分不同的用途，评估出每个地价区段在某一时点的平均价格。基准地价是由国家和政府相关部门直接规定的土地价格，具有强制执行的法律效力。例如，某市政府有关部门规定，一级住宅用地2010年1月1日的基准地价为10000元/m^2。

标定地价，同样是由政府部门评估并向社会公布，标定地价是在一定时期和一定条件下，能代表不同区位、不同用途地价水平的标志性土地价格。政府可以按照土地使用年限、地块大小、行政、容积率、区位、市场行情等评估其在某一时期的价格。

公告地价，是政府定期公布的土地价格。

---

[1] 高群，樊群. 房地产经济学［M］. 北京：机械工业出版社，2013.

课税价格，是为课税的需要，由估价人员评估的作为房地产计税依据的价格。具体的课税价格如何，要看具体的国家和地区课税政策而定。

5.3.2 房地产价格的构成

从理论上讲，房地产价格主要由房地产开发成本和利润两大部分构成。而开发成本通常包括企业在开发和销售的整个过程中发生的土地取得、建筑安装、市政配套和营销管理等各种支出费用，它是关系到企业的回报以及下一生产周期房地产供应的重要因素，只有房地产价格等于或大于开发成本时开发活动才能持续进行下去。这里主要从生产价格理论的角度来分析房地产价格的构成。

1．土地费用

（1）土地出让金。国家作为土地的所有者将土地使用权在一定年限内出让给土地使用者，并由使用者按规定向受让人收取的土地出让的全部价款。

（2）征地补偿费。根据相关规定，在征收农村土地时所发生的征地补偿费主要包括：安置补偿费，这是在征用土地时，因为所有权和使用权都发生了转移，为了安置以土地为主要生产资料并取得生活来源的农业人口，所给予的补助费用；地上附着物补偿费，包括地上的各种建筑物、构筑物，如房屋、水井、道路、水渠等的拆迁和恢复费用，以及被征用土地上林木的补偿或砍伐费等；青苗补偿费，这是在征用土地时，农作物还正处在生长阶段而未能收获，这是当年农民的劳动投入，征地时应给予的经济补偿。

专栏5-3　征地补偿费的计算方法

国家建设依法征用集体土地时付给被征地者补偿所丧失的土地权利的费用。其计算方法是：①征用耕地的补偿费为该耕地被征用前三年平均年产值的6～10倍；征用其他土地的补偿费标准由省、自治区、直辖市参照征用耕地的补偿费标准，结合当地实际情况具体规定。属于有收益的非耕地的土地补偿费，可按该土地征用前三年平均年产值的3～6倍计算，征用无收益的耕地不予补偿。征用柴山、滩涂、水塘、苇塘、经济林地、草场、牧场等有收益的非耕地的土地补偿标准为该土地被征用前三年平均年产值的6～10倍。②征用人工鱼塘、养殖场、宅基地、果园及其他多年生经济作物的土地，按邻近耕地补偿标准计算。③被征用土地的青苗补偿费标准，由省、自治区、直辖市规定。④被征用土地上的附着物，由省、自治区、直辖市自行制定。参照建筑造价折多少，补偿多少。⑤征用城市郊区的菜地，用地单位应按国家有关规定缴纳新菜地开发建设基金。标准为：百万人口的城市，每征用一亩菜地，缴纳7000～10000元；50万以上不足百万人口的城市每征用一亩地，缴纳5000～7000元；不足10万人口的城市，每征用一亩菜地，缴纳3000～5000元。各省、自治区、直辖市根据以上标准，确定自己的标准。但不得超出以上标准限额。

（资料来源：百度文科，征地补偿费，http://baike.baidu.com/view/412039.htm?fr=aladdin）

（3）拆迁安置费。包括搬迁补助费，给予搬迁户的临时过渡补偿费，非住宅房屋因停产或停业造成的损失赔偿费，以及在拆迁过程中发生的拆迁管理费、拆迁服务费等。

2. 基础设施建设费

这是将土地从生地开发为熟地的主要工作，是为房屋建筑建设即将来使用而建造的服务设施。一般而言，基础设施建设一般要求"七通一平"，即道路通、上水通、下水通、热力通、电力通、通信通、煤气通和土地平整。所以，基础设施建设费也可称为"七通一平"费用。

3. 前期工程费

这是为土地开发、施工建筑以及进一步的房屋开发而做的各项筹建和咨询等准备工作，又称为"专业费用"。[①]具体有：

（1）勘察费用。用于勘测和测绘地形地貌、水文地质、文物和地基等工作中所发生的费用。

（2）规划设计费用。项目立项后的总体规划设计、单体设计、管线设计、制图晒图、改造设计等的费用。

（3）项目的可行性研究费。这里的研究费也包含了需要支付给社会中介服务机构的市场调研费。

（4）临时设施费。用于临时办公室、临时场地占用或借用空地租费等。

（5）工程设计前期工作费。

（6）技术专利费。有些特殊工程设计需要购买具有专利权的专有设计技术，此时发生的费用称为技术专利费。

这类费用属于技术性很强的专业费用，在房地产工程项目开发过程中，工作重点是前期阶段，这也是为了能使工程项目达到良好的经济效益、社会效益和环境效益，所以，目前这类费用在整个成本构成中所占的比例也有增加的趋势。

4. 建筑安装工程费

这部分费用主要是在施工建造阶段中，建造房屋及附属设施所发生的费用，也是房地产开发企业向建筑施工企业支付的建造房屋建筑的费用，一般称作建筑工程造价。施工建造是房地产开发项目中的重要实施阶段，所以这个阶段中所发生的建筑安装工程费在总造价中所

---

① 王全民. 房地产经济学［M］. 沈阳：东北财经大学出版社，2002.

占的比例比较大。建筑安装工程费用由直接费、间接费、利润和税金构成。

（1）直接费。这部分费用是在施工过程中直接耗费的各种费用，包括人工费、材料费、施工机械使用费。①人工费是支付给从事建筑安装工程施工的生产工人和附属生产单位工人的各项费用，包括生产工人的基本工资、工资性津贴、奖金、职工福利费、加班加点工资以及由国家法律规划规定的在特殊情况支付的劳动保护工资。②材料费是在施工过程中耗费的材料、构配件、零件、工程设备等费用，内容具体包括了材料或工程设备的出厂价格或材料原价、由来源地运至工地仓库或指定堆放地点的运杂费、在运输装卸过程中不可避免的运输损耗费以及包括了采购费、仓储费、保管费等在内的采购及保管费。③施工机械使用费，是在施工作业中所发生的施工机械、仪器仪表使用费或租赁费。

（2）间接费。是在建筑安装施工过程中，施工企业为组织与管理施工以及为生产提供服务所产生的费用。具体包括：①管理工作人员工资，包括工资、奖金、津贴补贴、加班加点工资以及特殊情况下支付的工资等。②办公费。是企业管理办公所用的各种文具、纸张、账表、印刷、邮电、办公软件、会议、监控、水电和集体取暖降温等费用。③差旅交通费。职工因公出差的差旅费、市内交通费、午餐补助费、因公使用的交通工具的油料燃料等费用。④固定资产使用费和工具用具使用费。是企业施工生产和管理使用的属于固定资产的房屋、仪器、设备等的折旧、维修费用以及不属于固定资产的工具、器具、家具等的检验、试验等费用。⑤劳动保险和职工福利费。是由企业支付的职工退职金、上下班交通补贴以及夏冬季给集体的防暑取暖补贴等。⑥职工教育经费。这是企业为职工进行的专业技术和职业技能培训，专业技术人员继续教育、职工职业技能鉴定、职业资格认定等对职业进行各种文化教育所发生的费用。

（3）利润和税金。利润是建筑安装施工企业进行施工生产经营需要取得的盈利。税金是施工企业向国家缴纳的应计入建筑安装工程造价内的营业税、城市维护建设税、教育费附加等。

5．公共配套设施建设费

是指在建设用地内建设的为居民提供配套服务的各种非营业性公用设施所发生的费用。这些都是与生活密切相关的设施，如学校、幼儿园、派出所、邮局、街道居委会等，虽说是非经营性质，但在住宅小区中是不可缺少的设施。同时还包括建设一些诸如机动车停车场或停车库、非机动车停车设施以及市政管理用房建设，如燃气调压站、变电室等工程所发生的费用。

6．税费

与房地产开发建设有关的税收除了上述的"两税一费"之外，还包括房产税、城镇土地使用税、耕地占用税、土地增值税、契税、企业所得税、印花税、进口设备关税等。

7．其他费用

销售费用和不可预见费。销售费用是房地产开发过程中为预售和项目竣工完成后售房所发生的费用，包括广告宣传费、销售代理费、销售人员工资和办公费、商品房交易会上所需要的展台费、沙盘模型制作费等。不可预见费是考虑建设期可能发生的风险因素而导致的建设费用的增加，也称为预备费。

8．利润

利润是房地产价格的重要组成部分，它是开发商投入预付资本所应获得的回报。一般而言，表现为房地产开发企业年销售收入扣除开发经营成本（包括土地出让金）以后的余额。

5.4 影响房地产价格的因素

房地产所涉及的领域广、产品周期长且政策性明显，因此，房地产价格的形成受到了各种因素的影响或制约。要掌握房地产价格的运动规律，必须弄清楚影响房地产价格的因素。可以说，每一个房地产的价格都受到其所处地域范围的政治、社会、经济等多种因素的影响，甚至国际形势有时也会影响到其他地区的房地产需求，从而进一步影响到房地产价格。

5.4.1 经济因素

房地产价格本身就能反映国家经济形势，它的发展会直接影响和带动一系列产业的发展，反过来，这些行业的发展也必将影响房地产业的发展。影响房地产价格的经济因素主要有如下几项：

1．经济发展状况

房地产市场处在国内总体经济发展背景之下，必然会受到经济发展的影响。一个地区或一个城市的经济繁荣会反映在房地产经济中，经济发展预示着投资、生产、经营活动活跃，对各类房地产的需求就会增加，从而引起房地产价格上涨，尤其是会引起地价上涨，反之亦然。由于土地的稀缺性，决定了在房地产价格上涨时，人们往往为了保值增值而竞相抢购，在价格下跌时又抛售以求减少损失，因而，房地产价格不仅会受到国民经济周期的影响，而且其价格波动幅度明显大于经济周期波动幅度。

2．居民收入与储蓄

收入和储蓄是影响房地产有效需求的关键因素。储蓄是长期的对居民收入的储存，所以，收入增长才是推动房地产市场需求的最重要的原动力。随着居民收入的增加和生活水平的提高，人们对居住和活动所需要的空间的需求也因此剧增，从而导致房地产价格上涨。德国统计学家恩斯特恩格尔曾经提出恩格尔定律和恩格尔系数的概念，这个概念中提到，如果一个家庭的收入越少，那么家庭收入或支出中用来购买食物的比例就越大，如果收入越高，则反之。所以，随着家庭收入的增加，用于购买食物的支出比例下降，而用于其他途径比如衣着、住房、教育、旅游、投资等的支出就会增多。通过恩格尔定律我们可以看出，如果居民的家庭经济水平处于中、低收入，那么其增加的收入大部分甚至全部都会用于生活改善上，在此之后，则会考虑提高居住水平，自然促使居住房地产价格上涨，但如果是高收入者，其生活上的需要几乎已经全部满足，增加的收入更多地会用于投资或储蓄中，这时对房地产市场的价格变动影响不大，但如果他们的投资是用于房地产之中的，那么就必然会影响房地产价格。

房地产不仅仅是一种具有使用价值的商品，同时也是一种投资品，其本身就是一种资产，就算是自住者也是投资，而有的人买了之后并不自住，而是租赁以收取租金。目前我国的投资渠道有很多，但相较而言，随着我国房地产价格这么多年来一路上扬，使得房地产成为我国最具有投资价值的实体产品。随着经济的发展，投资需求在增长，而利率较低，使得房地产价格较高。利率水平对房地产价格的影响比较复杂，但一般情况下，利率提高一方面增加了房地产的开发成本，另一方面也会减少对房地产的投资需求；反之亦然。

3．房地产市场供求

与一般商品的价格变动一样，房地产价格的变动也要遵循供求规律对它的作用。在一定情况下，房地产的价格决定于房地产的供求。在房地产需求一定的情况下，如果市场供给增加，房地产价格就会下降；如果供给减少，房地产就会上涨。同样，在房地产供给一定的情况下，如果需求增加，房地产价格就上涨；反之亦然。

4．房地产投机

过度房地产投机会扰乱市场，有许多危害，关于房地产投机对房地产价格的影响，普遍认为其会引起土地价格乃至房地产价格的上涨。一般来说，投机对房地产价格的影响可分为三种情况：一是引起房地产价格上涨。当投机者预测到房地产价格还会进一步上涨时便纷纷抢购，哄抬价格，造成一种虚假需求，这会使房地产价格进一步上升；二是引起房地产价格下跌。同理，当预测到房价会进一步下跌时抛售房地产，使房地产价格进一步下跌；三是起到稳定房地产价格的作用。这是当投机者判断失误所造成的情况，结果平抑了房地产价格。至于究竟会导致什么样的结果，要看情形条件以及投机者的心理素质等。

> **专栏5-4　温州炒房团的前世今生**
>
> 　　一路飘红的房价一直受到各界的密切关注，国家出台几十条调控政策，也未能压住其上涨的势头。然而，曾经领涨全国房价的温州，最近却成为70个大中城市中唯一一个房价下跌的城市。回想当初"温州炒房团"全国炒房、屡战屡胜的辉煌战绩，再看近来连续不断被爆出"温州房价暴跌"、"陷入弃房潮"的新闻，人们不禁感慨，"温州炒房团"难道就这么败了？
>
> 　　十几年前，如果听到"温州炒房团来了"，当地势必引起购房恐慌。在百姓心中，"温州炒房团"的到来，就意味着当地房价将会暴涨。但对于政府及房地产商来说，"温州炒房团"动辄几千万元的购房实力，就如再生父母般为他们带来希望。十几年来，"温州炒房团"如庄稼地里的"蝗灾"一样，所到之处，必然"扫走"该地大量房产。90%的温州炒房人都是为了投资，结果是导致当地房价被迅速抬高。

温州人向来被称为"中国的犹太人",他们独到的投资眼光、对市场的敏感度以及敢闯敢干的性格,使他们经过二三十年的财富积累,所掌握的民间资本已有6000亿元之巨。1998年全国取消福利房,推行商品房制度,敏锐的商业嗅觉让温州人感到又一次投机机会到来。于是,温州人开始到全国各地买房子,"温州炒房团"也逐渐形成规模,闻名全国。温州人炒房,最初是从自家门口开始的。1998年到2001年,温州的民间资本大量投入当地房地产,促使当地房地产价格以每年20%的速度递增,市区房价快速从2000元/m^2左右,飙升到7000元/m^2以上。

在温州炒得不亦乐乎之后,投资客开始走向全国。2001年8月,第一个"温州购房团"共157人,浩浩荡荡开赴上海,3天买走了100多套房子,5000多万元现金砸向上海楼市。同时,另一支购房团前往杭州。随后几年,约2000亿元温州的资金投向各地房地产,其中,北京、上海两地集中了1000亿元。此外,温州资本还先后大举进入了杭州、青岛、重庆、沈阳等城市。"温州炒房团"所到之处,当地房价一路狂飙。

与其他地区媒体不同,除了宣传报道,温州本地媒体还扮演着另外一个重要的角色——房地产中介。在温州,媒体中有的人专门与房产商接洽,承接举办推介会的项目,并找好场地,有的人则专门负责邀请有实力的温州老板来看项目。早期,往往一个推介会,媒体负责人就能拿到3万到5万元的"操作费",广告费更是不在话下。

如果要更多温州人买房,就需要温州当地媒体报道,开发商就必须投放广告。这使得当地一些平面媒体成为获益者,房地产广告就成了报纸的主要创收来源。一位多年炒房的温州人向记者透露,为了发动更多的人参加"炒房团",某报社主编甚至给内部员工发放补贴,并通知员工把家人带去,形成人数众多的"房托族"。人数越多,开发商越高兴,媒体的广告费就能多拿点。

这种模式逐渐发展下去,在"温州炒房团"的影响下,好多上了温州媒体的楼盘被楼盘就一定会升值。由此衍生出了温州极具杀伤力的"媒体炒房团"。

温州人炒房,首选投资的是商铺、公寓、别墅。据调查,在沪有购买商铺意向的温州人群中,半数以上喜欢购买30万至50万元的小商铺;有一小部分合股购买百万甚至千万元以上的整层商铺、写字楼;还有一部分是身价不菲的大老板,财大气粗,往往是一次性现金付款的款爷做派。

在温州人的炒房资金来源中,民间借贷是主要筹资方式。房产投资者的资金主要有3个来源:自有闲置资金、企业资金、民间借贷和股权集资。使用最后一种筹资方式的往往伴随一些大动作,非一套或几套房子的小投资,很有可能是买下整整一幢楼。借贷方以月利息3分(折算年息36%),通过温州民间的地下钱庄借入,在投资热的时候,月息有时甚至高达七八分。而且,这些人有时候相互担保,亲戚邻里也因为借贷关系，而彻底绑在一起。

温州人又是怎么炒房的呢？有一部分温州投资客与房产商签订类似期货投资合同的购房协议，并不需要支付所有的房价。如约定在一年时间内，投资客只要给了小部分定金，就可以对某套房屋有转售权，房产商也可以作为新房出售；如果到期房子还没卖出去，再由温州投资客真正买下。从交易手法看，这种炒房可归为"炒楼花"一类，即先以交纳买房定金甚至首付的方式，锁定部分优质房源，然后通过对市场的相对垄断，加价转让"购买权"来获利。这种炒房的手法，由于比较隐蔽，并且避掉了所有交易环节的税费，因此其收益率也不低。

早期买房首付20%就行，其余可以贷款。温州人一般首付20%，其余80%贷款，等于用4倍杠杆炒房。只要房价上涨20%，温州人的本金就能翻倍获利。

温州人转手房产有两种途径，首先是高价卖给当地人；如果当地人不买，就把房子低价卖给自己人。炒家联合扮演上下家，利用转按揭或者现房，反复自买自卖，不断抬高交易价格，从银行套取现金，再投入炒房。在房价快速上涨的时候，他们最终可以赚到百万甚至千万的利润。

从炒自家房开始，到全国各地炒房，最后到外国炒房，温州人炒房到底赚了多少钱？举例来说。1999年，某温州老板以2700元/m^2的价格，买下杭州城西28套商品房，一年半之内净赚500万元。10年间，杭州房地产市场一手房成交均价从每$m^2$3000多元跃升至16000多元。2003年北京中关村一大型商铺以每$m^2$10万元吸引温州人争购，成交量至少达7000万元。2007年是北京房价转折点，涨幅超过40%。

温州人全国炒房十余年，战绩显赫。然而，近两年却频频传出温州人全国抛售房产、温州房价变"跳楼价"、温州陷入弃房潮等新闻。坊间传言四起，对温州的看法众说纷纭，说得最多的是"温州炒房团"全军覆没。

在2008年至2010年期间，温州房地产市场资金规模约为1000亿元，历史最高峰时达到2000亿元，其中六成资金来源于民间借贷。一开始，利息还只是月息2分3分，发展到2011年年中温州金融危机全面爆发前，根据央行温州中心支行的调研数据，利率水平超过了历史最高值，月息6分甚至更高。这意味着，100万元的民间借款每年要还的利息就高达72万元。

楼市就像一块磁铁，吸走了民间、企业、银行等几乎所有可流动的资本。多数企业家大玩资本运作等虚拟经济，实体经济因"失血"而错失转型良机。如今楼市遇阻、外部经济环境恶劣，温州企业普遍遭遇经营困难，以民营经济为主的整个温州经济也遭遇发展困境。

（资料来源：邹雨萌，温州炒房团的前世今生，腾讯财经网，2013.11. http://finance.qq.com/a/20131125/012536.htm）

5．城市化

城市化意味着人口向城市地区集中，造成城市房地产需求不断增加，从而带动城市房地产价格的上涨。

5.4.2 行政因素

行政因素是指国家政策、法律、法规和行政法令对房地产市场和房地产价格的影响和干预。

1．土地制度

在我国的传统体制下，土地是严禁买卖或出租的，因此所谓的地租地价根本不存在。在市场经济条件下，土地是商品，有价格，科学合理的土地制度和政策能有效刺激投资者的积极性，从而大大促进土地的有效利用和土地经济的发展。城镇土地归政府所有，政府的土地供给计划会影响土地市场上的土地供给量，因此影响到地价的变化，而地价的变化必然会带动房地产的价格变动。随着经济的发展，对土地需求不断地增长使其价格越来越高，在我国某些大城市的黄金地段甚至形成了寸土寸金的状况。

2．住房制度

住房制度和土地制度一样，对房地产价格的影响很大。在我国，商品住宅市场本身就是住房制度改革的产物，国家逐步实行住房商品化政策，让住房商品的价值与价格逐步接近，因而房地产的价格不断提高。同时，住房保障制度对房地产价格也有一定影响，比如我国的经济适用房政策以及实行低租金、福利等，必然会减少一部分投机需求，从而对平抑房价产生了积极作用。

3．房地产价格政策

抽象来看，房地产价格政策有两类：一类是高价格政策，一类是低价格政策。所谓高价格政策，就是政府故意抬高房地产价格或对房地产价格放任不管，因此这会促进房地产价格的上涨；所谓低价格政策，就是政府采取一些措施抑制房地产价格上涨，这会造成房地产价格下落。当然，作为政府，也不会让房地产价格处于绝对水平低下或绝对水平高涨状态。通常，政府会采取一些抑制房地产价格的措施，如在房地产价格高涨时抛出一定量的房地产以增加房地产的供给，从而平抑房地产价格。

> **专栏5-5　经适房和限价房区别何在？**
>
> 　　经济适用房是国家为解决中低收入家庭住房问题而修建的普通住房，这类住宅因减免了工程报建中的部分费用，其成本略低于普通商品房，故又称为经济适用房。现在购买经济适用房，需年收入小于等于6万的家庭，当地户口才可购买。经济适用房自购买合同备案之日起，不满5年不得直接上市交易。购房人因各种原因确需转让

经济适用房的，由住房储备机构按照届时同类经济适用房价格进行回购。

限价房则是帮助中等收入家庭解决高房价情况下购房困难问题的一项住房政策，是限房价、限地价的"两限"商品房。其价格比经济适用房高，如前者6750元/m^2，后者2650元/m^2。销售价格在预售时向社会公布，公布价格应为该限价房楼盘的最高价。购买条件是本市户籍人口，只要满足年龄限制，在本市没有自有产权住房的都可以购买。购买限价房应自购房合同备案5年后方可上市交易。

事实上，廉租房、公共租赁房、经济适用住房和限价房都属于保障性住房。其中廉租房是面向低收入家庭，经适房面向中低收入家庭，限价房和公租房面向中等收入家庭。经适房和限价房可以拥有有限产权，而廉租房和公租房只是租赁性质，没有产权。

（资料来源：许琛，经适房和限价房区别何在？新浪乐居，2013.10. http://gz.house.sina.com.cn/news/2013-10-09/15203623158.shtml）

4. 税收政策

税收是国家调控房地产价格的重要手段，不同的税种税率不同，对房地产价格的影响也就不同。向购房者征收的税费直接影响购房的费用、投资者的利润空间，实际上是减少了利用房地产所获得的收益，因而造成房地产价格的下降。低税收会刺激商品住宅的需求，尤其是投资需求，从而也会引起房地产价格的上涨，反之相反。

5.4.3 社会因素

社会因素是一个国家或地区的社会状况对房地产价格的影响。一个稳定的社会不仅有利于人民安居乐业，有利于整个社会经济发展，也有利于房地产投资和房地产市场的发展。

1. 人口状况

人口状况是非常重要的社会因素之一。一个十万人口的城市和一个百万人口的城市相比，其房地产供给量和需求量都有着重大区别，房地产价格也有很大差异。人口状况对房地产价格的影响具体由人口数量、人口素质和家庭构成来反映。随着我国城市化进程发展，在城市地区的流动人口数量增加，对房地产的需求必然加大，从而价格上涨。这种需求不仅体现在住宅房屋上，同时其也带动了商业、工厂、写字楼、体育和娱乐等产业所需的房地产类型，使房地产价格的上涨趋势更为明显。从人口受教育程度来看，人口素质高的住宅区往往社会秩序安定、环境优美，给人们留下了良好的印象，导致了对该类住宅区需求的增加，引起房地产价格的上升。家庭规模对房地产价格也有一定的影响，人口数量不断上升和增长速度下降的情况下，意味着我国城镇家庭规模的缩小，家庭数量增加，即家庭小型化。这无疑会带来住宅需求特别是小户型住宅需求的增加，也自然会导致房地产价格的上涨。

2．政治安定状况

一般来说，政治局势不稳定，意味着社会动荡，从而影响人们的收入情况和社会经济状况，从而造成房地产价格低落。

3．社会治安程度

如果房地产所处的地区社会治安差，常有小偷、抢劫、强奸、杀人等社会犯罪的情况发生，则意味着人们的生命财产都没有保障，那必然会造成房地产价格低落。

5.4.4 自然因素

这是关于房地产本身的自然条件，包括位置、地质、地势、地形、土地面积、形状、建筑物的朝向、结构、日照、温度和外观等多种因素。这些都是属于房地产自身的内在品质问题。如土地坐落的位置，是否临近街道、靠近商业服务设施、向阳面还是背阳面，价格都会有很大影响。对居住来讲是否舒适、安全、方便很重要，对商业来讲是不是在市中心繁华地带，是否临近街道很重要。再如建筑的外观、通风条件、温度、日照程度等同样会对房地产价格产生影响，凡是建筑物外观新颖、颜色协调、结构合理、通风采光良好，消费者感觉好，房地产价格就高，反之价格就低。一般来讲，坐北朝南的房屋价格总是要高于东西朝向的房屋价格。

5.4.5 环境因素

房地产的使用离不开其周边的环境，这里的环境是指具体房地产周围环境的状况，包括空气质量、噪声、视觉和环境卫生状况等。比如，位于临近高速公路、机场等噪声源或垃圾处理厂、靠近化工厂、厕所和造纸厂等会散发有害物质和粉尘的空气污染源等，房地产价格都比较低；相反，如果是环境卫生好、位于公园、绿地旁边，视觉好、安静、空气清新、风景怡人，其房地产价格就会比较高。

> **专栏5-6　广场舞致房价下跌12万无人买**
>
> "广场舞扰民也就算了，我搬家总行了吧！可万万没想到这广场舞竟然把我家的房价都'跳'低了，降价12万还是没人买，真是愁死我了。"家住哈尔滨市中北春城居民称，有人为了躲避广场舞噪声，打算出售住房，可售价一降再降，仍然少人问津。采访中记者获知，小区内有5栋楼受广场舞影响而降价，每平方米少卖千元左右。
>
> 王女士家住中北春城47栋3单元2楼，楼下就是小区的广场，提起广场舞，她是满脸无奈。她告诉记者，每到傍晚，小区居民准时在广场跳舞，音响里传出高分贝的舞曲声一直持续到晚上8点多，即便关上窗户，舞曲声还是可以传进屋内。无奈之

下，王女士打算将这套110m²的住房出售，可是，她将房子登记到二手房中介以后，价格从132万一直跌到120万，还是没人敢买。

记者从中北春城附近的多家二手房中介了解到，该小区因地处哈尔滨市中心地带，房源多、租房客也多，所以一直很火爆，有的房客一租就是两三年。但是，唯独广场附近的几栋楼，尤其是四层以下，租房客频频更换，很多都是签了一年合同，只租半年就不再续租了。特别是一到夏天，"逃跑"的租房客更是不在少数。

这里的广场舞有多扰民？记者以买房者身份来到小区，在一家房屋中介的公示板上记者看到，44栋3楼的一套住房，与40号楼一套相同户型、相同面积、相同楼层的相比，价格低了5万元。随后，记者在中介公司置业顾问的陪同下去看房。楼下的一位居民偷偷告诉记者："如果你家有老人或小孩，我劝你最好考虑一下，楼下的广场舞太吵了。"

中北春城物业工作人员告诉记者，物业在协调"让跳"还是"不让跳"时很为难，跳广场舞是休闲健身的一种方式，同时，小区又具备这样的场地，"不让他们在这跳，还能让他们去哪跳？"所以，物业在协调此事时，尽量让大家各退一步。同时，物业向小区居民承诺，如果跳广场舞的时间拖延，打扰生活，居民可以拨打物业24小时服务电话，物业会及时进行沟通，尽量不让其影响居民正常休息。

（资料来源：《江南时报》，广场舞致房价下跌12万无人买．2015-7-20）

5.4.6 其他因素

1．心理因素

人作为房地产产品消费的主体，其心理活动关系着房地产市场的兴衰、房地产价格的涨落。如购买或出售房地产时的心态、对未来的预期、讲究风水、价值观、讲究门牌号和土地号码等方面。

2．国际因素

随着我国经济与国际接轨的同时，国际环境因素对房地产的影响也非常重要。比如国际经济良好一般都有利于房地产价格上升；如一个城市或地区出现军事冲突，遭到战争的破坏或社会动乱，房地产价格会陡然下降；政治对立与国际竞争也同样会影响，如果出现经济封锁、为吸引外资而竞争激烈等情况的出现都会导致房地产价格下跌或低落。

思考与练习

1．土地价格的特征有哪些？

2. 房地产价格的类型有哪些？
3. 哪些因素构成了房地产价格？请简要概述。
4. 能影响房地产价格的因素有哪些？
5. 如何理解房地产价格与房地产泡沫的关系？

拓展知识

供求视角下的房地产价格形成机制

　　房地产价格机制是对房地产价格形成起到决定性作用的市场定价体制，房地产价格的形成是存量市场的供求双方互动的结果。

　　在房地产市场的供给和需求数量相等时的状态即为供求均衡，在均衡状态下的均衡价格是市场的最有效配置结果，否则供不应求和供大于求均可能导致房地产价格上涨或下降，导致价格失衡。市场之外的影响因素发生变化，导致住房需求发生变化，从而在商品住房需求的冲击下进一步推高房价，从而使房价大涨。同样，政府政策和开发商投资规模等因素导致市场供给发生变化，从而在商品住房供给的冲击下，地价带动房地产价格发生波动。在我国，土地供给的有限性和对房地产需求的不断增加促使了房地产价格的不断上涨。

　　基于市场供求理论，我国房地产价格居高不下的主要原因包括：一方面是市场中存在大量投机者，导致对房地产的需求畸形增长，且属于投资性需求，形成全民投资房地产的热潮。另一方面，目前我国的房地产市场存在"刚性需求"缺口，目前城镇人口年均增长为1500万人，而只有500万套住房满足这些需求，这就导致市场存在大量潜在消费者，商品市场尚未饱和，这就使开发商加大房产开发力度，也助长了投机者投资房产加大市场供给。最后当前的房地产市场处于"买涨不买跌"的局面，这主要源自于开发商、消费者、投机者的适应性预期，这种行为决策进一步促使房地产价格不断攀升。

　　结合我国的具体情况，从房地产供给与需求两个方面提出政策建议，以完善房地产价格形成机制。

　　（1）在调节房地产供给方面的政策应主要集中在土地政策和住房保障制度方面。首先，在土地政策方面，政府应逐渐健全和完善土地交易市场的招拍挂制度，完善土地储备制度，为避免房产价格的剧烈波动，适当影响和调整土地的供给水平，使房地产市场更加健康可持续发展。其次，在住房保障制度的完善方面，应将注意力集中在廉租房、保障房等中低价位的商品房供给，而对中高层次的住房应主要由市场进行调节，公租房和廉租房主要是用于解决中低收入家庭的需求。

　　（2）房地产需求方面的调节政策。在房地产需求方面的调节政策主要是税收政策和金融政策。首先在税收政策方面，应重点完善房产税制改革，合理利用税收杠杆，调节市场需求，提高房地产税收在地方税收中的比重，调节税率以在短期抑制投资性需求，在长期应通过税制改革，重点利用物业税促进房地产可持续发展。其次，在金融政策方面，可以通过调节存贷款利率对房地产投机性需求起到抑制作用,具体可借助调整银行存款准备金率、信贷政策等方式实现。

(3)综合影响房地产供求的政策调整。在当前的房地产价格波动情况下,政府可结合财政政策和货币政策进行房地产市场的调控,实现对房产供给和需求的调节,从而稳定房产价格。例如在房地产市场过热、房价过高的情况下,施行紧缩的财政政策和货币政策,使市场交易量下降,房价下跌。在房地产市场萧条的情况下,可采取较为宽松的财政政策如降低税率等,以及宽松的货币政策,如扩张信贷,降低贷款利率等刺激消费。从而使房地产市场达到供求平衡的有效状态,实现平稳发展。

(资料节选于:杭东,完善房地产价格形成机制的思考,《广东经济》,2014年第8期)

学习资源

1. 中国指数研究院官网,http://industry.fang.com/.
2. 视频:The crisis of credit visualized,美国次贷危机,http://www.tudou.com/programs/view/RYFittDALm8.
3. 崔光灿. 房地产价格与宏观经济互动关系实证——基于我国31个省份面板数据分析[J]. 经济理论与经济管理,2009,(1).

本章小结

房地产价格有土地价格和建筑价格为基础形成。土地价格是指地租的购买价格,是地租的资本化,具有双源性、地区性、区位性、市场影响大等特点。建筑物价格指房屋建筑及其附属物的价格。房地产价格可以按照不同方式进行分类,如成交价格、市场价格等。经济、社会、行政、自然环境等多种因素都会影响房地产价格的形成。

房地产需求与供给 6

房地产市场需求　6.1

房地产市场供给　6.2

房地产供求均衡分析　6.3

【学习提要】 本章主要介绍了房地产需求与供给的内涵、特征、影响因素。通过本章的学习,要求正确认识房地产需求与供给理论,熟悉房地产需求弹性和供给弹性,掌握影响房地产需求与供给的均衡分析方法。

案例引入

中国写字楼市场现状分析供给与需求均创新高

2011~2017年,我国写字楼开发投资金额逐年增加。由于四万亿的刺激,2011—2013年写字楼投资增速不断高升,在2013年高达38.2%,而2013年之后逐渐下滑,回落到比较稳健的水平。2017年,中国写字楼市场投资规模为6761.36亿元,较2016年增长3.5%。前瞻产业研究院预计,在未来三到五年,整个写字楼市场的投资额会维持稳健但是单个数据的增长。

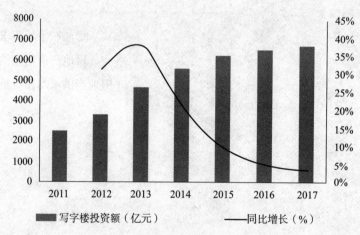

2011~2017年中国写字楼投资规模及增长情况(单位:亿元,%)

资料来源:前瞻产业研究院整理

2011年以来,我国写字楼竣工面积保持呈增长的态势。由2011年的2179.42万平方米增长至2017年的4006.54万平方米,年均复合增长率为10.7%。

从2013年7月以来随着中央下发规定,对国企购买写字楼进行限制,由此导致写字楼开发商和整个市场受到重挫,并且引发连锁反应。2014年,我国写字楼销售金额与销售面积分别为2962.93亿元、2497.87万平方米,均较2013年有明显下降。2015年开始,写字楼销售金额与面积开始持续增长。2016年,我国写字楼销售金额增速为45.8%,销售面积增速为31.4%,均为近年来最大增幅。2017年,写字楼销售金额为6441.36亿元,同比增长17.5%;销售面积为4756.21,同比增长24.3%。

6 房地产需求与供给

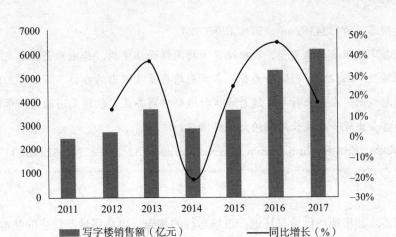

2011~2017年中国写字楼销售金额及增长情况（单位：亿元，%）

资料来源：前峰产业研究院整理

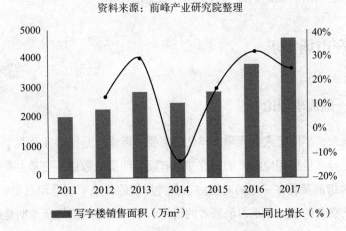

2011~2017年中国写字楼销售面积及增长情况（单位：万m²，%）

资料来源：前峰产业研究院整理

2011年以来，我国的写字楼平均销售价格总体保持稳定，徘徊在每平方米13000元左右。2016年，中国写字楼平均销售价格为14332元/m²，同比增长11.0%；2017年，写字楼平均销

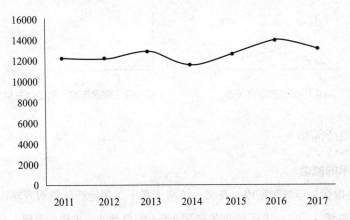

2011~2017年中国写字楼平均销售价格走势（单位：元/m²）

资料来源：前峰产业研究院整理

145

售价格有所回落，为13543元/m^2，同比下降5.5%。

新时代房地产市场面临重塑，商办地产市场同样面临重构。房地产企业以及各路地产基金纷纷开始转型，"商改写"、联合办公，各类利用存量房做出的办公、商业、园区产品纷纷出现，且逐渐成熟。在未来数年，随着城市打造新兴商务区，轨道交通的进一步畅通，中国写字楼市场将会出现一个较长周期的大规模供应。

（资料来源：房讯网，http://www.funxun.com/news/32/201822104952.html）

房地产需求和房地产供给是房地产市场运行的基础，也是房地产价格的基本决定因素。房地产需求实际上反映了消费者和投资者的选择行为和决策过程，而房地产供给也体现了开发商或房地产所有者对市场的判断和对成本、收益的权衡。

6.1 房地产市场需求

6.1.1 一般需求理论

需求这个概念，不同于人类无限多样化的需要，需求总是同时涉及两个变量，一是该商品的价格，二是与该价格相应的人们愿意并且有能力购买的数量，它是主观偏好和客观能力的统一。需求是指消费者在一定的时期内在各种可能的价格下愿意而且能够购买的商品量。商品的价格、消费者的收入水平、消费者的偏好、相关商品的价格及预期是影响商品需求的主要因素。其中，与商品价格呈反方向变化，与收入水平呈正方向变化（图6-1、图6-2）。

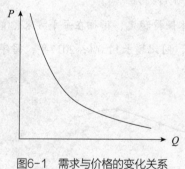

图6-1 需求与价格的变化关系

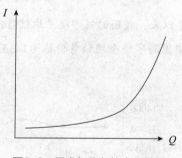

图6-2 需求与收入的变化关系

6.1.2 房地产需求

1. 房地产需求的概念

房地产需求是指在一定的时期内，在某一价格水平下，房地产的消费者在市场上愿意且能够购买的房地产数量。经济学上所指的需求不同于人们自然的、主观的需要，它必须以人们的货币购买力为前提，是有支付能力的需要。房地产需求包括土地需求、住宅需求和工商企业用房需求等，其中土地需求是引致需求，住宅需求是城市房地产市场需求的最主要的部分。

2．房地产需求的特点

房地产需求与一般商品需求基本上是相同的，因此经济学中所描述的需求曲线、需求函数和需求定理等一般原理对房地产需求也是适用的。但是，由于房地产商品是一种特殊的商品，它还具有其他商品需求所没有的显著特点。

（1）房地产需求中的土地需求是一种引致需求

土地在房地产经济中一般是作为一种生产要素投入到经济活动中的，除农业用地之外，人们需要土地并不是土地本身的生产力，而是表现为一种要素投入，其需求是由人们对住宅、厂房、办公场所等方面的需求引起的。与产品的市场需求不同，土地作为生产要素时的需求不是来自消费者，而是来自生产者。此时的土地需求被称为派生需求或者引致需求，即生产者购买生产要求不是为了满足自己的需求，而是为了生产产品以满足消费者的需求。如消费者对住宅产品的直接需求，引致或派生了开发商对土地的需求。

（2）房地产需求具有明显的区域性

大部分购买房地产的居民都是为了自己居住的需要，他们会选择在交通便利、靠近自己工作或是学习的场所购买房地产。所以，一个房地产项目开发完成以后，它的大部分需求都是来自于它附近的居民，需求具有很强的区域性。房地产开发商在开发项目时应该特别注意本地居民需求的特点。

（3）房地产需求具有层次性（消费者偏好角度、社会总需求量的不同形态角度）

房地产需求的层次性包括两种含义：一是从消费者对房地产商品的偏好方面具有层次性。比如，普通职工对住房的需求主要考虑生存和安全方面的因素，而经理阶层对住房的需求则更注重社会交往、体现身份等。不同的需求层次，要求不同的功能，需要房地产商提供不同的产品与之相适应。二是从社会需求总量的不同形态方面所体现的需求层次性，包括房地产的现实需求和潜在需求两种。所谓房地产现实需求，是指消费者在当前愿意而且能够在房地产市场上购买房地产商品所形成的需求，它直接参与当前房地产市场的交易活动，决定当前市场上房地产的销售量。所谓潜在需求是指按目前社会一般收入水平和生活水平而计算出来的房地产商品应有的需求量，它包括当前由于各种原因没有实现的需求。潜在房地产需求是一定时期内该地区房地产需求的最大可能值，也称房地产边界需求，会随着社会经济发展水平而变化。作为开发商，在开发经营中应该尽量挖掘潜在需求中的当期没有实现的需求，把握未来可能增加的需求。

（4）房地产需求与城市住房制度有很大关系

在实行福利分房制度时，对住房的需求不受市场和支付能力的约束，造成长期的供不应求，只能通过行政配给来分配住房。这种制度压制了人们对住房的需求，导致长期人均住房消费水平低下。在实行双轨制住房分配制度以后，出于利益的驱使，在有些人看来既然单位里可以无偿分房，又何必去出钱自行买房呢？这同样也扭曲了正常的住房需求，造成不少职工不愿意买房而去等待分房。在双轨制取消以后，通过市场来分配住房资源，人们对房地产的正常需求才开始逐步显现，这是近年来房地产市场繁荣的主要原因之一。

3．影响房地产需求的因素

（1）国民经济发展水平

纵观世界各国经济发展的历史，国民经济的快速发展总是伴随着旺盛的房地产需求，它对房地产需求的影响主要来自两个方面。首先是对经济发展的良好预期导致投资规模的扩大，从而对工商企业用房需求的增加；其次是人均可支配收入提高相对比较快，人们改善生活的愿望使对住房的需求迅速增长。而在国民经济发展缓慢时，由于投资和需求都比较疲软，人们的收入水平也不会显著增加，对房地产的需求一般不会有太大的变化。

（2）城市化水平

城市是社会经济发展特别是工业化的必然结果，城市化水平包括城市规模的扩大和城市人口的增长两个相互联系的方面而每一个方面的发展对房地产的需求都会增加。

随着城市化进程的加快，城市人口的增长是影响房地产需求的重要因素之一。城市人口数量增加的同时，家庭人口结构也在发生变化，如家庭变得小型化、分散化；家庭平均人口减少，相对家庭户数增加。对居住、生活空间的需求也必然增多。

与城市人口增长相伴随的是城市范围的不断扩大，城市周边地带空间结构重新组合，这种城市地域的扩展无疑带动了人们对房地产的需求。

（3）房地产价格水平

房地产商品与其他商品一样，价格的高低对于房地产的需求有很大的影响，在正常情况下，价格与需求量之间负相关。房地产的价格应该和人们的收入水平相对应，如果房价过高，则会阻碍房地产市场的正常运转，按照国际经验，房地产的价格不应该超过家庭收入的3~6倍。

（4）消费者收入水平和消费结构

消费者要把对房地产的需要转化为对房地产的有效需求，需要经济收入的支持。特别是对于房地产这种价格很高的产品，常常要动用十几年的储蓄才能购买，在其他条件不变的情况下，人们对住房的需求与其收入水平正相关。同时，对房地产的需求还与消费结构有关。根据发达国家的经验，人均年收入达到1000美元以后，人们的消费需求开始升级，对住宅、汽车、文化教育、医疗卫生、养老保健、环境保护以及生活质量等方面的需求有明显提高。现在，我国的人均年收入已突破20000元，对房地产的需求已近经开始有大幅度的增加，并将持续很长的时间。

（5）国家政策因素

国家的土地政策、货币政策和财税政策的变化，都会对房地产的价格和交易费用产生影响，从而影响房地产商品的需求。同时，房地产商品的购买通常要动用很大一笔资金，如果没有银行消费信贷的支持，消费者要通过很长时间才能积累到足够的资金来购买房产，所以国家的消费信贷政策对房地产的需求同样有很大的影响，国家可能通过调整消费信贷政策的松紧来调节对房地产的需求，从而规范房地产市场的发展。1998年以来，我国银行开始发放的个人住房贷款使得很多的潜在需求释放出来变成了现实需求,导致了近年来房地产市场的繁荣,但是当房地产市场出现过热的苗头时,国家立即采用了控制信贷的政策来减少市场中投机的需求。

(6)消费者对房地产市场趋势的预期

在房地产的需求中,除了小部分是生产需求以外,大部分是消费性需求和投资性需求。但是,即使大多数家庭买房的目的是为了自己居住,是用于消费的,它同样也是家庭拥有的一份重要的资产,所以,对房地产价格的预期是影响房地产需求的重要因素。在房地产市场上常常出现这样的情况:在住房价格下跌时,即使跌幅很大,如果消费者预期还会下跌,则他们会持币待购,迟迟不肯入市;当住房价格上涨时,若消费者预期还会上涨,即使价格偏高,消费者还是会购买住房。这种情况在房地产投机需求方面表现得特别明显。如果房地产市场上的投机氛围很严重,人们预期房地产的价格将持续上涨并能进行投机买卖从中获利时,可能导致房地产的需求曲线向右上倾斜,即价格越高需求越大。

6.1.3 房地产需求弹性

房地产需求弹性,是用来研究影响房地产需求的各因素发生变化后,房地产需求量所作出反应的程度大小的一个指标。影响房地产需求的因素主要有房地产价格、消费者的收入、其他商品价格等,因此,房地产需求弹性分析可分为房地产需求的价格弹性、收入弹性和价格交叉弹性。

1. 房地产的需求价格弹性

房地产需求价格弹性是房地产需求量相对于房地产价格变化的敏感度。假设用P表示价格,ΔP表示价格的变动量,Q表示需求量,ΔQ表示需求的变动量,则房地产需求价格弹性系数为$E_{dp}=(\Delta Q/Q)/(\Delta P/P)$。

例如,某开发商开发的小区单价为10000元/m²,该月销售100套,次月受到国家政策的影响,价格将为8000元/m²,销售了150套,那么此期间开发商的房地产需求价格弹性为:[(150-100)/100]/[(8000-10000)/10000]=-2.5,其经济含义为,该开发商的楼盘价格每上涨1个百分点,销售数量下降2.5个百分点。

当$E_{dp}=-1$(即$|E_{dp}|=1$)时,称为单位弹性。即商品需求量的相对变化与价格的相对变化基本相等,生活中常见的例子是报纸的发售量和价格基本上成正比。

当$E_{dp}<-1$(即$|E_{dp}|>1$)时,称为富有弹性。即商品需求量的相对变化大于价格的需求变化,此时价格的变化对需求量的影响较大。例如空调、汽车等高档生活用品,包括旅游和专业服务等。需求富有弹性的商品价格下降而总收益增加,所以能够作到薄利多销的商品是需求富有弹性的商品。需求富有弹性的商品价格上升而总收益减少,说明了这类商品如果调价不当,则会带来损失。

当$-1<E_{dp}<0$(即$|E_{dp}|<1$)时,称为缺乏弹性。房地产需求即属于缺乏弹性的例子。房屋需求量的相对变化小于房屋价格的相对变化,此时价格的相对变化对需求量的影响较

小。房屋在适当涨价后，不会使需求量有太大的下降，可以增加投资者的利润，其原因就在于房屋是人民生活必需品，在市场中属于刚性需求，需求缺乏弹性。投资者关心的是提价（$\Delta P>0$）或降价（$\Delta P<0$）对总收益的影响。利用需求弹性的概念，可以得出价格变动如何影响销售收益的结论。

当$|E_{dp}|=0$时，称为房地产需求完全无弹性，无论价格怎么变化，房地产需求都不发生变化。

当$|E_{dp}|=+\infty$时，称为房地产需求完全有弹性，房地产的价格稍微变化一点点，需求量就会发生极其大的改变。

因此，投资者在制定或变动产品价格时，一定要考虑到自己产品需求价格弹性的大小，这样才能更好地利用价格策略增强竞争力。

> **? 讨论与思考**
>
> 经计算，锦江花园城小区在2017年一二三季度的价格需求弹性分别为：-1.36、1和0.76，请分析这三季度开发商应该涨价还是降价对自己的收入提高有帮助？

房地产需求价格弹性的大小主要取决于以下因素：

（1）房地产在消费者预算中所占比例的大小。房地产价格或者租金在消费者支出中所占比例越高，需求的价格弹性越高。一般而言，住宅是消费者支出中价值量最大的消费品，其需求价格弹性相对较高，与此相反，用于工商业的房地产在总资本中所占比例较小，则其需求价格弹性也较小。

（2）房地产所处的地理位置。房地产突出的特点是位置的固定性、产品的异质性和非标准化。其中，位置对于房地产的价值起着决定作用。特别是在繁华的商业区，一幢大厦或一家商店所处的位置是至关重要的，相差数米的商店，其价格也相差悬殊，离人行道较远的商店无法替代离人行道较近的商店。越是对位置敏感的房地产，其需求价格弹性越小，如商业服务业用途的房地产；相对来说，那些对位置不太敏感的房地产，其需求价格弹性较大，如住宅、工业厂房和写字楼等。

（3）房地产的用途。一宗房地产的用途越多，其需求价格弹性就越大。不同类型的房地产之间的用途是较难改变的。相对而言，住宅和商业楼宇的用途比较容易改变。

（4）选择房地产时期的长短。一般来说，选择房地产的时间越长，房地产需求越有弹性。因为时间越长，消费者和厂商越容易找到替代品。

总体而言，房地产的需求价格弹性较小，即房地产需求量对价格和租金变化反应比较迟钝，意味着即使售价提高很多，人们对它的需求降低也较少，特别是对那些位置敏感的房地产；或者即使售价降低很多，人们对它的需求增加也不明显，这是因为一宗房地产的价值量较大，即使降价也不足以刺激更多的消费。但是，近年来一些学者对中国房地产需求价格弹性测算的结果表明，某些年份房地产需求价格弹性较高，这是需要进一步解释的现象。

2．房地产的需求收入弹性

在影响房地产需求量的其他因素和其他商品价格给定不变的条件下，消费者收入的变动会引起房地产需求量的变动，房地产需求量的变动对消费者收入变动的敏感程度，就是房地产的需求收入弹性。假设用M表示消费者的收入，ΔM表示消费者收入的变动量，Q表示房地产的需求量，ΔQ表示房地产需求的变动量，则房地产需求收入弹性系数为$E_{dp}=(\Delta Q/Q)/(\Delta M/M)$。

一般而言，房地产的需求收入弹性较高。这是因为个人可支配收入是决定房地产需求的重要因素，收入的增加会直接导致房地产需求的增加。从国外的研究结果来看，房地产的需求收入弹性在0.26~0.87之间，表明房地产需求增加的幅度不超过收入增加的幅度。

当$E_{dp}<1$时，表明收入变动对房地产需求的影响相当小，房地产需求收入缺乏弹性，这种房地产一般为生活必需品。当$E_{dp}=1$时，表明房地产需求是等收入弹性的。当$E_{dp}>1$时，表明收入变动对房地产需求的影响较大，房地产需求收入富有弹性，这种房地产一般为高档消费品。

3．房地产的需求价格交叉弹性

房地产需求价格交叉弹性表明相关房地产间一种房地产价格变化引起另一种房地产需求量变化的程度。假设用P_x表示一种房地产的价格，ΔP_x表示这种房地产价格的变动量，Q_Y表示另一种房地产的需求量，ΔQ_Y表示另一种房地产需求的变动量，则房地产需求交叉弹性系数为$E_{XY}=(\Delta Q_Y/Q_Y)/(\Delta P_x/P_x)$。

这种关系主要指的是"替代"关系与"互补"关系。从需求角度来说，在互补的情况下，两种房地产具有负交叉弹性；而在替代的情形下，具有正的交叉弹性。一般而言，大多数的房地产商品在需求方面具有互补关系。例如住宅的价格下降，使住宅的需求量有一定的增长，进而产生其他房地产的引申性需求的增加，如零售商业说动、休闲设置、公共建筑等，因此对商业建筑、购物中心、游乐园、公共设施等房地产的需求量便会增加。这就意味着在其他情形不变的条件下，伴随住宅的价格下降，上述其他房地产的需求量上升，需求的价格交叉弹性为负。

6.2 房地产市场供给

6.2.1 一般供给理论

供给是指生产者（企业）在某一特定时期内，在每一价格水平时愿意而且能够供应的某种商品量。供给也是供给欲望与供给能力的统一。在其他条件不变的情况下，一种商品的供给量与价格之间呈同方向变动，即供给量随着商品本身价格的上升而增加，随商品本身价格的下降而减少。影响供给的因素包括影响企业供给愿望与供给能力的各种经济与社会因素，这些因素主要是：价格、生产要素的数量与价格、技术以及预期。其中，供给与商品价格呈正方向变化，与生产要素价格呈反方向变化（图6-3、图6-4）。

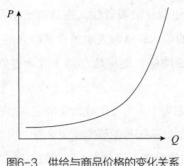 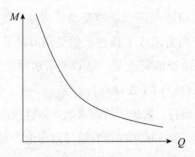

图6-3　供给与商品价格的变化关系　　　　图6-4　供给与生产要素价格的变化关系

6.2.2　房地产供给

1．房地产供给的概念

房地产供给与房地产需求是相对应的概念，是指在一定时期内，在一定价格条件下，房地产开发企业愿意生产并租售房地产商品的数量。在房地产的供给中，既包括新生产的房地产商品，也包括已经在市场上流通的愿意租售的存货。要形成有效的房地产供给必须具备两个条件：一是有租售的愿望，二是有供应能力。在我国现阶段的住房供给中，除了一般的商品房以外，政府还会向城镇中低收入家庭供应一部分经济适用住房，以满足他们对住房的需求。经济适用住房是指由政府提供政策优惠，限定建设标准、供应对象和销售价格，具有保障性质的政策性商品住房。

2．房地产市场供给的特点

房地产供给和房地产的需求一样，与一般的商品供给基本上是相同的，但是也具有其他商品供给所没有的一些显著特点。

（1）城市土地供给的刚性和一级市场的垄断性

土地的供给可以分为自然供给和经济供给，自然供给是指天然可利用的土地，它是相对稳定的，具有刚性。经济供给是指在自然供给的基础上经过初步的开发可以用于各种用途的地块。土地的经济供给是城市房地产建设的基础，具有一定的弹性，但由于受自然供给刚性的制约，可以转换为经济供给的土地会越来越少，其弹性也是不足的。

我国实行的是土地所有权公有制，土地的所有权不能买卖，在市场上转让的只能是土地的使用权。城市土地的所有权属国家所有，由各级政府具体行使，所以代表国家利益的各级政府就成了城市土地使用权市场的唯一供给主体，垄断土地的一级市场。

（2）房地产市场供给的层次性

房地产供给可以分为现实供给、储备供给和潜在供给三个层次。现实供给是指房地产商品已进入流通领域,可随时出售或出租的房地产,包括现房和期房;储备供给是指暂时储存而未立即出售的房地产,其起到调节市场的作用;潜在供给是指正在施工建造的房地产,构成未来供给。分析这三个层次,对已科学地把握房地产供给状况、预测未来供给态势具有重要意义。

（3）房地产供给的滞后性

房地产的开发周期长,这决定了房地产的供给滞后于房地产的需求。房地产的需求是时刻变化的,所以可能一个在目前看来完全可行的市场开发计划,到房地产真正推出时才发现需求已经不存在了,房地产商品的这种特性给房地产的经营带来了很大的风险。房地产开发商应该认识到房地产供给的滞后性,加强对房地产需求的走势进行研究和预测,以避免可能带来的损失。

（4）房地产供给的时期性

所谓时期性是指在不同长短的时期内房地产供给所呈现出的不同特征和规律。经济学中,时期长短的划分不是以时间的长短为标准的,而是依据投入要素的可变程度大小作为划分标准的。在通常情况下,房地产供给的时期被划分为特短期、短期和长期三个时期。在特短期,所有的投入要素都不能变化,这时房地产的供给量保持不变。在短期,部分投入要素可以变化,比如劳动力,其余的都保持不变,比如设备和土地的供给,这时可以通过加快在建工程的施工或是对现有房产的改造来改变房地产的供给量,但是改变的幅度很小。在长期,所有的投入要素都可以变化,这时房屋的供给量可以有较大的变化。由于房地产的生长周期很长,所以它的特短期、短期和长期所经历的时间要比一般的商品来得长。

3. 影响房地产供给的主要因素

（1）房地产市场价格

虽然房地产的供给在短期内是没有弹性的。但是从长期而言,房地产商品的供给曲线和一般商品是一样的,是一条向右上倾斜的曲线。房地产价格是影响房地产的供给的最重要的因素之一,因为在成本一定的情况下,房地产的价格越高,则开发房地产的盈利,就会刺激房地产供给的增加;反之,房地产的供给就会减少。

（2）土地价格和城市土地的数量

土地是房地产开发中必不可少的要素,且是房地产开发成本的重要组成部分。当土地价格上升时,开发商可能会提高房屋的容积率,促使单位建筑面积所含的地价比重下降,以消化地价成本的上涨。但同时也应该注意到,容积率的大小需要符合建筑规范和城市规划,且会对房产的销售价格产生影响。开发商更有可能推迟投资计划或是被迫减少投资的规模,从而导致房地产供给的减少。而在我国目前实行的土地挂牌招标拍卖的制度下,政府在一级市场上供给土地的数量和区位是决定土地价格的关键。

（3）建筑材料供应能力和建筑能力

当社会对房地产的需求十分旺盛时,建筑材料的供应能力和建筑的能力就成为影响房地产供给的主要因素。以我国为例,由于近年来对房地产的需求迅速膨胀,房地产开发升温,对建筑材料的需求超过了供应能力的增加，钢材、水泥等重要的建材价格大幅上升，导致房地产开发成本的上升，从而使房地产的供给扩大的趋势得到了一定程度的遏制。

（4）政府有关政策（土地政策、货币政策、财税政策）

国家可以通过改变土地政策、金融政策、税收政策等对市场进行干预，从而影响房地产的供给。我国土地的一级市场由国家垄断，国家可以通过土地政策改变一级市场的土地供给来影响土地的价格，从而影响房地产的供给。在房地产的开发中，开发商的自有资金只占了一部分，其余的要通过各种融资渠道解决，国家可以通过改变金融政策来改变融资的成本或是直接控制融资的渠道，从而影响房地产的供给；改变税收政策同样可以起到影响开发商的成本和利润的作用，从而改变房地产的供给。

（5）房地产开发商对未来的预期

开发商对房地产未来的预期同样重要。因为房地产的开发周期比较长，开发商真正关心的是房地产商品面向市场时的经济形势，它主要包括对通货膨胀率的预期，对房地产需求和房地产价格的预期。不同的开发商对未来会有不同的预期，如果预期的投资回报率高，开发商一般会增加房地产投资，从而增加房地产供给；如果预期的回报率低，开发商一般会缩小规模或放慢开发进度，从而会减少房地产供给。对未来的预期是一件复杂的工作，需要经营者掌握众多的经济信息，进行科学的综合分析，才能得出正确的结论。

6.2.3 房地产供给弹性

根据经济学的一般原理，所谓房地产供给弹性，就是指供给的价格弹性，即房地产价格变动的比率所引起的其供应量变动的比率，它表示了房地产供给量变动对房地产价格变动的反应程度。用公式表示为：

$$E_s = \frac{\Delta Q/Q}{\Delta P/P}$$

式中　　E_s——房地产商品供给弹性系数；

　　　　P——房地产商品价格；

　　　　ΔP——房地产商品的价格变动量；

　　　　Q——房地产商品的供给量；

　　　　ΔQ——房地产商品供给的变动量。

由于房地产价格与供给量同方向变动，所以房地产供给弹性系数应为正值。如前所述，房地产供给具有明显的时期性，下面对不同时期的供给弹性，分别作简要的阐述。

1. 特短期内房地产供给无弹性

由于房地产生产周期长，特短期内其生产要素和产品不可能发生变化，因而房地产供给无弹性，即$E_s = 0$。

如图6-5所示，OP表示价格，OQ表示供给量，S线表示房地产供给曲线。当价格低于某一特定水平时供给消失，因此S线与OQ线没有相交，存在一段虚线的距离。无论价格从P_0变

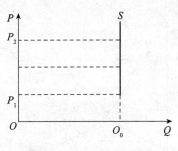

图6-5 房地产供给无弹性

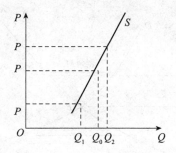

图6-6 房地产供给弹性缺乏弹性

化到P_1或到P_2，供给量总是Q_0，因而S线表现为垂直于OQ线。

2．短期内房地产供给弹性较小

短期内土地供给不可能发生变化，因而土地供给无弹性，图示同上。房地产可以通过可变要素的增减而改变其供给，但变动幅度不会很大，因此，房地产供给弹性较小，即$0<E<1$，如图6-6所示，供给曲线S呈现出较为陡峭的状态。

3．长期内房地产供给弹性较大

长期内土地供给量可以变动，具有一定的弹性，房产的供给量变化更明显，因此房产的供给弹性更大，两种因素综合在一起，使房地产供给富有弹性，即$E>1$。如图6-7所示，供给曲线S呈现出较为平坦的状态。

以上三种情况是房地产供给弹性的一般规律，在特殊的条件下，也会发生一些特殊的现象。例如，当房地产需求低迷而价格下降时，弹性系数也变成负值，其绝对值或大或小，但这只是一种特例。

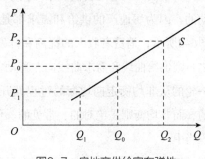

图6-7 房地产供给富有弹性

6.3 房地产供求均衡分析

6.3.1 房地产供求均衡的基本原理

房地产市场供给与需求的均衡是指这样一种状态，在某一价格水平上，开发商所愿意供给的数量与消费者所愿意购买的数量正好相等，既不存在短缺，也不存在过剩。在这种状态下，不存在使价格进一步变化的压力。如图6-8所示，需求曲线和供给曲线的交点E就是均衡点。

当供给和需求不均衡时，市场的力量会使它走向均衡。如图6-8所示，假定市场上的价格为P_1，则从供给曲线和需求曲线可以得到对应于这一价格房地产开发商愿意供给的数量和消费者愿意购买的数量，这时存在一个大小为M的过剩供给，为了能够卖掉这些房子，开发

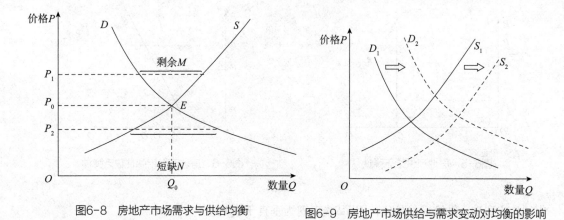

图6-8　房地产市场需求与供给均衡　　　图6-9　房地产市场供给与需求变动对均衡的影响

商之间的竞争将使得价格下降，价格的下降又导致供给量的下降和需求量的上升，直到价格达到P_0时，市场重新达到均衡。假定市场上的价格为P_2，这时的供给与需求也是不均衡的，存在一个大小为N的过剩需求，消费者之间的竞争将使得价格上升，同时导致供给量的上升和需求量的下降，直到价格达到P_0时，市场达到均衡。

市场的力量总是会使供给与需求从非均衡走向均衡，但是市场中的均衡点却是随时会变动的，因为房地产的供给和需求都是动态的，表现为供给曲线和需求曲线的左右移动。如图6-9所示，消费者收入的提高和开发商成本的下降会使需求曲线和供给曲线向右移动；反之，则供给曲线和需求曲线向左移动。这时，市场上的价格对新的均衡点就会产生偏离，新一轮的从非均衡走向均衡的过程就开始了。在市场中，供需双方的均衡是相对的、有条件的，而非均衡则是绝对的、常见的，但其趋势是均衡，市场总是处在从非均衡走向均衡的过程当中。

但是，供求均衡状态在现实中是很少见。正如19世纪末英国经济学家马歇尔指出的：均衡只是一种永恒的趋势。在现实世界中，很少真正达到供求均衡，而多半是处在走向均衡的过程中，这种过程可能是收敛的，可能是发散的，也可能是循环的。在需求曲线和供给曲线的斜率为既定的情况下，均衡价格的变动方向要取决于需求和供给增加的相对幅度。具体来说，要看房地产需求弹性和供给弹性哪个更大。

（1）房地产需求弹性大于供给弹性。需求者对房地产价格反应较为敏感，房地产商希望保持供给增加的势头，这种供给与需求的相互影响，使价格降低，如此反复而至均衡。

（2）房地产供给弹性大于需求弹性。在这种情况下供给与价格的变动不断偏离，其振幅越来越大，市场趋向不稳定。

（3）房地产供给弹性与需求弹性相等。房地产价格和供给量始终以相同振幅上下波动，波动既不趋向均衡点也不发散。

6.3.2　房地产供求均衡的实现条件

根据以上对房地产市场均衡的研究表明，由于市场需求和供给的变动，常常导致价格偏离均衡点，市场均衡是相对的、有条件的，而非均衡则是绝对的、常见的；在蛛网模型中，还有可能出现不能回到均衡点的状况，而房地产市场的实际运作要比抽象模型复杂得多。同时，各种市场失灵也会对房地产的正常发展带来不利影响，由于房地产在整个国民经济中的重要地位，就需要国家的宏观调控来起作用，保证房地产业的正常健康发展。国家可以通过财政政策、货币政策、土地政策等途径来实现以下宏观调控的目标。

1．实现供求总量的均衡

房地产发展的实践表明，只有在社会总供给与总需求的差距不大时，通过市场机制自行调节才能达到供需均衡。而当社会总供给与总需求的差距过大时，人们对房地产价格的预期可能产生变化，导致投机盛行，干扰市场机制的自行调节作用。在这种情况下，防止房地产价格产生泡沫，保证房地产业的健康发展，只有依靠国家的宏观经济调控才能实现。

2．实现供求结构的均衡

实现房地产的结构均衡同样十分的重要，以住房为例，低档住宅、中档住宅和高档住宅的开发应该按一定比例进行。以北京为例，由于一个阶段别墅的热销，导致大量的开发商开发别墅而忽视了对普通住房的开发，一段时间以后，供求的结构出现失衡，别墅供过于求而普通的住房供不应求。这时，政府可以通过控制出让土地的用途，通过向开发普通用房的开发商倾斜来调整结构的均衡。

3．合理解决中低收入居民住房问题的需要

由于市场失灵，在市场经济国家出现贫富差距是很普遍的现象。如何解决城市中低收入居民的住房问题困扰着世界各国，目前我国这一问题也愈来愈突出。为了解决好这些居民的居住问题，仅靠市场机制是无法实现的，必须在坚持住房商品化的同时，对中低收入者进行适当的政府支持，兼顾住房分配的公平性。

6.3.3 房地产供求均衡原理的现实意义

房地产供给和需求均衡的实质是房地产商品的实现问题（包括使用价值和价值的实现），因而是房地产市场运行最基本的问题。由于供求双方是动态变化着的，故供给和需求的非均衡态势绝对的、常见的，而均衡态是相对的、有条件的，绝对均衡则是偶然的。认识这一基本原理的意义在于，在微观层次上，要重视房地产市场的供求变动、及时调整生产经营策略和计划；在宏观层次上，则要注意监测房地产市场动态，及时采取措施调节供求，努力实现供求总量和结构的基本平衡。

> **专栏6-1　楼市宽松可期限购限贷或继续后退**
>
> 政策面对改善性需求的支持，被认为是对楼市的重大利好。后续将会放松的政策主要是"有一再买一"的改善。当前二套房贷首付比例各地执行过严，6-7成的首

付标准，是在2013年楼市最火爆的时期出台的抑制性政策，当时出台的目的是严格控制改善入市推高房价。全国两会再次透露出房地产将继续趋于宽松的信息，3月楼市也呈现成交回升的迹象。多位开发商及业界人士预计，包括限购限贷等收缩性的政策将进一步实质性放松乃至取消。

中原地产首席分析师张大伟认为，后续将会放松的政策主要是"有一再买一"的改善。当前二套房贷首付比例各地执行过严，6-7成的首付标准，是在2013年楼市最火爆的时期出台的抑制性政策，当时出台的目的是严格控制改善入市推高房价。2013年2月，新"国五条"进一步加强了差别化住房信贷政策，一线城市以及厦门、武汉、南京、杭州等城市都将二套房首付提高至七成。从最新的政策信息看，未来将鼓励自住与改善，而二套房首付显然过高，二套房首付回归到5成，将是非常可能的选择。

住建部政策研究中心原副主任王珏林表示，预计接下来相关部委将会对已有的政策作出相应调整，包括研究降低二套房贷首付比例，下调二套房贷款利率，以及对改善性需求重新定义等。张大伟预计，4月份是最可能出台二套房首付下调政策的时间点。地方已经先行一步松绑改善型需求。3月17日，济南市住房公积金管理中心发布了《关于调整住房公积金贷款首套房认定标准的通知》，文件显示，对于首套自住住房已经结清购房贷款，为改善居住条件购买二套自住普通商品房，申请使用住房公积金贷款的家庭，执行首套房公积金贷款政策，即购买建筑面积90平方米（含）以下的商品房首付比例为20%。这一文件正是上述"支持改善型需求"思路的落实，通过调整首套房标准，下调了二套房改善型需求者的首付比例。预计后续会有很多二、三线城市跟进。

值得注意的是，二套房贷的首付变化对市场的影响，主要在一二线城市，这些城市的改善需求总量较大，信贷需求较高。而目前的三四线城市，因为市场供应已经绝对过剩，二套房贷的松绑影响不大。美联物业全国研究中心人士指出，房地产调控的指导棒已由地方政府接手，分类指导、地方化特色将自由发挥。

（资料来源：21世纪经济报道，http://www.crei.cn，2015-03-19）

本章实训

【实训任务】

房屋空置率调查

1. 实训准备

（1）分组调查城市某一楼盘的空置率并分析其影响因素。建议每组4~5人，分别对此楼盘的需求和供给状况进行调查，并进行因素分析。

（2）调查分析前做好分工，选定好不同类型房地产项目，拟定计划表。

（3）准备好记录本和记录笔等工具。

2. 实训过程

（1）小组各成员参与调查。

（2）搜集资料后，小组共同处理数据资料及分析。

（3）得出结论。

3. 实训结束

（1）实训总结。

（2）制作汇报PPT。

（3）演讲PPT。

（4）教师进行评分。

【实训步骤】

步骤1：确定调查对象

（1）小组成员集思广益，选定调查的房地产类型。

（2）对目标进行初步分析，确定调查范围及目标。

步骤2：搜集资料

搜集房地产项目相关情况，走访房地产开发商或委托代理机构，了解该房地产项目供需情况，分析空置率高低的主要因素。

步骤3：分析报告

对分析结果整理成书面报告形式，并对提高空置率提出建议和措施。

思考与练习

1. 房地产需求和供给分别有哪些影响因素？
2. 房地产均衡价格和均衡数量如何形成？
3. 设某城市有A、B两种物业各1万m^2，A的需求收入弹性为2.8，B的需求收入弹性为0.3。求收入水平提高5%和下降5%时居民对A、B两种物业的需求变化情况。
4. 某物业的需求函数为$D(p)=-0.8P+10.5$，供给函数为$S(p)=0.35P+8.5$，求均衡价格和均衡数量（单位：万元）。

拓展知识

刘世锦：供给侧改革是房地产发展的治本之策

在中国社科院与经济日报共同举办的《中国城市竞争力报告NO.15：房价体系：中国转

型升级的杠杆与陷阱》发布会上，国务院发展研究中心原副主任、中国发展基金会副理事长刘世锦指出，供给侧改革是房地产发展的治本之策，应在房地产市场预期管理中起到主导性积极作用。

刘世锦表示，经济增速回落是一个"转型再平衡"的过程，也就是由10%左右的高速增长平台转向未来的中速增长平台。房地产投资和需求具有显著的阶段性特征。2014年，房地产已经达到需求峰值，之后房地产投资基本持平，然后下降。

为什么2016年房价又开始上涨？刘世锦分析认为，这一轮上涨与过去有很大的区别。珠三角、长三角、京津冀等都市圈加快成长，年轻人们在这里聚集。这是一线城市房价上升的正面因素，也是城市化发展到一定阶段的必然产物，发达国家都曾经历过的过程，具有规律性。但是，房价上升还有来自体制、结构和政策层面的推动因素。比如，住宅用地占建设用地的比重偏低；城市建设用地由地方政府独家垄断，农村集体土地不能直接进入市场；房地产税至今未能起步。更重要的是，既有的城市化发展的理念、战略、政策与现阶段城市化发展的规律有距离或相背离，比如大城市人口限制政策，但事实上是限制不住的，问题是应该限制吗？或者说应该采取什么措施，更加呼应大都市圈发展的趋势。

刘世锦认为，高房价的代价是产业停滞乃至衰落，打破困局的出路在于供给侧结构性改革，供给侧结构性改革应在房地产市场预期管理中起到主导性积极作用。他提出五点建议：

一是增加住宅用地占城市建设用地比重至40%以上，将部分工业用地转为住宅用地。

二是城市结构要发生战略性的转变。由各种资源集中于核心市区的结构，转变为城市核心区加大批小城镇的格局，形成优势产业支撑、快速轨道交通连接、优质公共服务均衡、包容性强、绿色低碳的新城城市网络。

三是加快实施农村集体建设用地与国有土地同等入市，同价同权，农民宅基地在更大范围内流转、抵押、担保等，配套推进农村社保制度改革，同时着手解决由来已久的小产权房问题。

四是积极发展长期公共租赁住房，由政府优先组织资源，建设较多数量的公共租赁房，租赁价格可以随行就市，租期不低于10年，最长可延至30年，并受法律保护。合约签订后，除非租户自己同意，不得强制其退出。政府也可以通过购买公共服务的方式，利用市场资源开展此类业务。

五是加快推出房地产税。房地产税与已缴纳土地出让金的关系，不同收入和居住条件下的税收减免等问题，都不难找到合情合理合法的解决方案。房地产税属于地方税种，在明确大的框架的前提下，应当给地方以较大的自主空间。

（资料来源：中国经济网，刘世锦：供给侧改革是房地产发展的治本之策，http://district.ce.cn/zg/201706/22/t20170622_23811174.shtml）

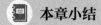

本章小结

房地产需求是指在一定的时期内,在某一价格水平下,房地产的消费者在市场上愿意且能够购买的房地产数量,受到价格、城市化水平、经济发展水平、消费者预期、收入高低等因素的影响。房地产供给与房地产需求是相对应的概念,是指在一定时期内,在一定价格条件下,房地产开发企业愿意生产并租售房地产商品的数量,受到价格、消费者预期、成本、施工技术水平等因素的影响。房地产供给与需求都具有弹性。房地产的供给和需求都是动态的,市场的力量总是会使供给与需求从非均衡走向均衡,市场中的均衡点是随时会变动的。

房地产市场 7

房地产市场的类型和特点　7.1
房地产市场结构　7.2
房地产市场体系　7.3
房地产市场运行机制与功能　7.4

【学习提要】 本章主要介绍房地产市场中的基本概念、类型和房地产市场供求的影响因素。通过本章的学习,应熟悉房地产市场的类型和特点及房地产市场的结构,理解房地产市场的供求关系及其影响因素,掌握房地产市场运行机制,能够运用房地产市场运行机制理论分析当前中国房地产市场现状。

案例引入

从2014年5月起,中国房价已经连跌9个月,不出意外的话,这轮下跌仍将持续。鉴于房地产市场正处于大转折之际,第一财经《财商》不妨来盘点一下改革开放以来的房价变迁。从官方统计的数据来看,1987年才有全国性的房价统计。1987年商品房销售面积2697万平方米,总量上似乎也不少,可相对于庞大的国民总数,实在太少,只能满足几十万人的居住需求。当年的全国平均房价是多少?408元/平方米。看起来不高,但相对于当时的居民收入,也属于不可承受之重。一直到1992年,房价维持在单价千元以下,但每年的涨幅可观。1998年,在新中国短暂的房地产历史上是一个分水岭。在连续两年的北戴河会议酝酿之后,当年7月3日,国务院颁发《国务院关于进一步深化城镇住房制度改革加快住房建设的通知》,核心内容就是从当年下半年开始停止住房实物分配,实行货币化。继而从1999年开始,中央在全国范围内推行住房分配货币化制度。也就是在1998年,房价的单价跃上2000元。现在回过头来看,房地产市场化之后,房价应该大涨啊。但实际上没有,1998~2000年,房价维持不动甚至略有下跌。想来有很多人会懊悔为啥没有在那几年紧跟政策的脚步呢?当然,房价的3年原地踏步应该和当时遭遇东南亚金融危机也有关系。从今天回头看,房价在2001-2003年还是给足了很多人机会,小幅上涨。不过也就是在当时,市场上出现了房价泡沫的声音,现在想想,大有在股市2000点时就喊泡沫的意味。而从2004年开始,房价开始如脱缰之野马,再也不给希望下跌者以机会了。全国平均房价的单价一路跃过3000、4000、5000元、6000元关口,直到2014年才稍有停息。

(资料来源:中国房地产信息网,第一财经日报)

7.1 房地产市场的类型和特点

房地产市场是房地产交换的场所和领域也是房地产一切交换和流通关系的总和,它是由市场主体、客体、中介组织、价格、运行机制等要素构成的一个系统。具体来说,房地产市场具有三个层次的含义:其一,房地产市场是进行房地产买卖、租赁、抵押等交易活动的场所，或者说是房地产供需双方进行商品交换的场所。其二，房地产市场是决定房地产价格的一种制度安排。相对于政府定价而言，市场也是一种重要的定价规则。其三，房地产市场是房地产商品交易经济关系的总和，也即是指一定时空内的房地产供给和有支付能力的房地产需求形成的交换关系，以及由这种交换关系而形成的交易者之间的关系。具体地说，房地产市场是房地产产品和服务交换过程的统一，是连接房地产开发与房地产消费的桥梁，是实现房地产产品和服务的使用价值和价值的过程。

7.1.1 房地产市场的概念

房地产市场是开展房地产经营的舞台，它是社会统一市场体系中的一个重要组成部分，且是这一市场体中最为活跃、最具有显著特征的专门市场之一。从狭义上来说，房地产市场是指以房地产作为交易对象进行交易的场所；从广义上来说，房地产市场是指以房地产作为交易对象进行交易所发生的经济关系的总和。

房地产市场是由不同的市场变量组成的集合体，是多元复合物。从交换关系来看，房地产市场的组成要素有交易主体、交易客体和交易行为；从市场的交易主体的意图来看，可划分为自用、投资和投机三种。房地产市场还可以依据各类信息反映房地产市场价值状况的不同，分为弱性、强性、中性效率市场；从房地产开发、交换、分配、消费的经营流程来看，我们可将房地产市场划分为房地产金融市场、开发市场、经营市场和物业市场。从产权交易内容看，我们可将房地产市场划分为房地产所有权交易市场、使用权交易市场。从房地产交易客体构成上看，有房地产金融市场、土地出让市场、土地征用开发市场、房地产交易市场、房地产租赁市场、房地产劳务市场、房地产信息市场等。我们可以根据其构成将房地产市场整合为硬件（土地、房产）、软件（技术、信息）、活件（活劳动）三种基本类型。

7.1.2 房地产市场的特点

市场是指商品、服务或某种权责关系进行交易的场所，市场交易过程实际上是建立在供求关系的基础上交易双方通过竞争手段来决定交易品种的价格的过程，而价格的变动则受制于市场供求力量的对比，当市场供求力量不相匹配时，即供不应求或供过于求时，价格就趋于上升或下降。房地产市场作为一种具体的市场类型，同样也具备上述市场的一般规律性，同时又有它自身的特殊，房地产市场的特征大致可以归纳为如下几个方面。

1．房地产市场的地域性（局部性）

房地产市场的地域性主要是由房地产的位置固定性和性能差异性所决定的。一方面，由于房地产位置固定、房地产交易实质上是产权交易，其产权的承载物即房地产实体则是不可移动的。这就决定了各地区的房地产市场出现供过于求或者供不应求时，不可能通过其他地区的调剂，来达到供求均衡。另一方面，房地产又具有性能的差异性，即是单件性，也就是我们通常所说的世界上没有两个完全相同的房地产，这样不同的房地产之间的替代性较差。因此，导致房地产市场具有强烈的地域性特点，不同地域的房地产价格水平、供求状况、交易数量等,相对于一般商品而言有极大的差异,不同区域的房地产市场之间相互影响也较小。

2. 房地产市场竞争的不充分性

房地产市场竞争的不充分性主要是指房地产市场行为应严格服从国家的宏观调控和强化交易活动的规范管理,加上房地产市场参与者较少、并且房地产交易价格及交易信息多为非公开的,使得买卖双方较难了解到真实的市场行情。在一个城市范围内,由于房地产是位置不能移动的产品,它只能和相邻的房地产存在竞争,而对其他产业来说,其产品是可移动的,这样厂商就能在更大范围内展开竞争。从房地产产品角度来看,因为只有少数房地产开发商进行竞争,所以房地产市场结构具有寡头垄断市场的明显特征,亦指房地产市场的不充分竞争性。

3. 房地产市场供给调节的滞后性

一方面,资源一般不可再生,土地的自然供给无弹性,土地的经济供给弹性较小;同时,土地的用途一旦确定就难以改变。另一方面,房地产开发周期较长,从申请立项到建成销售、需要少则一年长则数年的时间,因而当市场出现供不应求时,供给的增加往往需要相当长的时间;而由于房地产使用的耐久性,又决定了在市场供过于求时,多余的供给也需要较长的时间才能被市场消化。因而,相对于需求的变动,房地产供给的变动存在滞后性,房地产市场的均衡有着不同于一般商品市场的特殊形式。

4. 房地产市场中政府的强干预性

相对于一般产品市场而言,政府对房地产市场的干预较强。由于土地是一个国家重要的资源,其分配是否公平有效,对经济的发展和社会的稳定都起着非常重要的作用,因而各国政府对土地的权利、利用、交易等都有严格的限制。此外,房地产市场的不完全性,竞争性较弱而垄断性较强,并且涉及社会福利和社会保障等,也成为政府倾向于对房地产市场多加干预的理由。政府一般通过金融政策、财政政策、土地利用计划、城市规划以及环境保护等手段、来鼓励或限制房地产开发,对房地产市场进行干预和调节。

5. 房地产市场与金融高度关联

房地产市场和金融市场可以说是一对孪生兄弟,二者紧密联系,相互作用。由于房地产的价值量大,不仅房地产的开发需要大量资金,即相对于一般的购房者而言,其购房款也是一笔大量的资金,因此不论是房地产的投资者、开发者,还是房地产市场的消费者,对于信贷的依赖性都较强。没有金融市场的支持,房地产交易的规模将受到很大的限制。而金融政策、市场利率的变动,也会对房地产交易的数量、价格等产生很大的影响。例如,自2008年全球金融危机爆发之后,中国的房地产市场也受到了巨大的影响,频发出现"鬼城",房地产开发商跑路等现象。

6. 房地产市场交易的复杂性

首先,房地产交易形式多样。例如,我国房地产交易有土地使用权出让及转让、房地产买卖、租赁、抵押、典当、房地产开发项目转让等多种形式。其次,房地产交易从初步意向到交易完成，需要进行寻找或设定登记等活动，持续时间较长；并且，由于交易客体—房地产的性能差异性、房地产交易信息难以获得，完成一宗房地产交易通常需要中介如律师、评估师、经纪人、金融机构、行政管理部门等的参与，因而，房地产市场的交易复杂，交易费用高。

7.2 房地产市场结构

从房地产市场的内部构成来看主要包括了房地产市场的主体、房地产市场客体和房地产市场的交易组织形式等主要因素。这些因素反映了房地产市场运行的种种现象，决定并影响着房地产市场状况和趋势。

7.2.1 房地产市场主体

参与房地产交换的当事者，是房地产市场的主体。作为经济实体，房地产交换的当事者可以使经济组织，也可以是经济个体。与其他市场主体一样，房地产市场主体性要素包括供给主体、需求主体、中介机构和管理者。

1. 供给主体

房地产市场的供给主体是指向房地产市场提供房地产产品的经济行为主体。房地产市场的供给主体主要有：政府、房地产开发商、一般企业、事业单位、非盈利组织、居民、农村集体经济组织、住宅合作社等。在这些供给主体中，最重要的以下几个方面。

（1）政府

政府是土地使用权的主要提供者。我国土地只能公有，所有者主体只能是国家或集体而没有私人土地所有者。改革开放后，我国允许生产资料私人所有，但土地这种生产资料还不允许私人所有。其次，土地所有权不能交易。我国土地所有权不能转让、租赁、抵押，不但国有土地所有权不能交易，就是集体土地所有权也不能交易。

（2）房地产开发商

房地产开发商是增量房地产的供给者，它是整合各种要素从事房地产开发以满足有效需求的厂商。各国对于房地产开发企业的设立都有相应的管理规定。根据建设部于2000年3月29日发布实施的《房地产开发企业资质管理规定》，在中国设立房地产开发企业应具备下列基本条件：有符合公司法人登记的名称和组织机构；有适应房地产开发经营需要的固定的办公用房；注册资本100万元以上；有5名以上持有资格证书的房地产专业、建筑工程专业的专职技术人员，2名以上持有资格证书的专职会计人员；以及法律、法规规定的其他条件。国家还对开发企业实行资质管理制度。建设部规定多项条件、将房地产开发企业资质分为一、二、三、四等。

专栏7-1　房地产开发企业资质条件

一级资质：

（一）注册资本不低于5000万元；

（二）从事房地产开发经营5年以上；

（三）近3年房屋建筑面积累计竣工30万平方米以上，或者累计完成房地产开发投资额3亿元以上；

（四）连续5年建筑工程质量合格率达100%；

（五）上一年房屋建筑施工面积15万m^2以上，或者完成房地产开发投资额1亿5千万元以上；

（六）有专业技术职称的建筑、结构、财务、房地产及有关经济类的专业管理人员不少于40人，其中具有中级以上职称的管理人员不少于20人，持有资格证书的专职会计人员不少于4人；

（七）工程技术、财务、统计等业务负责人具有相应专业中级以上职称；

（八）具有完善的质量保证体系，商品住宅销售中实行了《住宅质量保证书》和《住宅使用说明书》制度；

（九）未发生过重大工程质量事故。

二级资质：

（一）注册资本不低于2000万元；

（二）从事房地产开发经营3年以上；

（三）近3年房屋建筑面积累计竣工15万m^2以上，或者上一年房屋建设面积竣工8万m^2以上；

（四）近3年累计完成房地产开发投资额1亿5千万元以上或者上一年完成房地产开发投资额8000万元以上；

（五）连续3年建筑工程质量合格率达100%；

（六）有专业技术职称的建筑、结构、财务、房地产及有关经济类的专业管理人员不少于20人，其中具有中级以上职称的管理人员不少于10人，建筑、结构专业中级以上职称的管理人员不少于4人，持有资格证书的专职会计人员不少于3人；

（七）工程技术、财务、统计等业务负责人具有相应专业中级以上职称；

（八）具有完善的质量保证体系，商品住宅销售中实行了《住宅质量保证书》和《住宅使用说明书》制度；

（九）未发生过重大工程质量事故。

前款第（三）、第（四）项所列条件，房地产开发企业具备其中一项即可。

三级资质:

(一)注册资本不低于800万元;

(二)从事房地产开发经营1年以上;

(三)近3年房屋建筑面积累计竣工5万平方米以上,或者上一年房屋建筑面积竣工3万平方米;

(四)近3年累计完成房地产开发投资额5000万元以上或者上一年完成房地产开发投资额3000万元以上;

(五)已竣工的建筑工程质量合格率达100%;

(六)有专业技术职称的建筑、结构、财务、房地产及有关经济类的专业管理人员不少于10人,其中具有中级以上职称的管理人员不少于5人,建筑、结构专业中级以上职称的管理人员不于2人,持有资格证书的专职会计人员不少于2人;

(七)工程技术、财务等业务负责人具有相应专业中级以上职称,统计业务负责人具有相应专业初级以上职称;

(八)具有完善的质量保证体系,商品住宅销售中实行了《住宅质量保证书》和《住宅使用说明书》制度;

(九)未发生过重大工程质量事故。

前款第(三)、第(四)项所列条件,房地产开发企业具备其中一项即可。

四级资质:

(一)注册资本不低于400万元;

(二)从事房地产开发经营1年以上;

(三)近3年房屋建筑面积累计竣工2万m^2以上,或者上一年房屋建筑面积竣工1万m^2以上;

(四)近3年累计完成房地产开发投资额2000万元以上或者上一年完成房地产开发投资额1000万元以上;

(五)已竣工的建筑工程质量合格率达100%;

(六)有专业技术职称的建筑、结构、财务、房地产及有关经济类的专业管理人员不少于5人,持有资格证书的专职会计人员不少于2人;

(七)工程技术负责人具有相应专业中级以上职称,财务负责人具有相应专业初级以上职称,配有专业统计人员;

(八)具有完善的质量保证体系,商品住宅销售中实行了《住宅质量保证书》和《住宅使用说明书》制度;

(九)未发生过重大工程质量事故。

前款第(三)、第(四)项所列条件,房地产开发企业具备其中一项即可。

（3）非营利性组织

除了私营的开发商之外，政府及部分民间机构等一些非营利性组织也能够提供房地产品。同时，法律也允许存在一些集体组织合作建房等多种非营利性房地产开发的形式，尽管这种形式在房地产供给总量中占有很少的份额。

> **专栏7-2　合作建房：赵智强从温州"摸"到北京**
>
> 　　2006年拿地2012年底分房，赵智强的合作建房时间周期似乎有些漫长。虽然在7年的过程中一路坎坷不断，但随着温州的"理想家苑"房子分配完毕，他也成为了中国个人合作建房破冰的第一人。继温州项目之后，他在北京、杭州等地又发起个人合作建房计划，目前正在拿地阶段。
>
> 　1. 破冰温州
>
> 　　如今在北京的赵智强很忙，每个周末都要去北京大学上基金管理课。赵智强告诉记者，他正在计划采用将所有的参与合作建房的资金完全由基金管理的模式运作。"我们准备与基金管理公司对接，在合作者资金不足的情况下，就可以有基金的投入，共同完成拿地、开发、建设。"相对于北京项目的周密计划，2006年，赵智强在温州初试茅庐的经历就显得不那么顺利了。如今，赵智强回忆起温州"理想家苑"的一波三折，感觉已经是沧海桑田了。2005年，他依托自己担任温州市市场营销协会会长职务便利，招募人员参与合作建房，并于2006年委托了一家房地产公司拍得了温州的一块地。然而，由于当时是全国首例个人合作建房项目，温州当地无法判断它是属于什么性质的房子，因此温州市政府不敢轻易处理，只好请示浙江省政府；浙江省政府汇报到住建部，然而住建部也定不了，报告到更高层，高层指示住建部赴温州调研。赵智强告诉记者，这期间住建部到当地进行了三次调研，最终确认这一项目是一个普通的房地产开发项目，而且一拖就是3年，直到2009年他才拿到该项目的建设许可证。
>
> 　　目前，"理想家苑"刚刚完成分房，256个股东都分到了房子，最终的建设成本在7000元/平方米，而周边商品房价格大多在20000元/平方米～30000元/平方米。赵智强说，合作建房的价格至少比同路段同品质的房子便宜四成。"除土地、建筑安装、税费成本之外，我们只收取3%的管理费，不会再额外收取任何费用，所以价格要比市场价便宜很多。"
>
> 　2. 遇阻北京
>
> 　　赵智强合作建房的脚步并不想止于此，他和他的团队组建了北京中康城投资顾问有限公司，目前合作建房的项目已经扩大至北京、杭州、长沙、邳州等地。2011年底，赵智强的团队召开发布会，宣布北京为其合作建房的第二站，给北漂"圆一个北京梦"。当时赵智强看中了南四环和南五环的两块100亩以下的地块。不过，一年过去

了，北京合作建房的进程缓慢，虽然目前已有500多人参与此项目，但还是没有拿到地。赵智强说，当初看中的地并没有得到政府的批准，主要难度是去年北京的供地太少，而且都是大的地块，因为资金和人员的问题，合作建房的土地必须是小地块。

根据北京土地整理储备中心数据统计，2012年北京共出让土地163宗，总出让面积为985.39万平方米，土地出让金总计647.9亿元，同比下降38.6%。其中，住宅土地仅成交37宗，规划建筑面积608.74万平方米，同比下降34.5%。由此看来，赵智强在北京推广合作建房并不是很顺利，他不仅要面对北京土地少的现实，还要与其他财力雄厚的房地产开发商竞争。号称北京合作建房第一人的于林罡早在2003年就提出在北京进行合作建房的设想，但是由于种种原因并没有成功拿到地。不过，赵智强对合作建房在北京的发展仍然很有信心。他认为，北京的刚性需求大，而且温州的成功经验对于合作建房事业在北京的推动也有很大的帮助。他想要把合作建房当作事业去做，向全国推广。在北京做成后，利用在北京的经验和影响力再做到地方去做，地方政府也不会那么抵触了。然而，在北京盖房，限购政策也是绕不开的。对此，赵智强认为，有的进京务工未满5年，暂时还不具备购房条件的人也可以参与合作建房，因为房子盖好大约需要三四年，到时候即使限购政策没有取消，参与者大多也具备了购房条件。

3. 志拓全国

据了解，国内目前已经卷起了合作建房的浪潮。不久前，上海合作建房者钱生辉组建的上海合筑房地产有限公司，刚成功拍得上海临港新城一地块。江苏邳州市200多名网友也"凑份子"合作建房，而且此项目赵智强的团队也有参与。

从温州模式到北京、杭州、长沙这样的一线城市、省会城市再到偏安一隅的苏北小城——邳州市，赵智强表示，合作建房让他看到了新一届中央领导对促进城镇化发展的决心和力度，看到了城乡建设发展的巨大潜力，县级市里的房地产市场竞争相对宽松，也能减少个人合作建房潜在的各种压力。

赵智强认为，个人合作建房模式，在中国还是非常有生命力的。"完成北京的项目之后，只要有条件，我还会做个人合作建房，把这种模式进一步推广。高房价已经超出太多人的承受极限，个人合作建房既然能够部分解决这一矛盾，就有它存在的理由。"他说。他同时指出，中国的合作建房还是摸着石头过河，但是在国外合作建房已经有一百多年的历史。在德国，房价上升得很缓慢，主要是住宅合作社已成为德国住宅建房的主要组织形式，其建造的住宅占全国新建住宅总数的1/3左右，德国政府对合作建房给予了多方面的政策帮助，包括提供长期低息贷款、借款保证、合理价格的土地及减少税收等。

（资料来源：中华建筑报，2013-01-22）

（4）存量房地产的拥有者

可以是个人、一般企业或其他单位。

2．需求主体

主要是指房地产市场中以有偿方式取得房地产商品的所有权或使用权的单位或个人，是房地产市场中不可或缺的参与者。没有市场需求就没有生产和供给，也就没有市场交易。房地产开发企业只有在对市场需求的种类、数量、价格等因素准确把握的基础上，才能取得房地产开发经营的综合经济效益。因此，房地产需求者在房地产市场中起着举足轻重的作用。

3．中介机构

主要是指房地产投资、经营、管理、消费活动的各个环节和各个方面、为租赁双方、买卖双方、资金供需双方、房地产纠纷双方、房产所有者与使用者之间进行中介活动或委托代理业务的机构。房地产中介机构之所以是房地产市场中不可缺少的参与主体，主要是由房地产业本身的特点决定的，是房地产开发经营中专业化分工的必然结果。房地产中介机构主要包括：

（1）房地产咨询机构

房地产咨询机构专门从事房地产市场信息的收集、加工、处理、检索和传输工作。这类咨询人员依靠广播的理论知识、充分的市场信息和丰富的实践经验、根据房地产市场供求双方的要求，就投资环境、市场供求、项目评估、质量鉴定、测量估价、购买手续、法律等方面提供咨询服务。

（2）房地产价格评估机构

房地产价格评估机构是指对现有房地产或拟投资开发的房地产价格进行评估的机构。它是房地产中介机构的重要组成部分。在西方有些国家，甚至已经成为一种独立的行业。如今，价格评估已经成为房地产投资决策、开发建设、买卖交易、抵押入股、典当等经营活动的基础工作。通过房地产估价，可以为房地产的各种交易活动提供客观的价格尺度，也可以为房地产买卖、租赁、抵押、补偿、交换、诉讼、税收、投资决策、经济统计等活动提供客观依据。

（3）房地产经纪机构

房地产经纪机构是指从事房地产买卖、租赁、调换、抵押、典当、信托等经营活动和代理业务并收取一定佣金的独立中介机构。房地产经纪机构是房地产市场中不可或缺的中介主体。它依靠广泛拥有的客户、专业化的销售人员、充分的市场信息，通过市场调研、咨询服务、信息发布和公共关系等方式和手段，可以促成交易双方成交或代理某方买卖房地产，还可为双方办理产权转移手续提供其他有偿服务。因此，房地产经纪机构凭借广泛的市场信息、丰富的销售经验和发达的销售网络，对活跃房地产市场、促进房地产流通具有积极的作用。

4．管理者

某些房地产商品具有准公共物品性质，如果仅靠房地产市场来配置房地产资源，就极易产生"市场失灵"现象。再加上我国市场体系尚不发达这一因素,仅靠房地产市场来调节房地产资源,更显得心有余而力不足。此外,房地产开发周期长、投资大、单位交易额巨大、人员复杂、经济关系复杂、涉及法律问题繁多。鉴于此,需要对房地产市场进行管理和调控,以克服市场缺陷,理顺房地产交易各方的经济关系,维护正常的交易秩序,从而提高房地产市场运行效率。在我国,行使这一管理调控职能的主体主要是政府及其所属的具体职能部门——国有土地管理局和房地产管理局。

此外,建设部门、物价局、工商行政管理局、税务局等也监管房地产市场。房地产市场管理机构主要以法律、经济和行政手段来管理和调控房地产市场。诸如,通过制定法律、法规来规范市场的交易规则和行为;通过价格、税收、信贷、利率等经济手段(杠杆)来调节和发展房地产市场;在某些特殊时期,果断采取行政措施直接管理房地产市场等。

7.2.2 房地产市场客体

房地产市场客体是指房地产市场的交易对象。一般来说,房地产市场交易对象包括地产和房产以及与它们相关联的服务。土地、房屋及相关的设施和设备是房地产市场的客体性要素,是房地产市场的交易对象和物资基础。

房地产市场上的交易对象实质上是房地产产权,即附着于房地产商品上的一系列排他性的权利集合体。而具体的交易内容,则要根据法律的界定来决定。因此,房地产产权制度的变迁及房地产法律条文的修订,将改变房地产市场交易的客体。例如,政府将土地批租给房地产开发企业时,政府在获得房地产开发企业缴纳的土地使用费的同时,也将一定期限的土地使用权让渡给了房地产开发企业。再如,当居民从房地产开发企业购买一宗房地产,实质上就是以一定量的货币资产换回房产所有权和土地使用权,以及由这一权利派生出的其他一系列权利。为证明这些权利让渡的完成,需要采用房产所有权证书、土地使用权证书等形式加以确认。

7.2.3 房地产市场的交易组织形式

房地产市场的交易组织形式,是指为房地产交易各方进行房地产交易活动所提供的固定场所或合适空间,它包括房地产交易中心和非正规市场、网络市场等多种组织形式。

1. 房地产交易中心

房地产交易中心,是专门提供房地产交易各方进行房地产交易的固定场所。它的主要功能在于:把众多供给主体、需求主体和中介机构集中在一起,便于交易各方沟通信息,达成交易,从而提高了市场效率;另外,通过房地产交易中心,有利于加强对房地产市场的管理。在房地产交易中心,人们可以进行房地产交易的谈判活动;可以了解各种政策、房源信息及市场行情;可以向房地产交易中心咨询有关业务;可以请交易中心人员评估房地产的价值;可以委托房地产交易中心代办房地产的出售、购买、出租、承租及各种法律手续等。

2．非正规市场

非正规市场是指房地产交易中心和政府批准的中介机构以外的各种场所发生的房地产交易关系。例如，人们可以在办公室、饭店、酒吧、茶馆等场所面对面地谈判、达成交易，也可以通过电话、电报、电传等通信工具成交。在中国，部分房地产交易事实上是在上述非正规市场发生的。一般来说，这种市场交易具有较大的灵活性。但是，这种场外交易，不利于对其监管，也可能导致价格混乱、税收流失等现象。

3．网络市场

网络市场是近年来快速兴起的一种交易方式，它借助发达的计算机信息技术和互联网平台，通过在网络上发布售房、出租及购房、承租的信息来便捷地达成房地产交易。随着互联网普及程度的提高，越来越多的人采取了网络市场的形式，房地产交易中心及房地产企业也善于应用互联网平台，并大力发展房地产网络市场业务。

7.2.4 房地产市场的三级市场划分

现实中的房地产交易形式多种多样，因而房地产结构中也存在着多级或多层次的市场。一般来说，房地产市场可分为一级、二级和三级市场。其中，一级市场是由政府垄断的土地使用权出让市场，二、三级市场是土地使用权的转让市场。土地使用者之间土地余缺的调整、使用结构的变化等通过土地的二、三级市场来进行。土地一级市场是土地二、三级市场赖以产生、活跃的基础，土地二、三级市场则是一级市场土地使用权交易得以实现的必然延伸，三者共同构成了一个完整的、有机的房地产市场体系。

（1）房地产一级市场

房地产一级市场又称土地一级市场或者土地市场，指土地所有权和使用权出让的市场，包括土地批租市场、土地租赁市场和土地征购市场等，交易的对象是土地权属。土地作为房地产的地基和物质基础，在房地产交易中，土地市场是源头，所以又称房地产一级市场。从本质上来看，房地产一级市场实现了土地所有权和使用权的分离。

房地产一级市场是国家以土地所有者的身份将城市闲置的存量土地、拆迁土地或征用土地的土地使用权，在明确规定用途、使用年限和其他要求的条件下，有偿让渡给土地使用者的市场，是国有土地使用权的首次让渡。房地产一级市场属于土地使用权的纵向流通，集中反映了土地所有者与土地使用者之间的经济关系，因此，从本质上讲，房地产一级市场是土地所有权与使用权的分离过程。由于房地产一级市场的卖主在我国为国家或其授权的管理部门，所以属于国家垄断市场。

（2）房地产二级市场

房地产二级市场是指房地产的增量市场，主要是指新建造完毕的建筑物在市场上出售和出租。相对于原有的存量房地产来说，它是在土地交易的基础上进行的，所以称为房地产二级市场，也包括土地开发企业把生地开发成熟地以后进行第二次转让的市场，实际上是土地二级市场。所以，房地产二级市场也可称为土地或房地产开发市场。

房地产二级市场卖主主要是开发企业，买主是不确定的，价格则是在市场中形成的。二级市场的组织形态是具有一定垄断性的不完全竞争市场，即其竞争性较强，但由于土地经营权的垄断，致使竞争是不完全的。

（3）房地产三级市场

房地产三级市场是指存量房地产市场，主要是指原有的房地产用户将拥有的房地产在市场上再转让的市场，也包括土地使用者之间将土地使用权在横向市场上再转让、转租或抵押的市场，是为土地三级市场。由于它是二次交易后在转让的市场，所以称为房地产三级市场。

在我国，房地产三级市场的主体是房地产商品的拥护者，即其卖主和买主都是不确定的，企业、事业单位、个人都可能成为市场主体。房地产三级市场的组织形态也是具有一定垄断性的不完全竞争市场，其垄断因素也是由于土地经营权的垄断，但竞争程度远远大于一、二级市场。

专栏7-3 房地产市场结构的划分

从宏观上说，房地产市场结构包括总量结构、区域结构、产品结构、供求结构和投资结构。要实现房地产市场总量基本平衡、结构基本合理、价格基本稳定的市场目标，保持房地产业与社会经济及相关产业协调发展，必须准确把握房地产市场上的这些主要结构关系。

1. 总量结构：从房地产市场整体出发，分析开发和销售之间的数量结构关系，考察房地产供求之间的总量差距。

2. 区域结构：分析在全国不同地区之间，房地产市场发育情况的差异和特点，考察不同区域或城市之间，房地产市场的开发规模、主要物业类型、房价水平和政策措施的差异。

3. 产品结构：从经济发展阶段出发，考察房地产市场中住宅、写字楼和商业用房等不同物业类型之间的投资比例关系，分析其产品结构布局的合理程度。

4. 供求结构：针对某一物业类型，分析其市场内部不同档次物业的供求关系；并从市场发展的实际情况出发，判别供给档次和需求水平之间是否处于错位的状态。

5. 投资结构：根据投资者参与市场的不同投资目的和投资方式，具体分析不同投资方式的适用空间，以及彼此之间的动态协调关系。

7.3 房地产市场体系

房地产市场体系是指多种房地产市场互相联系、互相制约所形成的市场集合体和系统。

具体内涵包括三个方面：

其一，房地产市场体系是多种房地产市场的集合而形成的有机统一体。按房地产市场结构分类，可以分为土地市场、房产市场、中介服务市场、房地产金融市场和物业管理市场等，房地产市场体系不是指其中某一种市场而是多种房地产市场综合体的总称，反映了市场结构具有整体性。

其二，房地产市场体系是多种房地产市场之间密切联系的市场关系。每一类房地产市场既有相对独立性，但又不是孤立存在的，它们之间存在着密切的联系，例如土地是房屋的物质基础，而房屋又是建筑地基的上层建筑，土地市场与房产市场密不可分；再如土地市场、房产市场又离不开房地产中介服务市场和金融市场等。这种多种房地产市场之间互相联系、互相制约的辩证关系，体现了相互之间的联系性。

其三，房地产市场体系是一系列房地产市场构成的系统结构。房地产市场体系是整个社会主义市场体系的重要组成部分，是其中的一个支系统。它与生产资料市场、消费资料市场、劳动力市场、金融市场、技术市场、信息市场、资本市场并列存在，构成一个大系统。同时房地产又有其相对独立性，在其内部多种房地产市场在互相联系、互相制约中又形成一个具有系统结构的支系统，它具有系统性。

房地产市场体系是房地产经济运行的载体。建立和健全房地产市场体系，对于完善市场机制，充分发挥市场在房地产经济资源配置中的基础性作用，有效实现宏观调控目标，提高资源配置效率都有着十分重要的作用和意义。

7.3.1 土地市场

1．土地市场的含义

土地市场又称为地产市场，是土地这种特殊商品的交易领域及其在流通过程中发生的经济关系的总和。

土地市场流通的土地，主要是城市土地。建筑地块，一般是脱胎于土地的自然状态，经过人类开发、加工、改造，凝结了人类的劳动，因而是由土地物质和土地资本结合在一起的土地商品。

土地市场交换的内容，是由国家的法律和政策决定的，我国实行土地国家所有和集体所有两种形式并存的社会主义土地公有制，因此，土地市场的内涵包括两个方面：一是集体土地所有权和使用权的转移。集体土地所有权的转换，是由国家向集体征用土地，支付土地补偿费，然后再转移土地使用权。在集体经济内部农民承包地也可通过转包实行土地使用权的流动和转移。二是国有土地使用权转移。由于中国的城市土地归国家所有，因此只能转让土地使用权。这里有两种情况：一种情况是国家作为土地所有者有偿有期限地把土地使用权出让给土地使用者。另一种情况是国家作为土地所有者有偿有期限地把土地租赁给土地使用者。

2．土地市场的特点

由于土地本身的特性及土地制度决定了土地市场不仅具有一般商品市场的特征，而且具有其特殊性。从土地本身的特征看，土地是一种稀缺的不可再生的资源，土地的自然供给完全无弹性，土地的经济供给弹性也比较小，土地的这种较小的供给弹性，使得土地价格受需求的影响巨大。从土地制度看，土地所有权制度对土地市场影响极大，由此产生的土地市场也有显著的特点。中国土地市场的主要特点可以概括如下：

（1）土地市场的区域性

土地位置的固定性，使土地市场具有明显的区域性特点。在各区域性市场中，土地供给需求状况各不相同，其价格水平也有很大差异，因此，土地交易一般也只限于在各自的区域市场内进行。同时土地的固定性也决定了土地市场区域之间的不平衡不能通过价格机制的自动调节而改变。

（2）土地市场的权利主导性

由于土地的位置是固定的，因此土地在市场上交换的只是土地权属。每一次交换行为都是对土地权利的重新界定，权利的界定只有在法律的保护下才是有效的，因而必须以地契等法律文件为依据。这样，土地市场实际上是土地权利和义务关系的交换及重新确定的场所或领域。

（3）土地市场的低流动性

一方面由于土地实体流动的困难性，即不可能将土地迁移到获利水平最高的地方去；另一方面由于土地变现能力较小，即转换一宗地产为现金的过程是费时、费钱和费事的复杂过程，这也阻碍了土地的流动。从而使土地市场的流动性，与其他商品的流动相比，是相当低的。

（4）土地市场的垄断性

土地市场的垄断性，一方面是由于土地所有权的存在，另一方面则是由于土地资源的稀缺性及其位置的固定性。土地所有权的存在使得与其相联系的各种权利义务关系复杂而繁多。某一个部分所有者（指其拥有不完整的所有权）要行使自己的权利的同时势必会影响到其他人或其他部分所有者的利益。这样为了协调所有者之间，以及协调所有者同其他相关市场主体之间的关系，必须由政府对之进行充分的管制，从而限制了进入市场的竞争者的数目，使土地交易带有垄断性的特征。此外，市场的地域性分割导致地方性市场之间竞争的不完全性，加上地产交易金额较为巨大，使进入市场的竞争者较一般市场大为减少，也使土地交易容易出现垄断性。

3．土地市场的作用

土地是重要的基本生产要素，建筑地块是城市各类房屋建筑不可缺少的基础载体，因此，土地市场在房地产市场体系中占据基础地位。土地市场的重要作用在于：①有利于制止非法地产交易和进行公开、有序、合法的地产交易。在过去的很长时期内，没有形成合法地产市场，致使非法地产交易大量存在，违法转让土地使用权的现象频繁发生，造成了经济秩序混乱、侵蚀耕地严重和国有资产大量流失。有了土地市场，就能有效抑制非法地产交易，将土地交易纳入法制轨道。②有利于提高土地使用效率。有了土地市场，就可以在全社会范围内合理配置现有土地资源，实现土地资源要素和其他生产要素的优化组合，就可以利用市场机制和价格杠杆，盘活存量土地，调节土地利用方向，提高土地的利用效率。③有利于房地产业的持续发展。有了土地市场，可以实现土地的有偿使用，有偿转让，可以及时收回城市建设资金和土地开发投资，才能促使房地产业进入良性循环的轨道。④有利于对房地产经济的宏观调控。土地市场是垄断竞争型市场，或有限竞争型市场。因此，土地市场的顺利运行，既要依靠市场机制的自我调节功能，又需要政府的必要调控和政策引导。政府可以通过国家对城市土地资源所有权的垄断及其他手段，来建立土地市场的宏观调控机制。当然，政府的宏观调控和政策引导必须是科学的、有效的，因此必须完善土地市场的调控机制，这样才能强化土地使用管理，提高土地使用效率，推动城市规划的实现，才能使土地市场进入良性运行状态，把土地市场的发展与城市的健康发展及人民群众的利益有机结合起来。

7.3.2 房产市场

1. 房产市场的涵义

房产市场是以房产作为交易对象的流通市场，也是房屋商品交换关系的总和。房产市场流通的房产，是有一定的房屋所有权和使用权的房屋财产。狭义的房产，是指已经脱离了房屋生产过程的属于地上物业的房屋财产；广义的房产，是指房屋建筑物与宅基地作为一个统一体而构成的财产，亦包含相应的土地使用权在内。

2. 房产市场的细分及其特点

从交易对象区分，房产市场可划分为住宅市场与非住宅市场两大类。住宅市场是房产市场的主体，根据住宅的档次，可细分为豪华型、舒适型、经济实用型和保障型四个不同层次的市场。非住宅用房市场进而可细分为办公、商用、厂房、仓库等具体市场。房产市场具有以下一些主要特点：

（1）房产市场的供给和需求的高度层次性和差别性

由于人口、环境、文化、教育、经济等因素的影响，房产在各个区域间的需求情况各不相同，房产市场供给和需求的影响往往限于局部地区，所以，房产市场的微观分层特性也较为明显。具体表现在，土地的分区利用情况造成地区及一个城市的不同分区，不同分区内房产类型存在差异，同一分区内建筑档次也有不同程度的差异存在。

（2）房产市场交易对象和交易方式的多样性

房产市场上进行交易的商品不仅有各种各样的、不同用途的建筑物，还包括与其相关的各种权利和义务关系的交易。交易方式不仅有买卖、租赁，还有抵押、典当及其他的让渡方式。

（3）房产市场消费和投资的双重特性

由于房产可以保值、增值，有良好的吸纳通货膨胀的能力，因而作为消费品的同时也可用作投资品。房产的投资性将随着收入的提高得到进一步的拓展。

（4）房产市场供给和需求的不平衡性

房产市场供求关系的不平衡状态是经常会发生的。虽然价格和供求等市场机制会产生调整供求之间的非均衡态的作用，但随着诸多市场因素的发展变化，原有的均衡态将不断被打破，因此，房产市场供求之间的不平衡性将长时期存在，而均衡始终只能是相对的。

3．房产市场的作用

房产市场是房地产业进行社会再生产的基本条件，并可带动建筑业、建材工业等诸多产业发展。房产市场通过市场机制，及时实现房产的价值和使用价值，可提高房地产业的经济效益，促进房产资源的有效配置和房产建设资金的良性循环。房产市场能引导居民消费结构合理化，有利于改善居住条件，提高居民的居住水平。因此，房产市场是房地产市场体系中最有代表性，也是最重要的部分，处于主体地位。

7.3.3 房地产中介服务市场

1．房地产中介服务市场的涵义

房地产中介服务活动是市场经济发展的产物，是房地产商品生产、流通和消费不可缺少的媒介和桥梁。房地产中介服务市场是服务于房地产交易和经济活动的场所，是这种服务商品在交易中发生的一切经济关系的总和。

房地产中介服务市场主要包括房地产经纪、房地产估价和房地产信息咨询三大部分。从事房地产中介服务的机构，包括房地产咨询机构、顾问公司、房地产代理策划或营销公司、房地产中介或置换公司、房地产估价所和房地产交易中心或交易所等。房地产中介服务市场所提供的服务既包括增量房地产的代理策划、代理营销、出租和中介咨询；也包括存量房地产的估价、咨询、中介置换；还包括法律咨询、人才培训和信息交流等。

2．房地产中介服务市场的作用

房地产商品经营者为了能生产适销对路的房地产商品和加快实现销售，为了能充分把握未来市场趋势，需要房地产中介业为其提供房地产专业知识和政策法律知识的服务、市场信息和市场研究的服务、投资顾问、可行性论证和项目评估等的服务。在对增量房地产提供服务时，可以提供从选定目标市场、整体项目策划、营销策略制定到楼盘促销代理的全面服务，因此可以有力推动增量房地产商品的出售和出租。对存量房地产提供的估价、咨询和中介置换服务等，在促进房地产二、三级市场联动中发挥着至关重要的作用。从一定意义上说，只有存量房地产能够顺利有效的流通，才有可能推动增量房地产市场的租售。根据国际经验，为居民住房消费提供专业化、综合性的中介服务，是刺激有效需求、促进住房消费、对个人和社会都有利的必要经营。由此可见，房地产中介服务市场对于加快房地产商品的交易，理顺流通环节，拓展房地产市场，有着其他市场不可替代的作用，因此，房地产中介服务市场是整个房地产市场体系中不可或缺的部分，在房地产市场体系中占据了显著的位置。发达的中介服务是房地产市场成熟的重要标志。

7.3.4 房地产金融市场

房地产金融既是整个金融业的一个重要领域，又是房地产市场体系中的一个重要组成部分。房地产金融市场是指与房地产开发、生产、流通、消费相联系的资金融通活动的领域和场所。它是房地产业与金融业互相融合和渗透的产物。房地产金融市场的具体业务包括：房地产生产性开发贷款、证券（股票、债券）融资、房地产信托、住房消费信贷即购房抵押贷款、住房公积金和房地产保险等方面的资金融通活动。

房地产金融市场对于支持房地产开发特别是住宅建设，提高购房能力，扩大住宅消费，改善居住条件发挥着十分重要的作用。同时，房地产金融市场也是国家实施宏观调控的重要手段。国家通过金融市场，贯彻货币政策，运用货币供应量、贷款规模、利率等手段，调节房地产市场全面协调和持续健康发展。这方面的详细内容将在本书第8章展开阐述。

7.3.5 物业管理市场

1．物业管理市场的涵义

物业管理市场是完整的房地产市场体系不可或缺的重要组成部分。由于房地产商品的耐用度及其在使用中必须得到相应的维护和管理，因而物业管理市场就成为房地产市场的必要延伸。如果说房地产投资开发市场属于生产领域，是房地产市场体系的起始点，那么物业管理市场则属于消费领域，表现为房地产市场体系的终结点。

物业管理市场的简明定义可以概括为：物业管理企业为物业业主或使用人所提供的商品性劳务活动的市场，本质上是一种服务性市场。物业管理市场有两个主体，其供给主体是各类物业管理企业和专业服务企业；需求主体是业主或非业主使用人。双方通过合同建立起平等的互助互利的交换关系，物业管理市场就是这种交换关系的总和。在物业管理市场运作过程中，物业管理企业采用经营性手段对物业实施管理，对业主或使用人提供服务，从而取得报酬，而业主或使用人，则得到相应的服务，使物业保值增值。

2．物业管理市场的特点

物业管理市场与一般的房地产市场相比，具有明显的特点。

（1）服务性。从其性质来说，物业管理市场的流通和交换的标的不是实物，而是提供商品性劳务，具有明显的服务性特点。物业管理中管理的对象是物业，而服务的对象是人即业主，物业管理的目的是提供服务，而服务又寓于管理之中，二者是内在的辩证的统一。因此，物业公司提高服务质量就成为关键因素。

（2）契约性。物业管理公司和业主及使用人两个市场主体之间不是一般的买卖关系，而是必须通过签订合同形成市场关系，双方都必须受到契约的约束。在这里业主或业主委员会是委托人，而物业管理公司则是被委托人，委托人和被委托人都可按合同享受一定的权利，并要尽相应的权利，履行契约就成为物业管理市场运行的重要特征。

（3）双向选择性。物业管理市场的形成依赖于双向选择，业主或业主委员会可以通过招标选择物业管理公司，而物业管理企业也可以通过投标选择服务对象，相互之间是一种平等互利的关系。因此实施招投标制度是物业管理市场化的核心问题。

（4）职能的双重性。物业管理的客体是物业，而物业既有作为生产要素的厂房、商铺、办公楼等，又有作为消费资料的住宅和居住小区，因而物业管理的职能便具有双重性，一方面为生产经营性消费服务，另一方面又为生活消费即居住消费服务，具体服务由所管理的物业的性质而定。

把握物业管理市场的上述特性，对于规范和完善物业管理市场具有重要意义。例如明晰物业管理市场的服务性特征，可使物业管理企业把服务放在核心地位，促进服务质量提高；又如明确物业管理市场的契约性特征，可使市场主体双方建立起平等互利关系，相互尊重、相互制约，共同承担相应的权利义务，相互展开协作，齐心协力搞好管理等。

7.4 房地产市场运行机制与功能

7.4.1 房地产市场运行的机制

市场机制是通过市场竞争配置资源的方式，即资源在市场上通过自由竞争与自由交换来实现配置的机制，也是价值规律的实现形式。具体来说，它是指市场机制体内的供求、价格、竞争、风险等要素之间互相联系及作用机理。市场机制有一般和特殊之分。一般市场机制是指在任何市场都存在并发生作用的市场机制，主要包括供求机制、价格机制、竞争机制和风险机制。具体市场机制是指各类市场上特定的并起独特作用的市场机制，主要包括金融市场上的利率机制、外汇市场上的汇率机制、劳动力市场上的工资机制等。

房地产市场运行机制就是房地产投资、开发、流通和消费过程中，将地产交易的主体、客体及交易的法规等市场要素结合起来，发挥其市场功能，进而形成调节社会资源配置的市场运行手段。房地产市场运行机制的包括以下几个方面。

1．动力机制

房地产的商品化、市场化及房地产开发企业是房地产市场交易的主体等原因，决定了房地产开发企业从事房地产开发经营活动的直接目标和最终目的是追求利润最大化。房地产开发企业这种千方百计地追求利润最大化的行为，就形成了房地产市场的动力机制。因而，动力机制就是房地产开发企业的动力与利益之间相互制约和相互协调的一种内在联系。当然动力机制的形成要有清晰的产权界定，即房地产开发企业以确定的财产和独立的经济利益为前提条件。只有这样，房地产开发企业才具有充分的经营自主权，才能作为独立、合法的经济利益主体，才能对房地产市场发出的信息作出及时准确的反应。因此，动力机制是房地产运行的首要内容。

2．价格机制

价格机制就是指使价格规律发挥作用的市场运行的形式和手段，即由市场上供求关系的变动引起的价格上下波动的表现形式,以及通过价格波动的作用促使供求趋向一致,价格与价值趋向均衡的手段。在房地产市场上,房地产供求关系的变化必会引起房地产价格的变化,而房地产价格的变化又会反过来影响房地产的供求关系。正是这种波动变化促使供求趋向一致,价格与价值趋向均衡,使价值规律得以实现。为此,在现实生活中,政府可以通过价格机制调节商品房和土地的供求,以价格的手段促使土地使用者节约用地,把闲置不用的空余房地产投放到市场中去;用价格促使土地资源重新配置,实现产业转换。另外,从价格机制的实际运用情况来看,它往往能收到其他经济手段难以实现和意想不同的效果。因此,价格机制是调节房地产资源优化配置的最重要的市场机制。

3．供求机制

供求机制是用于调节市场供给与需求之间关系的市场运行的形式和手段。在供过于求的买方市场情况下,供求机制能引导企业调整产品结构,注意对新产品的开发经营等,以促使企业的生产、经营和服务能适应和激发市场需求;在供不应求的卖方市场情况下,供求机制会使价格上涨、生产规模扩大以及吸引更多的企业进入市场等。因此,供求机制是实现供需均衡目标的最基本的市场机制。由于供求关系的变化,会直接导致价格的涨落,而价格的涨落又会刺激或抑制供给与需求。因此,供求机制与价格机制有着相辅相成的密切关系。

当然,房地产供求机制和价格机制的形成既要以房地产商品的供求和价格能在市场上通过竞争自发形成条件,又要以房地产交易主体有充分的自主权为条件。只有这样,房地产市场才能为房地产交易主体提供充分可靠的市场信息,房地产交易主体也才有可能对市场提供的信息作出正确的而不是错误的反应。房地产供求机制和价格机制有着优化房地产资源的功能。

4．竞争机制

竞争机制就是市场竞争的形式和手段,主要是指发生在同类房地产商品的不同房地产企业间、为争夺市场、资金、人才及先进技术等,通过价格竞争、质量竞争、服务竞争等手段,以较高的质量或较低廉的价格战胜对手。它是房地产市场机制中的动力要素,没有竞争,市场的内部运动就会停滞。竞争不仅给房地产生产者以动力、也会给消费者以导向。竞争的结果是优胜劣汰,实现资源的最优化配置和生产要素的优化组合。

7.4.2 房地产市场的功能

房地产市场作为一种特殊市场。其功能作用既带有一般市场的共性,又具有其特殊性。这具体表现为以下三个方面。

1．在市场经济条件下,房地产市场是唯一合理确定房地产价格的经济机制,为评价房地产业活动、建筑活动以及相关的一切经济活动提供了重要的价值尺度

房地产产品是建筑业和房地产业的产出品,其价格是否合理直接关系着这两个部门效益的评价问题。评价过低,这两个部门得不到应有的重视和关注,缺乏适当的资金积累,就会阻碍房地产市场的健康发展。相反,评价过高,房地产行业就会出现盲目投资、盲目发展的状况，从而带动国民经济其他行业过快的发展，造成整个宏观经济发展的过热。这种房地产过热的现象在我国经济发展的不同时期都发生过，给国家宏观经济的整体走势和调控带来非常不利的影响。所以，具备完善的市场机制和科学合理的评价准则是房地产业和建筑业稳定健康发展的基础。房地产商品是社会各行业和个体消费者进行经济活动和生存发展的基本投入品，所以其价格是否合理直接关系到全社会经济活动的投入成本是否合理的问题，当然也就影响着对这些部门经济效益和未来的发展。

2．房地产市场是社会资源配置机制的重要组成部分

房地产是一种最基本的社会生产要素或生产要素，是一种任何组织和个人进行社会活动和生存发展的基本物品。在房地产市场中，不同的消费者的购买目标和消费水准大不相同。在我国市场经济快速发展的今天，人们的收入差距已经相当明显，房地产市场为不同收入阶层和不同社会地位的消费者提供各式各样的房地产商品，实质上，这也是社会资金的一种再分配。国家对高级住宅的征税标准也体现了政府的政策对房地产市场的影响作用。

3．房地产市场是国民经济体系的重要组成部分

房地产行业市场容量大、占用资金多，而且涉及国民经济体系中的多个行业，对宏观经济的走势有显著影响。房地产市场的繁荣，不但可以为广大消费者提供质优价廉的房地产产品，而且有利于建筑业、建筑材料行业、金融业、服务业、钢铁工业的发展。房地产市场的繁荣直接关系着房地产建筑业的发展水平，近年来，我国的房地产建筑的质量和风格都有了很大的改善，从上海、北京等核心城市的城市建筑外观我们可以看出我国的建筑业的发展速度和质量水平。房地产市场的快速发展也为金融业的业务创新和利润来源奠定了扎实的基础，由于房地产行业的发展需要大批的资金作保证，因此房地产信贷、房地产基金，以及房地产证券化等多种金融产品的出现大大活跃了房地产市场和金融市场。银行、信托公司以及股票市场、债券市场等对于房地产市场的敏感性非常强，房地产行业的发展为这些行业带来了前所未有的发展机遇。房地产市场关系着钢铁工业的发展前景，建筑用钢是钢铁企业的一个重要的产品品种，在市场销售额中占据很大的比例。近年来，由于钢结构房屋的流行，给钢铁企业带来了很好的市场机会。因此，房地产行业也可以对重工业的发展产生显著的影响。房地产市场的繁荣带动了餐饮业、服务业、商业的快速发展，以上海、北京为例，中央商务区、大型娱乐场所、大卖场等建筑带动了周边地区的经济繁荣和兴旺。房地产市场的发展对于水泥行业、玻璃行业等建材行业的前景有直接影响，我国房地产开发的热潮给水泥行业和玻璃行业、装饰材料等行业提供了广阔的市场和丰厚的利润。研究表明，房地产行业与建材行业的经济周期有惊人的相似性。

房地产行业对宏观经济的贡献是有目共睹的，对国民生产总值的增长有不可替代的重要作用。但是我们也要注意到，因为房地产行业对于整个国民经济有非常明显的联动作用，因此我们对于房地产行业的发展要有节奏、有秩序地保持合理的管理和控制，避免因为房地产过热给整个宏观经济带来冲击。只有房地产行业保持平稳有序的发展趋势，国民经济的持续繁荣才有坚实的基础。

专栏7-4　2017年中国房地产市场发展现状分析及发展趋势展望

2014年初开始，房地产投资增速持续下滑，库存不断攀升，销售增长出现疲态，土地出让收入也开始下滑，地方政府风险积累，房地产投资成为拖累固定资产投资乃至宏观经济增长的痛点。在此背景下，政府出台一系列刺激政策。2014年11月起央行连续六次降息，维持资金的宽松格局；2015年央行联合多个部委出台"330"新政，降低贷款首付比例，营业税改为满二即免税，随后各地纷纷出台配套政策；2015年11月10日，中央财经领导小组第十一次会议上，习近平首次表态要化解房地产库存，促进房地产业持续发展。随后中央经济工作会议上，"去库存"被定位为中国2016年的五个主要任务。

多重政策叠加的效果不断释放，一线城市房地产市场率先复苏，而二三线城市市场表现差强人意，造成了严重的分化格局。从价格来看，2015年3月起，一线城市连续保持了近20个月环比连续正增长，累计涨幅高达40.74%，二三线城市价格环比

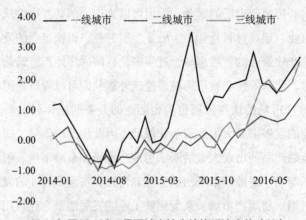

2014年至2016年5月百城房地产价格环比走势（%）

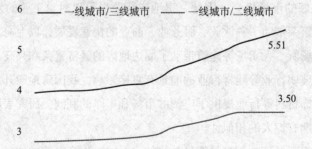

2014年1月至2016年8月百城房地产相对价格变化（%）

涨幅转正，但是仍远远低于一线城市涨幅，一线城市和二三线城市价格差距不断加大。相对价格来看，二三线城市相对价格基本保持同幅变化，一线城市与二三线城市价格比不断攀升，2016年9月，一线城市与二线城市价格比达到3.5，与三线城市价格比值达到5.51。

一线城市和部分热点二线城市房价过快上涨，同时其余二三线城市仍面临去库存压力，可以认为，一二三线城市房地产市场已经形成了严重分化格局。开始针对本地市场出台因地制宜的调控政策，引导房地产市场的发展。9月30日晚间北京率先出台限购政策，成为这一波调控的先行军。随后十一长假期间，前期房价涨幅居前的热点城市纷纷加入调控行列，共有22个城市出台相关政策，形成市场热议的调控潮。其中北上广深四座一线城市全部加入调控行列，收紧限购限贷政策，提高购房门槛，对其他城市起到了一定示范作用，其他城市也基本采用了限购限贷的方式。

预计资源继续向一线城市倾斜的局面将会有所改变，并且随着户籍制度的进一步收紧，一线城市吸引资金和人口流入的能力将下滑，发展速度将面临平台期，房地产市场热度也会逐渐退却。与此同时，其他地区核心城市群将加速发展，放宽人口准入和发展预期提升将吸引城市化人口流入，房地产去库存持续推进，将出现量价齐升的局面。在地区发展前景预期调整后，一线城市将放开限购限贷，房地产市场分化的格局也就基本结束。此外，我们看好大城市周边地区的房地产市场，在核心城市群建设过程中得益于外溢效应，将会分享核心城市的资源和人口红利，实现高速发展。

（资料来源：2017年中国房地产市场发展现状分析及发展趋势展望，http://www.chinaidr.com/tradenews/2017-03/111250.html，有删减。）

本章实训

【实训任务】

调查所在城市不同类型房地产的市场运行情况

请与你的团队成员紧密合作，在老师的指导下，应用所学到的知识，分组选择某一特定类型的房地产项目，综合运用网络调研、文献收集、现场观察等方法进行不同类型房地产市场运行情况的调查。

1. 实训准备

（1）分组确定调查的房地产类型。建议分为四个小组，分别实施对商业房地产、居住房地产、写字楼、工业房地产进行调查。

（2）调查前认真分工，详细了解各组房地产类型的基本情况，选定调查的目标物业和区域，拟定调查的工作方案。

（3）准备签字笔、记录本，有条件的话，准备相机和录音笔。

2. 实训过程

（1）进行调查。

（2）团队合作处理数据资料。

（3）小组讨论得出调查结论。

3. 实训结束

（1）实训总结分工。

（2）制作汇报PPT。

（3）演讲汇报。

（4）教师和行业专家共同评分。

【实训步骤】

第一步：确定调查的对象

（1）项目团队集思广益，遴选调查的对象和区域。

（2）对确定的调查主题进行初步研究，确定调研对象、范围、调研的目的和需要解决的问题。

第二步：调查策划

（1）深入研究调研对象，确定调研的时间、地点和方法。

（2）收集相关背景资料，咨询相关专业人士，拟定工作方案。

（3）对团队成员进行分工和必要的技术培训。

第三步：收集调研资料

（1）收集调研对象相关的静态资料（二手资料），对收集的资料进行研究，熟悉调研主题和调研对象。

（2）实施调查。

第四步：调查资料的整理与分析

（1）对采用各种方法收集的对象信息进行筛选、勘误和整理，形成资料库，存档以供今后调研使用。

（2）对整理后的资料和数据进行调查的简要分析。

思考与练习

1. 相对于普通消费品，房地产市场的特殊性主要表现在哪些方面？
2. 什么是房地产的需求，如何理解房地产需求的多样性？
3. 在不同时期，我国房地产市场的非均衡性是如何表现的？
4. 近年来，全国各地房价持续攀升、销售旺盛。请运用市场经济理论分析原因。

拓展知识

房地产市场与其他资产市场的比较

房地产产品也属于一种重要的资产，不同类型的消费者都可以通过拥有房地产产品实现资本保值增值的目的。在众多资产市场中，房地产市场有其具体的特征，与其他资产市场进行比较，我们会发觉它的与众不同之处。现在，以资产市场中的证券市场为例，来进行一下比较。由于房地产市场与证券市场所交易的品种具有很大的差异性，因此，两类市场不可避免地也具有明显的差异性。现在对如下五个方面进行比较。

1. 市场交易品种的品质

房地产市场的交易对象是作为实物资产的房地产，单位价值高、难以分割且异质，特定的房地产又都有一定的使用寿命，在此期间的交易次数只能是有限的；而证券市场的交易品种则是作为虚拟资本的证券，单位价值低、平均分割且基本同质，就股票而言，理论上只要发行公司存在，其交易次数是无限的。可以说，两类市场的差异很大程度上源自其交易品种的品质差异。

2. 市场参与者的动机

由于房地产的真实资产属性，市场参与者的交易动机就可以兼具价值动机和使用价值动机，前者的目的在于通过房地产的交易获得价值保值与增值，后者的目的在于获得房地产的使用价值。而证券是一种虚拟资本，因此从事证券买卖的动机只有一个，那就是价值动机。市场动机的差异明显地决定着两类市场的需求特征及交易的频率等。

3. 市场的完整性

房地产商品的不可移动这一物理特性决定了房地产市场不存在商品流向规律，即房地产不会因为价格的差异和供求的变化在不同地区市场进行流动，因而房地产市场只能是分散的、局部的地方市场，不可能形成全国性，以至国际性的统一市场；相反，证券作为一种虚拟资本，交易者围绕着价值增值和价值实现进行买卖，不受地域的限制，其在二级市场（如证券交易所）上的供给、需求、信息传递与价格形成都具有较强的统一性。因此，相对房地产市场而言，证券市场更具完整性。较为完善的证券市场可以形成全国性甚至国际性的市场。

4. 市场的流动性

流动性又称变现力，是指一项投资迅速转变为现金的可能性。一项投资转变为现金的速度越快，它的流动性就越大；反之，流动性就越小。房地产投资最大的弱点之一就是缺乏市场流动性。由于房地产的高价值且又难以分割，因此，在单位交易中，就会碰到交易额大，而又要使供求在品质与时间上对称的困难，这就限制了房地产市场的流动性或变现力，尤其在宏观经济不景气时表现得更为明显。而证券的低值且平均分割特征，使得交易相当容易，交易频繁而活跃，因而其流动性或变现力很强。如股票投资者可以瞬间在全国，以至世界各国证券市场上将股票售出获取现金，而房地产的出售、变现所需要时间往往长达几个月。

5. 市场效率

市场的一个重要功能就是传递产品和价格的信息，从而使得市场买卖双方能够做出合理的决策。获得反映市场价格最新信息的时间通常可用市场效率来衡量。在有效率的市场中，市场价格的相关信息能够得到迅速反映，如股票证券市场。在股票市场上，数以千计的证券分析师要时刻跟踪着各种信息，且在股票市场上参与者甚多，交易速度频繁，交易数额大，因此，价格方面的最新信息能够迅速得到反映；在无效率的市场中，人们需要更长的时间去综合相关信息，而且有些价格信息永远得不到反映，如房地产市场。由于缺乏实质性的公开财务制度，缺乏集中市场以及由于各个房地产商品异质，各房地产价格的可比性差等原因，使得获得房地产市场信息比股票证券市场信息要困难得多，相应的费用也要高得多，导致房地产交易成本通常比证券市场高得多。

本章小结

房地产市场是房地产交换的场所和领域也是房地产一切交换和流通关系的总和，它是由市场主体、客体、中介组织、价格、运行机制等要素构成的一个系统，具有地域性、竞争的不充分性、供给的滞后性、调控的强干预性等特点。从房地产市场的内部构成来看主要包括了房地产市场的主体、房地产市场客体和房地产市场的交易组织形式等主要因素，这些因素反映了房地产市场运行的种种现象，决定并影响着房地产市场状况和趋势。房地产市场的运行包括动力机制、价格机制、供求机制和竞争机制。

房地产金融 8

房地产金融的概念、特点和作用　8.1
房地产金融市场　8.2
房地产证券化　8.3

【学习提要】 本章主要介绍房地产金融市场的概念、构成要素、分类、特点和作用。通过本章的学习,能够理解房地产金融市场不同分类方法,掌握住房抵押贷款证券化运作原理,运用房地产证券化理论对房地产金融现象进行解读。

案例引入

次贷危机概况及起源

《新帕尔格雷夫经济学大辞典》中对的"金融危机"的定义是:"全部或大部分金融指标——短期利率、资产(证券、房地产、土地)价格、商业破产数和金融机构倒闭数的急剧、短暂和超周期性的恶化"。我国学者杨帆等认为,世界上的金融危机主要可以抽象为两类:一类是发展型金融危机;另一类是投机型金融危机。他们认为,所有的金融危机最终都变为金融机构呆坏账引起的流动性不足的危机。

2007年春季美国次贷危机发生以后,与住房抵押贷款相关的证券价格就一路下滑,3A级别证券的价值也向下滑落,低级别信贷的爽约率也步步升级,反映了投资者对风险的估计一直不断地上升;危机的加重使得一些金融机构的挽救措施不仅于事无补,甚至陷入了破产的深渊。尽管政府考虑建立一个联邦机构去接管丧失了流动性的住房抵押贷款,但是仍然改变不了更多的金融机构走向破产的厄运。随着危机的愈演愈烈,其对实体经济的影响进一步加深。美国、欧盟和日本三大经济体经济增长前景黯淡,甚至出现衰退迹象,必然拖累世界经济增速进一步下滑。那么这次的金融危机是如何发生的呢?

1. 金融泡沫的破灭。2000年,美联储降低利率,美国经济开始复苏;2001年进入下一个调息周期,连续13次降息,在2003年6月,利率降到了1%。整个市场环境宽松,房地产投资成为拉动美国经济的主要引擎。同时低利率成为支撑高房价、高销售量的主要因素。从2004年开始,待售房比例急剧攀升,明显出现供过于求。2004年6月起,美联储连续17次加息,将短期利率由1%提升至5.25%。提升利率对美国房地产产生了多方面的降温作用,有效抑制了房地产信贷消费,但也加重了购房者的还贷压力。新房销售量连月出现下降,在利率提高,房价不断下跌的过程中,次级房贷借款者无力偿还贷款,违约率节节攀升,并最终引发了次贷危机。

2. 透支消费的盛行以及过度信贷发放。在美国人看来,巨大的债务固然可怕,但是过度消费欲望已经深植入消费者的心理。经不住消费欲的诱惑,越来越多的美国人成为房奴。美国依靠资本市场的泡沫来维持消费者的透支行为,市场被无节制地放大了。另一方面,放贷机构间竞争的加剧催生了多种多样的高风险次级抵押贷款产品。一些贷款机构甚至推出了"零首付"、"零文件"的贷款方式。这些新产品风靡一时，究其原因，一方面是住房市场的持续繁荣使借款者低估了潜在风险；另一方面是贷款机构风险控制不到位。美联储数据显示，次级贷款占全部住房抵押贷款的比例从5%上升到2006年的20%。

3. 抵押贷款证券化规模大，市场运作不规范。2007年，美国住宅房地产市场的规模约为17万亿美元，其中住宅抵押贷款市场规模约为10万亿美元，而抵押贷款证券化市场的规模达到约6万亿美元，就包括了以信用等级较低的次级抵押贷款为担保发行的次级债券。全球各地成千上万高风险偏好的对冲基金、养老金基金以及其他基金的介入，使竞争加剧。贷款标准执行不力，房屋价值评估仅仅依靠计算机程序。

4. 次级抵押债务危机不仅是信贷泡沫问题，也是衍生品问题。20世纪90年代产生的信用衍生品使信用风险可以流动起来，在市场上进行分散、转移。但是，由于信用衍生品和资产证券化不能从根本上消除风险，因此危机与金融机构不能彻底绝缘，而且由于参与者的扩大，使得监管更为复杂，链条的延伸反而增加了金融脆弱性。衍生品的实质是债务，其中以担保债权凭证CDO和信用违约掉期CDS的创设为典型代表。CDO的资产群组以债务工具为主，包括高收益债、新兴市场公司债、国家债券、银行贷款、不动产抵押担保债券（MBS）等。信贷违约掉期是一种新的金融衍生产品，类似保险合同。债权人通过这种合同将债务风险出售，合同价格就是保费。

次级贷款担保的证券发生问题，相类似的其他资产担保证券的市场风险评估也会发生相应的变化，其市场价格也会大幅度下跌。随着投资于抵押担保证券的金融机构资产的减少和缩水，他们的资金就发生紧张，他们能够用于投资和发放信贷的资金就减少，这样，就会进一步影响实体经济的正常运行，经济就会放缓，甚至进入衰退。更为严重的是一些金融机构会因为投资于次贷担保的债券和其他抵押资产担保债券的损失，发生资不抵债和周转不灵情况，会倒闭。并引起连锁反应，引起金融危机。

案例启示：

案例讲述了美国次贷危机爆发的概况，对发生次贷危机的原因进行了分析，明确在资本市场中，资产证券化对房地产金融的影响。住房证券化是资产证券化的一种主要形式，由于住房的保值增值功能使金融机构热衷于对住房金融产品的开发投资和经营，但由于此类金融产品较强的波动性和风险性，极易引发金融问题。

（资料来源：http://baike.baidu.com/view/1092871.htm?fr=aladdin）

8.1 房地产金融的概念、特点和作用

市场经济条件下，房地产业的经济运行涉及资金融通与投资绩效分析、评价等多个方面，这与房地产金融密切相关。无论是房地产投资开发，还是房地产消费都离不开金融的支持。房地产金融已然成为房地产市场繁荣与房地产行业发展的"助推器"。

8.1.1 房地产金融的基本概念

房地产业在国民经济中发挥着先导性和基础性作用，包括了房地产开发、房地产经营和房地产中介服务、房地产资产管理等内容，是国民经济中兼有生产和服务两种职能的独立产业部门。基于房地产业对资金的依赖性，房地产金融伴随着房地产业发展起来。房地产金融的概念有广义与狭义之分：广义的房地产金融是指房地产资金的融通，包括住房金融和土地金融；狭义的房地产金融是指房地产开发、流通和消费过程中通过货币资金融通和信用渠道所进行的资金筹集、融通、清算并提供风险担保或者保险及相关金融服务的一系列活动的总称。

8.1.2 房地产金融的特点和作用

1．房地产金融的特点

房地产具有位置的固定性、使用的耐久性、产品的多样性以及区域性等特点，使得房地产资金的需求量大、周转回收期长并具有增值性，从而决定了房地产金融有着与一般金融不同的特点。

（1）房地产金融要求提供担保的信用。房地产经济运行一般时期较长，属于长期信用，因此通常要求借款人提供相应担保，担保包括人的担保（即保证）和物的担保（主要为抵押和质押）。保证通常是由信誉卓著或资本雄厚的第三方（包括具有担保资格的法人和自然人）为债务人的债务清偿提供担保，当债务人不能履行贷款合同时，该第三人具有代为履行偿还贷款的责任。物的担保，就是以特定的财物为借款人债务的履行提供担保，当债务不能履行时，债权人有权行使该担保物权（主要为抵押权与质押权），无论债务人是否还负有其他债务或是否将该担保物转让他人，都能从该担保物的执行中获得债权的优先受偿。以上两类担保，人的担保较为方便，而物的担保则更为安全。借款人可以根据银行的要求选择一种或者多种担保方式。个人住房抵押贷款因期限长短不等，因此，银行通常要求借款人提供所购住房作为贷款的抵押担保；房地产开发贷款因贷款期限通常在3年左右，而且贷款金额大，因此，银行通常要求开发公司提供房地产抵押及第三方保证；对于少数信誉卓著的房地产公司，银行为争取优质客户，也可以采用信用贷款，即无担保贷款。

（2）房地产金融流动性风险较大，一般要实行证券化。一般情况下，房地产金融与其他金融一样，其负债具有期限较短、流动性较强的特点，但其资产则期限较长、额度较大。当该项信贷资产规模占银行信贷资产总量的比重较大时，银行便可能面临资金的流动性风险。为了使这部分长期资产能具有流动性，也有必要对房地产抵押贷款进行证券化。房地产抵押贷款证券化通过将期限较长、额度较大的抵押债权进行小额分割，以有价证券的形式，通过资本市场进行资金融通，降低了金融机构的流动性风险。

（3）房地产金融受政策影响较大。一方面，房地产金融受到政府政策干预较强，另一方面，获得政府补贴也较多。如城市规划、城市发展计划、产业政策、税收制度等对房地产金融有诸多影响；同时，城市居民住房问题的解决关系到社会安定团结及政局的稳定，因此，政府通常要通过房地产金融部门，采用各种奖励、补贴或者税收优惠等手段来支持购房贷款的发展，从而实现居民的安居乐业。

（4）房地产金融业务成本较高，但收益较好。一般来讲，一宗房地产抵押贷款一般需要经历如下过程：借款人资信调查、房地产抵押物估价、抵押物保险、抵押权从设立到注销，有时还需要执行抵押权（当债务不能履行时）。在这一过程中，需要和房地产管理部门、产权登记机关、保险机构、评估机构等部门进行联系；需要有相关知识的专业人员协作，如房地产估价师、资信评估人员、律师、会计师等的配合，因此，操作较为复杂，这使得房地产金融的经营成本较高。但是另一方面，这也使得房地产金融业务派生性较强，可以带动一些银行中间业务的发展，为金融部门带来了可观手续费收入和稳定的优质客户群。

? 讨论与思考

2014年9月，中国人民银行、中国银行业监督管理委员会关于进一步做好住房金融服务工作的通知中要求，积极支持居民家庭合理的住房贷款需求：

对于贷款购买首套普通自住房的家庭，贷款最低首付款比例为30%，贷款利率下限为贷款基准利率的0.7倍，具体由银行业金融机构根据风险情况自主确定。对拥有1套住房并已结清相应购房贷款的家庭，为改善居住条件再次申请贷款购买普通商品住房，银行业金融机构执行首套房贷款政策。在已取消或未实施"限购"措施的城市，对拥有2套及以上住房并已结清相应购房贷款的家庭，又申请贷款购买住房，银行业金融机构应根据借款人偿付能力、信用状况等因素审慎把握并具体确定首付款比例和贷款利率水平。银行业金融机构可根据当地城镇化发展规划，向符合政策条件的非本地居民发放住房贷款。

银行业金融机构要缩短放贷审批周期，合理确定贷款利率，优先满足居民家庭贷款购买首套普通自住房和改善型普通自住房的信贷需求。

基于此政策，请试分析该政策对房地产金融投资决策的影响。

（资料来源：《中国人民银行、中国银行业监督管理委员会关于进一步做好住房金融服务工作的通知》，2014年9月29日）

2．房地产金融的作用

房地产金融能保障房地产生产、流通和消费等环节筹集和分配资金；同时，提供相关房地产资金结算、工程概预算、项目评估、代理房屋买卖、代理保险等中介服务。因此，房地产金融的作用主要是扩大房地产的市场供给和消费。具体体现为：

（1）房地产金融为房地产开发经营提供了重要的资金保障。房地产开发投资过程中需耗费大量的实物资源，如土地、建筑材料、设备等，另外还需要大量的劳动力投入。其中土地资源是稀缺资源，在一个竞争的市场环境下，开发商土地开发成本占比较大。同时房地产开发经营的周期比较长，意味着投资收益回收相对较缓慢。在房地产开发过程中，房地产企业的自有资金固然重要，但是不难想象，如果没有金融机构提供信用支持，房地产开发经营将无法正常进行。同时，由于财务杠杆的作用，开发商即使有足够的自有资金也不会将其全部投入到项目中去，而是要利用大量的借入资金来提高自有资金的收益。因此，没有房地产金融给房地产业提供"血液"，房地产开发经营活动就无法顺利进行。

（2）房地产金融是提高居民住房消费能力的重要手段。一国房地产市场是否健康取决于房地产开发、流通、消费各个环节是否畅通，而住宅市场是房地产市场的主体，居民对住宅的消费能力关系到一国房地产业的健康发展。而住宅商品价值量大，仅靠居民自身储蓄很难实现购房愿望。但是根据购房者的未来预期收入和个人信用状况，金融机构给购房者提供一定数额的长期住房贷款，使其用将来的收入购买住房，这样就大大提高了购房者的现期购房能力。从美国、英国等发达国家的经验来看，提高居民的住房消费能力必须要有金融业的支持。

随着20世纪80年代开始实行住房制度改革，我国居民逐渐接受了住房消费的观念。但是由于我国居民收入水平的限制，购房成为广大居民生活中的一大压力。因此自20世纪90年代后逐渐发展起来的住房金融对促进我国居民住房消费、提高我国居民住房水平、推动住宅产业发展发挥了巨大的作用。同时也在很大程度上改变了我国居民的消费结构，使住房消费在居民消费总支出中的比例有了很大提高。

（3）房地产金融是房地产业发展的"调节器"。从国民经济周期的角度看，一般当经济由平缓向高速发展时，房地产业会先于宏观经济向前发展，并带动经济高速发展，而当宏观经济发展过快需要减慢速度时，房地产业往往首先受到抑制，并进而影响到整个经济。因为房地产金融具有为房地产业筹集资金、融通资金的职能，因此房地产金融在房地产业的发展中具有"调节器"的作用，国家可以利用房地产金融信贷政策对房地产业实施控制。如国家可以通过提高房地产开发建设贷款的利率、压缩贷款规模、控制贷款投向等来限制过热的房地产开发行为，或者通过降低利率、提高贷款比例等来刺激住房消费，也可以通过提高利率、降低贷款比例、缩短期限等来限制房地产投机等行为。

（4）房地产金融是调整银行信贷资产结构的助推器。个人住房消费贷款是银行质量高、效益好的信贷品种之一。从国外商业银行发展来看，商业银行信贷业务的重点通常是放在流动性较强的中短期企业贷款上。但随着金融市场竞争的日益加剧，商业银行的业务逐步向包括个人住房贷款在内的非传统业务领域延伸，并逐步成为住房金融市场上的主要资金提供者。个人住房贷款使商业银行从长期以中短期贷款为主的资产结构，向短、中、长期贷款共同发展的方向转移，使资产结构逐步趋于合理；同时，个人住房贷款因资产质量优良、效益良好成为各家银行竞争的焦点，个人住房贷款占商业银行中资产的比重通常都在20%左右，有的甚至更高。

专栏8-1 中国房地产金融2013年度报告

2014年3月31日下午,中房协金融专业委员会和全国房地产投资基金联盟联合主办的2014房地产金融研讨会,暨《中国房地产金融2013年度报告》发布会在北京召开。

会上发布的《中国房地产金融2013年度报告》显示,2013年,国内房地产融资市场呈现了几个方面的特点:

第一,在信贷市场方面。2013年房地产贷款比2011、2012年有较高增速,但房地产开发资金来源的占比不断下行,不少房企通过海外市场、房地产私募股权、信托贷款以及民间借贷等高成本方式融资,融资手段进一步多元化。此外,资质好的企业将会成为各家金融机构争夺的重点客户,其贷款也将享受优惠利率;而资质较差的企业可能要支付比现在更高的贷款溢价。

第二,在房地产信托方面。2013年中国信托资产规模为10.91万亿元,突破了10万亿元大关,房地产信托平均预期年收益率达9.55%,超过整个行业8.8%的平均收益率。经过2010、2011年房地产信托喷发发展之后,2012、2013年房地产信托迎来兑付高潮。从兑付情况来看,虽然有中融信托、青岛凯悦中心房地产信托项目、华澳信托、"实德事件"等风险事件发生,但是总体来看,房地产信托兑付平稳。

第三,在房地产私募基金方面。房地产私募基金近年发展迅速,规模逐年增加,投资领域从相对偏向后端逐渐到面向全产业链。目前房地产基金投资项目主要集中在住宅和商业地产,工业地产也有发展。基于未来资产管理的商业地产领域将进一步加大,更加多元化的产品投资领域将伴随机构管理能力的增强逐渐增加。

第四,在房地产并购及海外融资方面。2013年,在境内IPO市场暂停和并购鼓励政策的双重刺激下,国内并购市场异常火爆。房地产行业并购数量紧随能源及矿业排名第二,涉及案例148起,较2012年的100起上升48.0%。海外融资方面,2013年房企转向海外融资成效显著,中国房企2013年海外融资跃居世界第一。

报告指出,2014年虽然面临的环境依然复杂,制约和挑战不少,但从经济发展的潜能和动力等综合情况看未来一段时期我国经济仍有望保持平稳向好、稳中有进的发展态势。一是经济发展回旋余地大。新型工业化、城镇化持续推进,为今后一个时期我国经济保持中高速增长提供了良好基础;二是用改革红利释放发展潜力;三是一批新技术产业、新商业模式给经济注入活力。未来随着收入水平提高和技术进步,旅游、信息消费等新的生活方式也将引领消费结构升级,带动经济发展;四是世界经济复苏态势持续看好。从外部环境看,各大国际组织和机构发布2014年全球经济预测都认为,在美欧经济持续复苏,新兴经济体依然保持增长潜力的情况下,2014年全球经济将趋于好转,迎来转折的拐点,这将有助于国内经济的平稳运行。

（资料来源：城市开发编辑部. 2014年全球经济趋于好转-2014年房地产金融研讨会暨《中国房地产金融2013年度报告发布会》在京召开，2014（4））

8.2 房地产金融市场

8.2.1 房地产金融市场概念及功能

1. 房地产金融市场的概念

一般地，任何一种有关商品和劳务的交易机制都能形成一种市场。随着商品经济的发展，各种货币借贷、票据和有价证券的买卖等融资活动日益增多，金融市场产生并不断发展。

金融市场是指以金融资产（金融工具）为交易对象而形成的供求关系的总和。它包括如下三层含义：它是以金融资产交易形成的有形和无形的场所；它反映了金融资产的盈余者和短缺者之间所形成的供求关系；它包含了金融资产交易过程中所产生的运行机制，其中主要的就是价格机制。

房地产业资金运动存在需求量大、投入集中、周转期长、风险高等特点，其广泛而活跃的融资活动必须通过各类房地产金融机构，借助市场关系才能顺利展开。因此，房地产金融市场可以概括为房地产资金供求双方运用金融工具进行各类房地产资金交易的场所与行为的总和。它可以是一个固定的场所，也可以是无形的交易方式。交易的方式可以是直接的，也可以是间接的。其业务范围包括房地产贷款、房地产信托、房地产证券、房地产保险、房地产典当等多种房地产金融活动。

随着城镇住房制度改革的深入，房地产金融市场对房地产经济的促进作用日益明显。房地产金融市场在生产、流通、消费筹集和分配资金的过程中，满足了资金供给者的各种投资、融资需求；而且为投融资人转移和规避风险提供了便利。通过多渠道、多层次的资金运动，房地产金融市场不断地优化资金配置，提高了资金利用的经济效益，广泛且及时地传递和反馈着各种房地产产业信息和金融信息。此外，政府可以通过房地产金融市场对房地产业和金融业实施宏观调控。

2. 房地产金融市场的功能

（1）房地产金融市场具有筹集资金、融通资金的功能。金融的基本职能是为经济的运行筹集资金与分配资金。房地产金融市场的筹、融资功能是指将众多分散的小额资金汇聚成为可以投入社会再生产的巨额资金，通过一定的金融工具将短期资金转换为长期资金，满足房地产业的资金需要。在这里，房地产金融市场起着资金"蓄水池"的作用。房地产金融市场之所以具有资金的筹集和融通功能，一是由于金融市场创造了金融资产的流动性，二是金融市场上多样化的融资工具为资金盈余向资金短缺者转换提供了途径。

（2）调节功能。调节功能指房地产金融市场通过储蓄–投资机制作用，调节房地产金融市场的运行过程和基本比例关系。这种调节作用可以分为两种，即直接调节作用和间接调节作用。

直接调节作用体现在房地产金融市场大量的直接融资活动中，投资者为了自身利益，一定会谨慎科学地选择投资的公司及开发项目，只有那些符合市场需要、效益高的投资工具，才能获得投资者的青睐。而且，金融工具的发行者在获得资本后，只有保持较高的经济效益和良好的发展势头，才能进一步扩大社会再生产。这实际是房地产金融市场通过其持有的资本引导（即合理配置的机制）首先对开发商产生影响，进而影响到房地产行业的一种有效的自发调节机制。

间接调节作用体现在房地产金融市场的存在及发展，为政府实施对房地产业的间接调控创造了条件。房地产金融市场的波动是对房地产业相关信息的反映，所以政府有关部门可以通过收集及分析房地产金融市场的运行情况来为政策的制定者提供依据；中央银行在实施货币政策时，通过房地产金融市场可以调节货币供应量、传递政策信息，最终影响到各开发商的经济活动，从而达到调节房地产业的目的。

（3）反馈功能。房地产金融市场将资金融通过程中的相关信息传递给盈余者和短缺者等相关主体，就是市场的反馈功能。房地产金融市场的信息反馈功能，可以为国家宏观经济决策和房地产金融机构经营决策提供重要依据：一方面，国家可以根据融资规模总量及结构的信息反馈，制定相应的规范，规划和调整金融资源在各部门之间的分配比例。另一方面，房地产金融机构也可以根据资金融通的状况进行信息反馈，从而决定和调整金融机构的经营方向。

（4）配置功能。房地产金融市场的配置功能表现在两个方面：资源的配置和财富的再分配。在房地产经济的运行过程中，拥有盈余资金的部门并不一定是最具有能力和机会作最有利投资的部门，现有财产在这些盈余部门得不到有效利用，房地产金融市场通过将资源从低效率利用的部门转移到高效率的部门，从而使一个社会的经济资源能最有效地配置在效率最高或效用最大的房地产项目投资上。

财富是各经济单位持有的全部资产的总价值。政府、企业及个人通过持有金融资产的方式来持有财富，在金融市场上的金融资产价格发生变动时，其财富的持有数量也会发生变化，一部分人的财富随金融资产价格的升高而增加了其财富的拥有量，而另一部分人则由于其持有的金融资产价格的下跌，所拥有的财富量也相应减少，这样，社会财富就通过金融市场价格的波动实现了财富的再分配。

8.2.2 房地产金融市场构成要素

与其他市场一样，一个完整的房地产金融市场通常包括交易主体、市场客体、市场中介等基本构成要素。

1. 交易主体

交易主体是指房地产金融市场的参与者，其中狭义的交易主体是指参加房地产金融交易的资金盈余或短缺的企业、个人以及金融中介机构，广义主体是指包括房地产资金供给者、资金短缺者、中介人和管理者在内所有参加交易的单位、机构和个人。

居民个人：居民个人既是房地产金融市场上重要的资金供给者，也是房地产金融市场上最大的资金需求者。随着经济水平和收入水平的提高，一方面，居民个人可能会将日常消费支出后的结余部分用于银行储蓄投资，或者直接用于购买房地产股票、债券、专门的住房储蓄等，另一方面，也可能由于购房资金的不足向银行等金融中介机构申请房地产抵押贷款。

房地产企业：房地产开发经营通常需要投入巨额资金，并且房地产项目的运作周期较长，资金占用时间长、回收慢，所以房地产开发、施工等企业很可能由于资金的短缺向金融中介机构申请贷款，或通过发行股票、债券等方式从房地产金融市场筹集所需资金。因此，房地产企业作为资金的需求者与资金的供给者参与房地产金融市场的资金融通活动。

金融机构：金融机构是房地产金融市场中资金供给者和需求者之间的重要桥梁，承担着市场中介的作用。房地产金融机构包括各类存款性金融机构和非存款性金融机构，前者如商业银行、储蓄机构、信用合作社，后者如保险公司、养老基金、投资银行、投资基金等。金融机构一方面可以通过广泛吸收存款或发行金融工具等方式筹措资金；另一方面可以发放各类房地产贷款，或从金融市场中购进房地产有价证券和其他金融工具；此外，还可以提供房地产金融咨询、代理发行房地产证券等中间服务。

政府：政府通过发行债券从房地产金融市场筹集资金用于房地产建设；政府还可以运用其行政职能，明确规定各种金融市场的交易规则、各种金融工具的流通范围及各类金融机构的业务划分等使金融市场及房地产金融市场规范化。

2. 市场客体

金融工具即市场客体，也叫金融资产，是指一切代表未来收益或资产合法要求权的凭证。金融工具的发行和流通，实质上是货币资金的交易，是货币资金使用权有偿让渡所形成的债券、债务关系的转移。对出售者或发行人而言，它是一种债务，对于购买者和持有者，它是一种债权，是一种资产。显然，没有金融工具作为媒介，金融市场就没有交易对象，也就无法进行正常的运转。在房地产金融市场上，金融工具主要有房地产金融债券、房地产抵押债券、房地产企业债券和房地产股票、商业票据、未到期的住房存款单等。房地产金融市场工具的发展趋势是证券化。

3. 市场中介

房地产金融市场中介包括经纪人和交易商。这个经纪人与房地产经纪人是两个不同的概念。房地产经纪人一般指房地产市场交易的中介人，是把房地产商品的买卖双方连接在一起的中间商，以取得佣金作为提供服务的报酬。房地产金融市场中的经纪人纯属代客户买卖证券从中赚取佣金的中间人，他们仅是代理人身份，遇有亏损情况，责任一般由买方卖方自负；而交易商主要是自己买卖各种证券以获取利润，偶尔也代客户买卖证券收取佣金，但在证券交易中是代客户买卖还是自己买卖必须向客户说明,以便确定法律关系。

8.2.3 房地产金融市场分类

基于不同的研究角度,房地产金融市场的类别划分不同,主要包括以下几类:

1. 基于不同市场层次的类别划分

按照市场层次的不同,房地产金融市场可以划分为房地产金融一级市场和房地产金融二级市场。房地产金融一级市场是指资金需求者通过房地产金融中介机构或者资本市场进行初始资金融通的市场。主要包括金融机构存款业务、贷款业务、房地产证券发行业务以及有关的附属业务等。

房地产金融二级市场是指资金需求者通过房地产抵押贷款证券化或各类房地产有价证券的再交易进行资金再融通的市场,这是房地产金融市场的核心部分。二级市场主要的活动包括:房地产金融机构向其他银行的拆借活动,银行、企业、个人出售持有的房地产证券,房地产金融机构向其他银行的贷款或向社会投资者发行的再抵押证券等。

房地产金融一级市场是二级市场的基础和前提,二级市场是一级市场存在与发展的重要条件之一,无论从流动性还是从各类房地产金融产品价格的确定上,一级市场都受到二级市场的重要影响。

2. 基于融资过程有无中介机构参与的类别划分

根据资金融通中有无中介机构的,将金融市场分为直接金融市场和间接金融市场。

直接金融市场是指资金短缺者直接从资金盈余者那里融通资金的市场。具体来讲,主要包括房地产开发企业或建筑企业通过发行债券或股票等方式在金融市场上筹集资金,或者房地产金融机构直接向房地产业投资,参与企业的开发、经营等活动。

间接金融市场是资金的供求双方通过银行等金融机构作为信用中介进行资金融通的市场,主要包括金融机构展开的各类房地产信贷业务。相比间接融资而言,直接融资所筹集的资金更稳定,资金使用期限更长,而且资金供求双方直接形成债权债务关系,债务人面临着债权人的直接监督,资金的使用效益相对提高。因此,直接融资是发达国家房地产金融市场的重要组成部分。

专栏8-2 直接金融与间接金融不同运作方式

直接金融运作方式:
1. 交易双方直接进入市场,按照一定的条件直接进行交易;
2. 通过金融中介机构或经纪人的安排,间接进行交易。

在金融市场上发行债券也有两种方式,一是自办发行,二是通过中介机构代为发行。不论交易是直接进行还是间接进行,只要买卖双方作为最后贷款者和最后借款者而结成直接的债权债务关系,这种资金融通均属直接金融。

间接金融运作方式:

1. 资金盈余部门将多余资金存入银行等金融机构,然后再由这些金融机构向资金需求部门发放贷款或买入资金需求部门发行的直接证券(如企业债券、股票等)。

2. 资金盈余部门用多余资金购买银行等金融机构发行的间接证券(如金融债券等),金融机构再用集中的资金向资金需求部门购买直接证券或发放贷款。所以,间接金融是通过银行等金融中介机构实现的资金融通活动。

(资料来源:http://baike.baidu.com/link?url=e3vqD2gkR6o9_kGBxuYTlAviXJEQAc8f2DOOl6bV5H_dp0tYNaKB4pVbzznZltk2y3yLP8xH1e3OZXEim5dOma.

http://baike.baidu.com/link?url=Uiuy__x1mTJADOv5Ox3am5O3VYEU5tQt8TxM6TTXxmPu-A7xI8R-5gehPy6X_00Y)

3. 基于金融交易期限的类别划分

按金融交易期限的不同,房地产金融市场可以分为货币市场和资本市场。货币市场是指一年期以内短期房地产资金融通的金融市场。如各类短期信贷市场、同业拆借市场、票据承兑和贴现市场以及短期债券市场等;资本市场是指一年期以上的中长期房地产资金融通市场。如房地产股票市场、中长期债券市场、中长期借贷市场等。

从金融市场发展历史来看,货币市场是资本市场的基础。货币市场所融通的资金大多用于企业短期周转,而资本市场融通的资金大多用于企业的创建、更新、扩充设备或储存原材料等。通常情况下,由于期限短、流动性高、变现能力强,货币市场的风险小于资本市场。

4. 基于不同服务对象的类别划分

按服务对象的不同,房地产金融市场可以划分为房产金融市场和地产金融市场。

房产金融市场是指银行及其他金融机构为房屋再生产进行资金融通的市场。有狭义与广义之分:狭义的房产金融市场是指围绕着居民或消费性的非营利住房机构的住房建设、流通、消费、修缮等展开的资金融通活动总和。而广义的房产金融市场是指围绕着所有住房建设、流通、消费、修缮等展开的资金融通活动总和。

地产金融市场又称土地金融市场,是以土地为抵押物向金融机构获得资金信贷的交易活动关系的总和。地产金融围绕土地的有偿使用而产生融资活动,包括农地金融与市地金融两大类。前者以农地为媒介,后者以向市地为媒介。地产金融一般以债券化的方式开展业务,具有债权可靠、利息率低、还贷期长、运行安全等特点,是银行比较乐意从事的业务。由于房产与地产的不可分割性和内在统一性,房产金融市场与地产金融市场并不是截然分立的,二者相互影响相互作用,共同构成完整的房地产金融市场。

5. 基于融资工具的类别划分

按照融资工具的不同，分为房地产抵押贷款市场、房地产证券市场、房地产保险市场、房地产信托市场、房地产租赁市场等。

房地产抵押贷款市场是指企业或购房者以符合条件的房地产作为借款担保向房地产金融机构融通资金的市场，包括个人房地产消费信贷市场和房地产企业开发贷款市场。

房地产证券市场是指围绕着房地产股票、债券、抵押贷款证券、投资基金等各种有价证券的发行和买卖形成的各种交易关系总和，包括房地产股票市场、房地产债券市场、房地产抵押贷款证券化市场、房地产投资基金市场等。

房地产保险市场是指以房屋及其相关利益和责任为保险标的展开的保险业务市场。

房地产信托市场是指受人所托代为办理房地产买卖、租赁保险等房地产信托业务的市场。

房地产租赁市场是指依据设备领域的融资租赁原理，在不改变房地产所有权的前提下，借助金融租赁平台，在房地产所有者即资金需求者、金融租赁公司、资金供给者之间进行资金融通的市场。

专栏8-3 房地产信托

房地产信托，英文是"Real Estate Investment Trust"，简称REITS，包括两个方面的含义：一是不动产信托就是不动产所有权人（委托人），为受益人的利益或特定目的，将所有权转移给受托人，使其依照信托合同来管理运用的一种法律关系；二是房地产资金信托，是指委托人基于对信托投资公司的信任，将自己合法拥有的资金委托给信托投资公司，由信托投资公司按委托人的意愿以自己的名义，为受益人的利益或特定目的，将资金投向房地产业并对其进行管理和处分的行为。这也是我国正大量采用的房地产融资方式。

2003年6月，央行发布121号文件限制房地产企业的银行融资，房地产信托开始成为企业追逐的热点。房地产信托是指房地产信托机构受委托人的委托，为了受益人的利益，代为管理、营运或处理委托人托管的房地产及相关资财的一种信托行为。

房地产信托经营业务内容较为广泛，按其性质可分为：

（1）委托业务，如房地产信托存款、房地产信托贷款、房地产信托投资、房地产委托贷款等；

（2）代理业务，如代理发行股票债券、代理清理债权债务、代理房屋设计等；

（3）金融租赁、咨询、担保等业务。

相对银行贷款而言，房地产信托计划的融资具有降低房地产开发公司整体融资成本、募集资金灵活方便及资金利率可灵活调整等优势。由于信托制度的特殊性、灵活性以及独特的财产隔离功能与权益重构功能，可以财产权模式、收益权模式以及优先购买权等模式进行金融创新，使其成为最佳融资方式之一。资金是房地产信托投资机构从事信托的基本条件。房地产信托机构筹集资金的渠道与方式与银行不大一样，主要来源有：

（1）房地产信托基金：是房地产信托投资公司为经营房地产信托投资业务及其他信托业务而设置的营运资金。我国的信托投资公司资金来源主要有：财政拨款、社会集资以及自身留利；

（2）房地产信托存款：是指在特定的资金来源范围之内，由信托投资机构办理的存款。其资金来源范围、期限与利率，均由中国人民银行规定、公布和调整；

（3）集资信托和代理集资：这是信托机构接受企业、企业主管部门以及机关、团体、事业单位等的委托，直接或代理发行债券、股票以筹借资金的一种方式；

（4）资金信托：是指信托机构接受委托人的委托，对其货币资金进行自主经营的一种信托业务。信托资金的来源必须是各单位可自主支配的资金或归单位和个人所有的资金，主要有单位资金、公益基金和劳保基金等；

（5）共同投资基金：即投资基金或共同基金，对于国内公众而言，它是一种较新型的投资工具，但在国外已有百余年的历史，并且日趋兴旺，是现代证券业中最有前途的行业，在发达国家的金融市场上，已为实践证明是一种相当先进的投资制度，并已成为举足轻重的金融工具。

（资料来源：http://baike.baidu.com/view/409309.html）

8.3 房地产证券化

8.3.1 资产证券化的内涵及特点

1. 资产证券化的内涵

从法律意义上讲，证券是指各类记载并代表一定权利的法律凭证的统称，用以证明持券人有权依其所持证券记载的内容而取得应有的权益。所谓证券化是指金融市场上不断出现新创、可转让证券产品的形式，其含义有广义和狭义之分。广义的证券化包括融资证券化和资产证券化；狭义的证券化仅指资产证券化。

所谓融资证券化是指资金需求者依法在资本市场和货币市场上以发行证券（股票、债券等）的方式直接向资金盈余者融通资金的方法。融资证券化的实质是直接融资方式，多为信用融资，不同信用等级的资金需求者采用这种方式融资的成本不同，政府和信用卓著的企业可以较低的成本发行证券融资。它属于增量的证券化，又称为"初级证券化"或"一级证券化"。所谓资产证券化是指原始权益人以不流动的资产或可预见的现金流收入,集中并分割成可在金融市场上流通的若干证券单位的过程,持有该证券就代表着对资产享有收益权。资产证券化是在原有信用基础上发展起来的,基本上属于存量的证券化,又称为"二级证券化"。

两者最主要的区别在于:融资证券化是企业发行证券直接融资的行为,能使企业资本容量扩大,属于增量的证券化;而资产证券化是在原有的信用关系基础上发行的存量资产的证券化,证券化本身并不增加资本量。

2. 资产证券化的特点

资产证券化的最大特点是在运作结构上构建了一个特设机构SPV(Special purpose Vehicel)。SPV机构的功能是购买需要融资企业能够产生未来现金收入的资产或收益权,发行由所购买资产支持的证券。通常,SPV是用发行证券的收入购买支持资产,用支持资产产生的未来现金收入向投资者支付证券本息。一般来说,证券化制度较完善的国家,特设机构(SPV)在法律上为不破产实体,以达到将企业破产风险与投资者隔离、提高证券信用级别、降低融资成本的目的。

资产证券化是结构性证券化,因此也称为结构性融资。资产证券化是银行或企业根据自己的需求,将一部分流动性差、能够产生稳定现金流收入的资产作为基础担保品,发行证券进行融资。它可以通过风险隔离和信用升级,获得高于企业本身信用等级的证券。同时,资产证券化可以设计为表外融资,不增加企业的负债水平,只要发起人具有能产生未来稳定现金流的资产,就可以运用资产证券化融资。

案例分析

我国个人住房抵押贷款证券化的设计研究

个人住房抵押贷款证券化的前期准备和后期管理都比较复杂。发行前期个人住房抵押贷款的借款人情况千差万别,借款笔数成千上万;发行后贷款的管理、资金保管、本息支付、信用评级等工作量大,因此需要建立一个符合中国金融环境的统一的个人住房抵押贷款证券化业务体系。

1. 个人住房抵押贷款证券化参与主体

(1)发起机构,指出售应收款用于证券化的机构。

(2)特别目的机构,是指从发起人那里购买可证券化的资产,并以此为基础发行证券的一个独立机构。它是一般不会破产的高信用等级实体,是整个证券化的核心。

(3)信用评级与增级机构,为了增强证券对投资者的吸引力,减轻和化解资产的信用风险,降低发行成本,需要对资产证券化的各个环节进行评估。并提供担保的两个机构。

（4）证券承销商，是为特别目的机构所发行的证券进行承销的实体。其作用是寻找投资公众，从而使其募集到所需的资金。

（5）投资者，是在资本市场上购买抵押支持证券的机构或个人。

2. 个人住房抵押贷款证券化流程

（1）选择合适的个人住房抵押贷款，构建资产池

就实践来看，目前开展房地产证券化过程中，通常会由保存有较完整的债权债务合同和较详细的有关合同履行状况的贷款商业银行来充当发起机构。

具体来说商业银行在审核和批准借款者的申请后，与之签订贷款合同，发放抵押贷款。贷款的数额、本息的偿付方式和利率的选择依据购房价格、购房者经济状况和银行利率水平而定。首先，商业银行至少要从个人住房贷款证券化过程中获得手续费、服务费等收入，参与的中介机构也要获得中介费，因此住房抵押贷款的利率应高于无风险利率，即期限相同的国债收益率，否则就没有商业运作的可行性。

其次，住房抵押贷款的还款方式，常采取等额本息还款法和等额本金还款法，等额本息还款法指偿还的本金和利息之和每期相等；等额本金还款法是指每期偿还的本金数额相等，同时每期付清上一还款日至本次还款日之间的贷款利息。

最后，由于从发放贷款到出售贷款、组成资产池、发行个人住房抵押贷款支持证券需要一定的运作时间，因而期限太短的贷款不适合证券化，发行中长期贷款支持债券较为合适。

（2）特定目的载体、特别目的机构的设置

从个人住房抵押贷款证券化流程可以看出，特定目的载体直接与发起机构、证券承销商及投资者、担保机构、评级机构、受托管理机构相联系，是证券交易结构的核心。它是一个专为隔离风险而设立的特殊实体，目的在于将用于证券化的资产从发起人手中收买，使基础资产与原始权益人自身的信用水平分离开来，即达到所谓的"破产隔离"。我国的资产证券化业务发展时间较短，各种法律、法规还有待完善，因此应由信托公司充当SPV。信托公司对住房抵押贷款实施单独记账、单独管理，并以自己的名义充当证券发行人，对外发行代表对证券化资产享有权利的信托受益证书。

（3）个人住房抵押贷款证券的发售

此阶段是个人住房抵押贷款证券化过程中最复杂、参与者最多、技术要求最高的实质性阶段，包括构造完善的交易结构、进行信用增级、内部评级以及安排证券销售等步骤。

信用增级是构成个人住房抵押贷款证券化交易结构的关键内容。其实现方式分为内部信用增级和外部信用增级两类。前者主要包括超额抵押、资产支持证券分层结

构、现金抵押账户和利差账户等方式；后者包括备用信用证、担保和保险等方式。

信用增级后，SPV应邀请信用评级机构对证券进行发行评级。信用评级机构在对贷款发放标准、借款人的资信状况、证券化交易结构等进行全面的信用风险考查后，根据评估结果确定证券的信用级别。

证券承销机构的主要职能一方面是协助公开发行以住房抵押贷款为基础资产的证券、建议证券发行价格和时间；另一方面承销机构利用其对证券市场的熟悉程度，兼顾着向投资者宣传和推介相关产品、提供投资咨询等。

（4）个人住房抵押贷款证券投资机构

目前，我国已有上海、深圳两家债券交易所STAO（全国证券交易自动报价系统）和NET（全国电子交易系统）两个交易系统。在公众投资意识、风险意识和金融意识不断增强的情况下，众多股民是证券的潜在投资者。另外，由于个人住房抵押贷款证券是以信用为支持发行证券，再辅以信用增级处理，使其证券级别较高。因此对投资安全性要求较高的投资机构，如保险公司以及医疗统筹基金、社保基金、住房公积金等各类投资基金机构成为个人住房抵押贷款证券的主要投资机构。

（5）个人住房抵押贷款证券的后期管理

个人住房抵押贷款证券的借款者数量较多，且都是自然人。虽然每笔贷款数额不大，但是本人房贷的还款付息一般采用"月供"方式，即偿还本息的频率按月计算。为此，贷款服务机构必须每月收本息，资金管理机构的资金进入也应按月进行，证券登记托管机构应每月向证券持有人支付收益，使得后期管理工作量加大（沈炳熙，2009）。

商业银行是主要的信贷资产证券化的发起机构，由于实行的是表外融资模式，因此在管理时须单独设账、单独管理。具体职责是收取证券化资产的本金、利息和其他收入，并及时、足额地转入资金保管机构开立的资金账户。在个人住房抵押贷款证券化交易结构中，贷款资产产生的现金，包括本金和利息，以及由此现金进行的某些理财业务带来的收益，需要由专门资金管理机构开设信托财产的资金账户保管。由于证券登记托管机构掌握不同时期各投资机构的实际持有个人住房抵押贷款证券的情况，并且具有配发证券收益的经验，所以将由该机构向投资人支付投资证券获得的收益。

案例启示：

案例依据我国住房抵押贷款证券化的实际，设计出具体的个人住房抵押贷款证券化交易结构流程，为理论联系实际具有较好的指导作用。

（资料来源：刘开瑞，张馨元. 个人住房抵押贷款证券化的设计研究. 经济经纬[J]2010（03）：126-129）

8.3.2 住房抵押贷款证券化

1．住房抵押贷款证券化概述

住房抵押贷款证券化是20世纪60年代末产生于美国的一种金融创新制度，它是指相关金融机构将自己持有的流动性差，但具有较稳定的可预期现金流的住房抵押贷款汇集重组成抵押贷款群组，由特设机构（Special Purpose Vehicle，简称SPV）购入，经过担保、信用增级等技术处理后以证券的形式出售给投资者的融资活动。住房抵押贷款适宜于证券化有三方面的原因：一是信贷普及率高、规模大。二是可以形成稳定现金收入流。抵押贷款支付方式明确，可以形成稳定的还本付息收入流。三是贷款违约率较低、安全性高。由于住房抵押贷款的发放有一套严格的信用风险管理制度，因而一直是银行安全性较高的信贷资产。高安全性意味着高质量的信贷资产，高质量信贷资产意味着发行证券的高信用等级。

根据被证券化的抵押贷款所有权转移与否和投资者是否承担房地产抵押贷款提前偿付而面临的再投资风险的不同，住房抵押贷款证券化所使用的金融工具可分为转手证券、抵押支持债券、抵押转付证券和担保抵押债券四种。

转手证券（Pass-Through Securities）：转手证券是证券化后的住房抵押贷款的所有权经过SPV的出售和转移，这些转移的住房抵押贷款从银行也就是发起人的资产负债表的资产项移出。转手证券的投资者拥有住房抵押贷款的所有权，SPV将扣除了一定费用后的住房抵押贷款产生的还款现金流"转手"给投资者。同时，住房抵押贷款的各种风险也几乎全部"转手"给了投资者。发行的抵押贷款证券，其特点主要有：每一份证券平均享有支持资产收益的分配权；资产组合中的风险和收益均按投资者所购买的比例进行分配。在美国，根据提供信用担保机构的不同，转手证券可分为：政府国民抵押协会转手证券、联邦住宅抵押贷款公司转手证券、联邦国民抵押放款协会、转手证券和私人机构转手证券四种。

抵押支持债券：抵押支持债券以住房抵押贷款作为抵押担保，由抵押贷款的放款机构发行，由于是发行人的负债，因而抵押贷款和抵押债券分别保留在发行人的资产负债表中，相应的抵押贷款所产生的现金流量不一定用于支持抵押债券的本息，发行人也可以用其他来源的资金偿还抵押债券本息。支持债券是针对过手证券提前偿还的不确定性以及现金流难以预测等特性而设计的金融产品。

抵押转付债券：转付债券兼有过手证券和抵押支持债券的一些特点，是结合两者优点而创新的一种证券产品。它与抵押支持债券的相似之处在于，发行人同样拥有抵押贷款资产的所有权，而不是将所有权过手给投资者；与转手证券的相似之处在于，二者都规定流入抵押资产组合的现金流都要转手给债券投资者。转付债券与过手证券的区别主要在于，抵押贷款组合的所有权是否转移给投资者；与抵押支持债券的区别主要在于两者偿还的资金来源不同。

担保抵押债券：担保抵押债券是抵押转付债券的衍生品，也是通过抵押贷款资产组合作为发行债券的担保，流入资产组合的本金和利息也要过手给债券持有人。该债券与以上三种证券的主要差别是担保抵押债券是以多级别的形式发行的，即以同一抵押资产组合为担保，但同时发行不同期限、不同利率的证券，以满足投资者不同的风险偏好。其最大优势在于期限、利率和种类的多样化。

> **专栏8-4　我国实施房地产证券化的可行性及制约因素**
>
> 　　随着经济的发展，金融活动的日益频繁，我国实施房地产证券化具备了一定的可行性，同时也面临着一些制约因素。
> 　　1. 我国实施房地产证券化的宏观环境日趋成熟
> 　　（1）国际上房地产证券化的成功经验。自从1930年美国政府二级抵押贷款市场开拓以来，各市场经济国家均推出了多样化且富有弹性的房地产证券化产品。发达国家成熟的经验对我国房地产证券化的推行有着重要的借鉴意义。
> 　　（2）土地产权和房地产产权改革提供了前提条件。随着土地使用制度改革的不断深入，用地单位或居民逐步拥有了房地产产权，通过承租国有土地，补交土地出让金的方式拥有了土地使用权。同时，住房制度的改革使居民通过购买公有住房、微利房、商品房等方式逐步拥有了住房的所有权，为土地和房屋的抵押开辟了道路，也为房地产权益的分割提供了条件，为推广房地产证券化做了积极的准备。
> 　　（3）快速发展的房地产市场和金融市场是经济基础。从整个国家的宏观经济基础看，我国金融体制改革不断深化，经济运行状况良好，发展势头强劲。国民经济连续几年保持了7.5%以上的增长率，为房地产证券化创造了一个稳定的宏观经济环境。2003年以来，我国房地产投资增速快速下降，但房地产投资额一直处于上升趋势，总体上呈现出与经济发展相对应的快速增长特征。同时，国家针对房地产金融领域的违规操作现象，自2001年以来连续出台了一系列促进金融市场健康发展的房地产金融政策，繁荣的房地产市场和规范发展的金融市场为房地产证券化提供了经济基础。
> 　　2. 初步具备实施房地产证券化的微观基础
> 　　（1）房地产市场存在巨大资金缺口。1998年住房制度市场化改革以后，城镇居民长期被抑制的住房需求逐步释放，投资性的需求在增长。但从房地产市场供给上看，现在我国大多数开发企业不具备雄厚的开发资本，银行贷款、信托融资、发行企业债券、发行股票并上市、股权投资、产业基金等融资方式均有一定局限性，只有推行房地产证券化，在金融市场上直接向社会大众融资，才能较好地解决房地产开发资金短缺的矛盾。房地产进入流通领域满足单位和个人的消费需要，庞大的住房消费市场的资金来源不可能依靠国家财政，也不可能完全依靠银行，住房消费的直接融资势在必行，推行房产证券化成为一种必然。
> 　　（2）住房抵押贷款证券化业务基本成熟。住房抵押贷款是最容易进行证券化的优质资产之一，其原始债务人信用较高，资金流动性稳定，安全性高，各国的资产

证券化无不起源于住房抵押贷款证券化。而我国随着住房货币供给体制逐步取代住房福利供给体制以来，住房抵押贷款不断上升已经初步形成规模。

（3）庞大的房地产证券化投资需求群体。我国居民拥有大量储蓄。2005年3月末，我国人民币储蓄存款余额12.9万亿元，同比增长15.5%，这样一个拥有大量结余资金的群体，将为房地产证券化及其上市创造一个必要的市场环境。首先，证券可以根据需要以一定的面额等额分割，可以用较小的数额表现，房地产证券化的实施将大大降低资金进入的"门槛"。其次，房地产证券不仅可以使投资者享受资金在房地产领域运动所产生的增值回报，在有价证券代表有关房地产产权（如持有房地产产权收益凭证）的情况下，这笔资金可以根据需要转化为房地产的实物消费。

（4）走向规范的资本和证券市场。以买卖发行各种债券和股票的资本市场在我国已形成基本框架，资本市场的发展不仅为房地产证券提供了市场规模，也因资本市场证券品种丰富而使房地产融资形式有多样化的选择。我国的证券市场也已初具规模，形成了以众多证券公司组成的证券发行市场和上海、深圳两地证券交易所、STAQ系统和NET系统为代表的证券交易市场，并且交易的容量和辐射范围不断地扩大，硬件和软件均达到国际先进水平，这就为房地产证券的交易提供了良好的发展空间。

3. 政府的推动

证券化是一种市场行为，但也离不开政府的有力支持。在房地产证券化发展的初期，我国政府也极力推动住房抵押证券化的发展。例如，2005年3月，由中国人民银行牵头，发展改革委、财政部、建设部、税务总局等十部门负责人共同组成了信贷资产证券化业务试点工作协调小组，在国务院直接领导下，具体组织和协调信贷资产证券化的试点工作，分析研究试点工作进展情况，讨论有关难点问题并商议解决方案。

同时，我国房地产证券化也存在一些制约因素：

1. 体制制约

房地产证券化是发达国家金融创新的产物，其基础是私有制，房地产产权的细分出售正是私有化的集中体现。而我国所要建立的社会主义市场经济体制显然是有别于西方国家的市场经济体制。从实际情况看，目前我国还不能将大量资金投资于房地产，而是优先用于农业、能源、交通、原材料等短缺部门，这就决定了我国所要推行的房地产证券化有一定的范围限制。况且，我国现行的房地产投资与金融体制正在进行重大改革，专业银行商业化、利率市场化、项目业主负责制等举措正是改革的重大步骤，但是这些目标的真正实现还要经历一个相当长的过程。这也在一定程度上制约了我国的房地产证券化进程。

2. 法规制约

住房贷款证券化是一项极其复杂的系统工程，将银行债权转化为投资者有价证券持有权的过程中,涉及原始债权人、证券特设机构、信用评级机构、贷款服务、证券投资者等方面的利益。然而,我国现行《证券法》的相关条款中,缺乏对资产证券化在房地产融资业务应用中的规定,这势必增加住房贷款证券化的推进难度。同时,在建立风险隔离机制所要借助的相关法律有《破产法》和《信托法》,由于这两种法规在国内出现的时间还不长,实施过程中难免存在种种困难。

3. 资本市场的制约

现阶段,我国的证券市场虽然发展迅速,但仍属初级阶段,市场容量和市场规模十分有限。而房地产证券化品种很多,一经推出势必会给已经"饱和"的证券市场带来巨大压力,这对证券市场的发展很不利。房地产证券化工具多半是依赖于证券交易所进行交易的,房地产证券流通市场要承受证券市场与房地产市场的双重风险,这更会使其在流通中受阻。

4. 房地产金融一级市场欠发达

西方房地产证券化的规律是:房地产金融一级市场发展到一定程度后,必然要寻求发展二级市场,因为二级市场能解决一级市场发展中面临的流动性、资金来源、信贷集中性等主要矛盾;二级市场的出现又促进了一级市场的发展。我国长期实行的福利住房制度使房地产金融市场一直没有获得真正的发展,尤其是国有四大商业银行在金融市场上的垄断地位,决定了我国房地产金融市场以非专业性房地产金融机构的商业银行为主体。

5. 信用制约

现阶段,我国尚无完整意义上的个人信用制度,银行很难对借款人的资信状况作出准确判断,对个人信贷业务的贷前调查和对贷款风险的评价显得困难重重。由于个人流动性大、财务收支状况难以确定,银行为了减少信贷风险,只好在贷款方式上严格控制,无形中制约了个人信贷业务规模的扩展,而规模过小的住房抵押贷款初级市场对证券化的推行是没有实际意义的。

6. 技术制约

首先,房地产证券化虽然原理简单,但真正的实施难点很多。其次,我国现阶段的会计与税收处理远远不能满足房地产证券化进展的需要。怎样才能避免双重征税是一个复杂的问题,不同的会计处理会导致不同的证券化成本与收益,如何设计合理的房地产证券化会计制度将是一个漫长的过程。第三,我国对房地产证券化技术的研究刚刚起步,国内缺乏相关技术人才,房地产证券化具体操作技术尚不成熟,这将成为制约我国房地产证券化进程的重要因素。

(资料来源:http://baike.baidu.com/view/1720975.html)

8.3.3 住房抵押贷款证券化运作

1．住房抵押贷款证券化的主要参与者

住房抵押贷款证券化的主要参与者一般包括发起人、投资者以及服务商、受托机构、信用增级机构、信用评级机构等中介组织。

发起人，也称原始权益人，是证券化基础资产的原始所有者。住房抵押贷款证券化的发起人是提供住房抵押贷款的金融机构。如商业银行、住房专业银行等。他们发起贷款，并根据融资需要组建合适资产池，将其真实出售给特设机构。

发行人，也称特设机构SPV。它是指购买发起人的基础资产，并发行抵押贷款支持证券的机构。在表外模式的住房抵押贷款证券化运作中，发行人是独立于发起人的特设金融机构。而在表内模式的住房抵押贷款证券化运作中，则是由发放抵押贷款的金融机构或其子公司直接充当发行人。

投资者，是指购买抵押支持证券的市场交易者。同其他证券投资一样，抵押支持证券的投资者也包括机构投资者和散户（自然人）投资者。在发达的市场经济国家，机构投资者是抵押支持证券的主要投资者。这些机构投资者主要包括商业银行、投资银行、养老基金、投资基金及保险公司等。

中介机构，主要包括：服务商，从事每月偿还本息、还款收集等的相关活动；受托机构，其主要职能是持有抵押品并向投资者偿付本息；信用增级机构和信用评级机构。

2．住房抵押贷款证券化的运作程序

住房抵押贷款证券化主要由以下几个步骤组成：

（1）组建资产池：原始发起人首先要分析自身对抵押贷款证券化的融资要求，确定其证券化的目标；然后对能够证券化的资产进行清理、估算，根据证券化的目标确定资产数，最后将这些资产汇集组建资产池。证券化对于基础资产的要求是：资产可以产生稳定的、可预测的现金流收入；原始权益人持有该资产已有一段时间，信用表现记录良好；资产具有标准化的合约文件，即资产具有很高的同质性；资产抵押物的变现价值较高；债务人的地域和人口统计分布广泛；资产的历史记录良好，即违约率和损失率较低；资产的相关数据容易获得；资产池中的资产应该达到一定的规模。一般同质低、信用质量较差，并且很难获得相关统计数据的资产不宜用于证券化交易。

（2）特殊机构设立：证券化特殊机构是住房抵押贷款证券化的一个核心问题。为了确保住房抵押贷款证券化的实现，证券化参与者需构建有效的结构机制，以使证券化的风险和收益同证券化发起人自身的资信相隔离，提高交易的信用等级，吸引更多的投资者。SPV的设立就是通向这一目标的手段和机制，它的作用主要是：按照"真实出售"的标准从发起人处购买基础资产；通过信用增级手段，对信用资产进行信用增级；聘请信用评级机构对信用增级后的资产进行信用评级；选择服务商、受托人等为交易服务的中介机构；选择承销商，发行抵押支持证券；委托服务商从原始债务人处收取借款人的偿付金；委托受托银行向证券持有人按约定方式进行本息偿付。SPV可以发起设立，因抵押支持证券到期而解散；或是不受资产池期限的限制，永续存在。

（3）信用增级：在进行信用评级之前，特设机构要聘请信用评级机构对所设计的证券化结构进行考核，以确定为了达到发行人所希望的信用等级而需要进行的信用增级的程度。之后，SPV通过一系列的信用增级的途径，如优先/次级结构等增级途径，或者是通过金融担保公司等机构实行信用增级。

（4）信用评级与发行证券：进行信用增级后，特殊机构再次聘请信用评级机构对将要发行的证券进行正式的发行评级，并且向投资者公布最终评级结果。此后，将由证券承销商负责向投资者发行证券。

（5）管理资产池，偿付证券权益：服务商一般为发起人承担对资产池的管理，记录资产池产生的现金流，并将这些收入存入SPV事前指定的受托银行，托管行建立积累金专门准备给SPV对投资者还本付息，并向各类机构支付专业服务费用。

住房抵押贷款证券化的基本运作如图8-1所示。

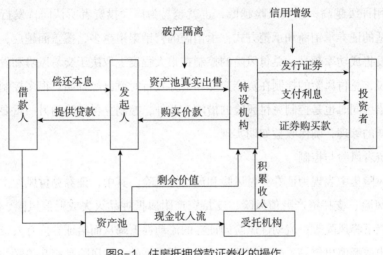

图8-1　住房抵押贷款证券化的操作

3. 住房抵押贷款证券化风险与控制

抵押贷款证券主要面临两类风险：一是抵押贷款组合风险，即基础抵押贷款债务人履行偿债义务的不确定性；二是证券化风险，包括结构或现金流量风险、法律法规风险、管理和操作风险和第三方风险等。从证券化的各个环节来看，住房抵押贷款风险因各种不确定因素给各参与人带来损失，其风险主要集中于发行人和投资者。

（1）发行人风险与控制

发行人风险主要包括以下三类：①抵押贷款资产交易风险。当证券发行人与发起人即贷款发放人进行贷款资产交易时，可能因交易双方信息的不对称，导致发行人交易价格与资产的实际价值相去甚远；或者由于发起人对其所出售贷款资产的未来收益情况没有进行较为准确的评估,使得给出的资产报价不合理,而此时发行人对资产的有关信息比发起人了解得更少,不能确切地评估资产的未来收益,造成交易价格与资产实际价值不符。②证券发行风险。发行风险集中表现在发行人能否按预定的发行价格在预定的发行时间内全部发售完毕。具体包括券种(含期限、收益率、收益支付方式、发行对象等)是否适当、发行方式是否有利、发行费用高低、发行时间长短、资金入账是否及时等。③证券兑付风险。即发行人是否能按其所承诺的条件和方式向投资者及时支付证券收益。具体包括:能否按期支付收益、收益支付费用高低、发行人是否会因兑付迟延或不能支付而导致信誉受损甚至破产等。

交易风险可以从两方面进行控制,一是全面收集和了解有关交易资产及证券发起人的详尽信息,信息量的增多将减少不确定性,从而减少风险;二是在进行资产交易时,要求发起人对提供信息的真实性作出保证,防范虚假信息和不实信息。

对于发行风险,证券发行人至少应把握以下几点:合理预测资产组合的未来现金流;从期限、收益率、收益支付方式等各个方面选择或设计资产支持证券品种,以使支持资产收益现金流与证券收益现金流在期限和流量等各方面相匹配。努力提高证券的信用评级;资产支持证券的信用评级越高,投资风险越低,也就越易为广大投资者所认同,发行风险也就越小。选择合适的证券承销商和承销方式;承销商的营销渠道越多,覆盖面越广,承销经验越丰富,证券发售成功率越高。兑付风险的控制在很大程度上取决于交易风险和发行风险的控制,也就是说,兑付风险的控制在资产交易和证券发行时就已经开始,很多控制交易风险和发行风险的措施同时也是控制兑付风险的措施。此外,控制兑付风险的另一重要途径便是加强对支持资产的管理,确保收益如期实现。

(2)投资者风险与控制

投资者风险集中表现为证券兑付风险和流动性风险。其中,证券兑付风险主要包括证券债务人破产风险、支持资产贬值风险、支持资产附属抵押品灭失或贬值风险、迟延支付风险、信用等级下降风险等;流动性风险即证券的流动性下降从而给证券持有人带来损失(如证券不能卖出或贬值出售等)的可能性。投资者所面临的上述风险是相互关联的,某一事件或行为可能导致数种风险同时或相继发生,最终的结果都是投资收益下降。

为降低投资者可能面临的风险,除采取以上种种措施外,证券发行人在制定证券发行条件时还可做出以下的安排:一是禁止发行人负有除证券债务以外的其他债务。在这种情况下,证券发行人只为证券化交易的目的而存在,其持有的唯一资产为抵押贷款资产,唯一的负债即为对证券持有人的证券债务。除为完成证券化交易外,发行人不得从事任何其他的业务活动,以确保不对第三人负债。这样,不但发行人被第三人申请破产的可能性不复存在,而且确保了支持资产收益全部或优先用于证券的清偿。在此种安排下,发行人通过特设机构模式进行运作。二是抵押贷款组合中所涉及的抵押财产投保。这对一般住房抵押贷款来说,在贷款发放时就已进行了保险,这样即便抵押品灭损,所得保险金也将被列为抵押财产,从而最大限度地保证投资者的利益。

> **专栏8-5　房地产泡沫**
>
> 　　美国著名经济学家查尔斯·P·金德伯格在为《新帕尔格雷夫经济学大辞典》撰写的"泡沫"词条中写道："泡沫可以不太严格地定义为：一种资产或一系列资产价格在一个连续过程中的急剧上涨，初始的价格上涨使人们产生价格会进一步上涨的预期，从而吸引新的买者。这些人一般是以买卖资产牟利的投机者，其实对资产的使用及其盈利能力并不感兴趣。随着价格的上涨，常常是预期的逆转和价格的暴跌，由此通常导致金融危机"。房地产泡沫是房地产价格波动的一种形态；是指房地产价格呈现出的陡升陡降的波动状况，振幅较大；房地产价格波动不具有连续性，没有稳定的周期和频率；房地产泡沫的产生主要是由于投机行为，是货币供应量在房地产经济系统中短期内急剧增加造成的。房地产泡沫一旦破灭，将引发生产和消费危机、引发政治和社会危机、引发经济和社会结构失衡、金融危机。
>
> 　　（资料来源：http://baike.baidu.com/link?url=K2BFcxkeIp51lnnsLHlXuhGZpnBC-bUMtAbREuTUS60FNZgWUuzi4aXUavm_OM9V3u6tus8OfeSonXk-Z9FJva）

本章实训

【实训任务一】

商业银行贷款客户信贷管理实训

　　请与你的团队成员发挥协作精神，根据老师提供到的贷款客户信息，应用所学到的知识，从贷前调查、授信申报分析、贷款放款条件分析与建议等几个主要环节进行训练。

　　1. 实训准备

　　（1）根据信贷管理的客户信息进行分组。建议分为四个小组。

　　（2）信贷调查前认真分工，详细了解贷款客户评价信用、分析客户财务报表、准备授信报告模板，制定调查的工作方案。

　　（3）准备签字笔、记录本，有条件的话，准备相机和录音笔。

　　2. 实训过程

　　（1）实施贷款客户调查。可以进行实地考察、与客户面谈、进行客户资格审查。

　　（2）进行授信申报分析。学生收集企业的授信基础资料、财务报表，拟定最高授信额度，判断贷款总体风险状况，完成授信报告撰写。团队协作处理数据资料。

　　（3）放款分析。对担保方式可行性进行分析、完成贷款合同的填写、进行融资成本的测算。

3. 实训结束

（1）实训总结分工。

（2）制作汇报PPT。

（3）演讲汇报。

（4）教师和行业专家共同评分。

【实训步骤】

第一步：确定贷款调查的对象

（1）项目团队集思广益，遴选调查的对象和区域。

（2）对确定的调查主题进行初步研究，确定调研对象、范围、调研的目的和需要解决的问题。

第二步：调查策划

（1）深入研究调研对象，确定调研的时间、地点和方法。

（2）收集相关背景资料，咨询相关专业人士，拟定工作方案。

（3）对团队成员进行分工和必要的技术培训。

第三步：收集调研资料

（1）收集调研对象相关的静态资料（二手资料），对收集的资料进行研究，熟悉调研主题和调研对象。

（2）实施调查。

第四步：调查资料的整理与分析

（1）对采用各种方法收集的对象信息进行筛选、勘误和整理，形成资料库，存档以供今后调研使用。

（2）根据贷款客户信息，进行授信申报分析和放款分析。

【实训任务二】

制定一个所在城市房地产金融风险规避方案

请与你的团队成员发挥协作精神，根据老师的指导，应用所学到的知识，分组对房地产现实和潜在风险进行分析，综合运用地方统计网站、数理统计分析方法对房地产金融风险进行调查与分析。

1. 实训准备

（1）分组确定调查的房地产金融风险类别。建议分为四个小组，分别对所在城市房贷总量、结构、质量以及操作风险、政策风险进行调查。

（2）调查前认真分工，详细了解房地产金融风险的构成情况，选择不同类别展开调查，拟定调查的工作方案。

（3）准备签字笔、记录本，数据表格等。

2. 实训过程

（1）实施调查。

（2）团队协作处理数据资料。

（3）小组讨论得出调查结论。

（4）小组对调查结论予以分析，并提出解决方案。

3. 实训结束

（1）实训总结分工。

（2）制作汇报PPT。

（3）演讲汇报。

（4）教师和行业专家共同评分。

【实训步骤】

第一步：确定调查的区域

（1）项目团队集思广益，遴选调查的风险对象和区域。

（2）对确定的调查主题进行初步研究，确定调研对象、范围、调研的目的和需要解决的问题。

第二步：调查策划

（1）深入研究调研对象，确定调研的时间、地点和方法。

（2）收集相关背景资料，咨询相关专业人士，拟定工作方案。

（3）对团队成员进行分工和必要的技术培训。

第三步：收集调研资料

（1）收集调研对象相关的静态资料（二手资料），对收集的资料进行研究，熟悉调研主题和调研对象。

（2）实施调查。

第四步：调查资料的整理与分析

（1）对采用各种方法收集的对象信息进行筛选、勘误和整理，形成资料库，存档以供今后调研使用。

（2）对整理后的资料和数据进行调查的简要分析。

（3）对分析的问题提出具体的解决方案。

思考与练习

1. 进行贷款客户信贷管理的意义是什么？
2. 客户信贷管理的步骤有哪些，并试图厘清其逻辑关系。
3. 影响客户信贷发放的因素有哪些？
4. 试分析信贷客户管理的关键点。

5. 房地产金融风险分析意义是什么？
6. 房地产金融风险有不同表现形态，试图分析其影响大小。
7. 针对房地产金融风险，有什么样的解决对策？

拓展知识

银行信贷

银行信贷是银行将部分存款暂时借给企事业单位使用，在约定时间内收回本金并收取一定利息的经济活动。

企事业单位申请银行信贷，一般需要遵循以下程序：企业提出申请并上报有关文件资料；银行进行调查并完成贷款调查报告；银行对贷款进行内部审查、审核和审批；签订贷款合同并办理有关抵押、公证手续；用款并按约支付利息；贷后银行对企业使用贷款的情况及抵押情况等进行检查、监督；还款或展期后还款。信贷管理过程中，一项重要内容就是信贷分析。

第一，我们需了解信贷对银行的重要性。国内银行的主要利润来源于信贷利差，统计数是85%左右，现在呈下降趋势了，但也在70%以上。所以说，信贷业务就是国内银行的主营业务没有任何争议（国外银行中间业务利润已可与信贷利润一争长短了），信贷业务的好坏决定了银行经营业绩的好坏，所以现在的银行，贷款的重要性已有超过存款重要性的趋势。

第二，须考虑信贷业务中的还款来源问题。信贷的具体业务很多，如贷款合同的签订，资金划账和借据的保管，催收通知等。针对企事业单位，我们一般将企业的还款来源分为第一还款来源和第二还款来源，第一还款来源来自于企事业的现金，第二还款来源于企事业的财产抵押和第三方担保，而第三方担保的来源又可循环地来源于担保企业的现金和自身财产。

第三，须考察还款来源和财务报表的关系。第一还款来源主要要分析企事业的损益表、现金流量表；第二还款来源中的财产抵押主要要分析企事业的资产负债表。

学习资源

1. 精品课程：房地产金融学https://wenku.baidu.com/view/bc43aa58804d2b160b4ec076.html.

2. 中国房地产金融网：http://www.dichanjinrong.com/.

3. 王静，林琦．从美国次级债危机看中国房地产金融市场的风险［J］．财经科学，2008，02.

本章小结

房地产金融的概念有广义与狭义之分：广义的房地产金融是指房地产资金的融通，包括住房金融和土地金融；狭义的房地产金融是指房地产开发、流通和消费过程中通过货币资金融通和信用渠道所进行的资金筹集、融通、清算并提供风险担保或者保险及相关金融服务的一系列活动的总称。房地产金融市场可以概括为房地产资金供求双方运用金融工具进行各类房地产资金交易的场所与行为的总和。它可以是一个固定的场所，也可以是无形的交易方式。交易的方式可以是直接的，也可以是间接的。其业务范围包括房地产贷款、房地产信托、房地产证券、房地产保险、房地产典当等多种房地产金融活动。住房抵押贷款证券化是指相关金融机构将自己持有的流动性差，但具有较稳定的可预期现金流的住房抵押贷款汇集重组成抵押贷款群组，由特设机构（Special Purpose Vehicle，简称SPV）购入，经过担保、信用增级等技术处理后以证券的形式出售给投资者的融资活动。

9 房地产税收

房地产税收概述 9.1
我国的房地产税收制度 9.2

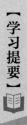

【学习提要】

本章主要介绍房地产税收的作用、房地产税收征收的原则、房地产税制构成要素、我国房地产税制发展历程。通过本章的学习,能够熟悉与房地产相关的税收种类,能够根据房地产税制计算房地产相关税收。

案例引入

财政部、国家税务总局关于调整个人住房转让营业税政策的通知

为促进房地产市场健康发展,经国务院批准,财政部与国家税务总局联合发文,将个人住房转让营业税政策通知如下:

一、个人将购买不足2年的住房对外销售的,全额征收营业税;个人将购买2年以上(含2年)的非普通住房对外销售的,按照其销售收入减去购买房屋的价款后的差额征收营业税;个人将购买2年以上(含2年)的普通住房对外销售的,免征营业税。

二、上述普通住房和非普通住房的标准、办理免税的具体程序、购买房屋的时间、开具发票、差额征税扣除凭证、非购买形式取得住房行为及其他相关税收管理规定,按照《国务院办公厅转发建设部等部门关于做好稳定住房价格工作意见的通知》(国办发〔2005〕26号)、《国家税务总局财政部建设部关于加强房地产税收管理的通知》(国税发〔2005〕89号)和《国家税务总局关于房地产税收政策执行中几个具体问题的通知》(国税发〔2005〕172号)的有关规定执行。

三、本通知自2015年3月31日起执行,《财政部国家税务总局关于调整个人住房转让营业税政策的通知》(财税〔2011〕12号)同时废止。

财政部国家税务总局
2015年3月30日

案例启示:

案例阐述了个人住房转让营业税的政策,一定程度上,降低了住房交易成本,配合相关土地和信贷政策,对实现稳增长、惠民生、促改革、调结构将具有积极作用。

(资料来源:国家税务总局,http://www.chinatax.gov.cn/n810341/n810755/c1532748/content.html)

9.1 房地产税收概述

随着我国房地产市场不断发展,房地产税收体系逐步建立。我国房地产税收促进了房地产业的健康发展,在完善税制、发挥税收聚财功能、发挥经济杠杆作用、保护和合理使用土地资源等方面起到了积极作用。

9.1.1 房地产税收概念、作用

1. 房地产税收的概念

房地产,就其物质形态看,有三种表现形式:房产、地产和房地合一的房地产。与此相联系,房地产税收事实上包括了单纯以房产价值或收益为课税对象的税收,即各种房屋税;单纯以地产价值或收益为课税对象的税收,即各种土地税;和以房地产价值或收益为课税对象的各种房地产税。具体来说,房地产税收有广义和狭义两种概念,广义的房地产税,是指房地产开发经营中涉及的税,包括城镇土地使用税、土地增值税、房产税、契税、印花税、城市维护建设税、营业税、企业所得税、个人所得税等;狭义的房地产税,是指以房地产为课税依据或者主要以房地产开发经营流转行为为计税依据的税,包括营业税、土地增值税、城镇土地使用税、房产税、契税和印花税六种。

> **专栏9-1 税收制度的基本构成要素**
>
> 1. 纳税人
>
> 纳税人又称为纳税主体,它是指税法规定的负有纳税义务的单位和个人。纳税人可以是自然人,也可以是法人。与纳税人相联系的另一个概念是负税人。负税人是指最终负担税款的单位和个人,它与纳税人有时是一致的,有时是分离的,如在税负可以转嫁的条件下二者就是分离的。房地产税收的纳税人一般是房地产的开发者、拥有者、交易者等。我国实行社会主义的土地公有制,因此,我国的土地所有者不是纳税主体,纳税主体主要是各类土地使用权的拥有者。
>
> 2. 课税对象
>
> 课税对象又称征税对象、征税客体,指税法规定对什么征税,是征纳税双方权利义务共同指向的客体或标的物,是区别一种税与另一种税的重要标志,是税法最基本的要素。在现代市场经济国家中,课税对象主要包括所得、商品和财产三大类。按课税对象可将税收分成所得税、商品税和财产税。与课税对象相关的是税源。税源是指税收的经济来源或最终出处,各种税有不同的经济来源。一些税种的课税对象与税源是一致的,如所得税;另一些税种的课税对象同税源是不同的,如财产税的课税对象是纳税人的财产,而税源则是纳税人的收入。税目是课税对象的具体项

目或课税对象的具体划分,税目规定了一个税种的征税范围,反映了征税的广度,一个课税对象可能有一个或多个税目。房地产税的课税对象主要是房地产本身,如各类房地产保有税;或者是房地产收益所得,如房地产转让收益税、土地增值税。

3. 课税标准

课税标准,指的是国家征税时的实际依据,或称课税依据。如纯所得额、商品流转额、财产净值等。国家征税必须以统一的标准对课税对象进行计算,确定课税标准是实际征税的重要步骤。房地产税收的标准,有的是按照房地产物理量的大小计算,这种税收称为从量征收的房地产税。比如,对土地课征的税收,早期就是按照土地的面积征收的,不管土地的质量好坏,相同面积的土地缴纳相同的税款。这样征收的土地税,就是从量征收的房地产税。有的房地产税收是从价征收的,即以房地产价值的大小为课税标准。随着市场经济的发展,房地产价值日益得到量化,从价征收的房地产税增多。

4. 税率

税率是指国家征税的比率,它是税额同课税对象的比值。税率可划分为比例税率、定额税率和累进税率。比例税率是对同一课税对象,不论其数额的大小,统一按固定的比例征税。比例税率在适用中又可分为三种具体形式:单一比例税率、差别比例税率、幅度比例税率。定额税率是税率的一种特殊形式,它不是按照课税对象规定征收比例,而是按照征税对象的计量单位规定固定税额,所以又称为固定税额,一般适用于从量计征的税种;在具体运用上又分为以下几种:地区差别税额;幅度税额;分类分级税额。累进税率指按征税对象数额的大小,划分若干等级,每个等级由低到高规定相应的税率,征税对象数额越大税率越高,数额越小税率越低。累进税率可以按照计算方法划分成全额累进和超额累进税率。

(资料来源:胡细英. 房地产基本制度与政策[M]. 北京:化学工业出版社,2016)

2. 房地产税收的作用

房地产税收作为地方政府税收的主要来源,不仅具有重要的财政功能,而且对楼市调控、社会收入分配等方面产生了重要影响。大体来说,房地产税收有以下六种功能。

(1)组织财政收入的作用。在商品经济高度发达的现代社会,房地产税由于具有税基稳定、税源广布、易于监管的优点,成为地方政府理想的收入来源。由于税收具有强制性、无偿性、固定性的特征,因此税收就把财政收入建立在及时、稳定、可靠的基础之上,成为国家满足公共需要的主要财力保障。

(2)配置资源的作用。在社会主义市场经济条件下,市场对资源配置起主导作用,但市场配置资源,也有它的局限性,可能出现市场失灵(如无法提供公共产品、外部效应、自然垄断等）。这时，就有必要通过税收保证公共产品的提供，以税收纠正外部效应；以税收配合价格调节垄断性质的企业和行业的生产，使资源配置更加有效。

（3）调节需求总量的作用。税收对需求总量进行调节，以促进经济稳定，其作用主要表现在运用税收对经济的内在稳定功能，自动调节总需求。在总需求过度引起经济膨胀时，选择紧缩性的税收政策，包括提高税率、增加税种、取消某些税收减免等，扩大征税以减少企业和个人的可支配收入，压缩社会总需求，达到经济稳定的目的；反之，则采取扩张性的税收政策，如降低税率、减少税种、增加某些税收减免等，减少征税以增加企业和个人的可支配收入，刺激社会总需求，达到经济稳定的目的。

（4）调整经济结构的作用。在社会主义市场经济条件下，税收对改善国民经济结构发挥着重要作用，具体表现在：促进产业结构合理化。税收涉及面广，通过合理设置税种，确定税率，可以鼓励薄弱部门的发展，限制畸形部门的发展，实现国家的产业政策；促进产品结构合理化。通过税收配合国家价格政策，运用高低不同的税率，调节产品之间的利润差别，促进产品结构合理化；促进消费结构的合理化。通过对生活必须消费品和奢侈消费品采取区别对待的税收政策，促进消费结构的合理化；此外，通过税收调节，还可以促进社会经济组织结构、流通交换结构等的合理化。

（5）调节收入分配的作用。在市场经济条件下，由市场决定的分配机制，不可避免地会拉大收入分配上的差距，客观上要求通过税收调节，缩小这种收入差距，税收在调节收入分配方面的作用，具体表现在第一，公平收入分配。通过开征个人所得税、遗产税等，可以适当调节个人间的收入水平，缓解社会分配不公的矛盾，促进经济发展和社会稳定；第二，鼓励平等竞争。在市场机制失灵的情况下，由于价格、资源等外部因素引起的不平等竞争，需要通过税收进行合理调节，以创造平等竞争的经济环境，促进经济的稳定和发展。

（6）宏观调控功能。房地产税收是政府对于市场进行宏观调控的重要手段。房地产业是国民经济的支柱型产业，尤其是其中的住宅更涉及民生问题，事关社会安定甚至政治稳定，因此是各国政府宏观调控的重点之一。宏观调控中的经济手段主要包括税收、财政、信贷、价格等。其中，税收手段是指通过税收制度的设置、税收政策的调整对于房地产市场总量、结构等进行调控，引导房地产业平稳发展。

9.1.2 房地产税收原则、特征

1．房地产税收的原则

房地产税收由于其承担着多种功能，尤其是承担着调节分配、优化资源利用等政策性功能，因此，房地产税收制度的建立必须遵循科学的指导原则，即税收的一般原则。这些税收原则对税种、税源的选择、税率的高低和征收方法的制定起着决定性的作用；同时，税收原则也是处理国家与纳税人、纳税人之间关系的准绳。

（1）财政原则。税收的财政原则的基本含义是：一国税收制度的建立和变革，都必须有利于保证国家的财政收入，亦即保证国家各方面支出的需要。自国家产生以来，税收一直是

财政收入的基本来源。美国供给学派的著名代表拉弗教授，长期致力于税收与经济关系的研究。他在对大量材料分析、研究的基础上，发现税率与税收收入、经济增长之间存在一种特殊的函数关系：当税率为零时，市场经济活动或税基为最大，但税收为零，税率稍有提高后，税基会相应缩小，但其程度较小，故税收总额还会增加；当税率上升至某一最适度的点，税收极大化，找到最佳税率。如果超过这一点，继续提高税率，就进入"拉弗禁区"①，因税基以更大程度缩小，即市场活力或生产加速萎缩，反而导致税收下降；当税率处于禁区的末端，即税率为100%时，税收也相应降至零。因此，财政原则并不意味着就是税率越高，税收收入就越大。

（2）公平原则。税收公平原则，就是政府征税，包括税制的建立和税收政策的运用，应确保公平，遵循公平原则。该原则有三层含义：国家有权课税，国民有纳税义务；国民应以其享受国家保护的所得收入和享受的国家服务的多少为负担比例；国家应以人民纳税能力相适当的比例征税。前一点演变为收益原则；后两点强调比例税的分配是合理的、公平的，演变为现代西方国家比较流行的税收原则，即纳税能力原则。

（3）效率原则。效率原则是指税收要有利于资源的优化配置，有利于经济的良性运行和健康发展，有利于增加收益、节约费用。效率原则要求国家征税所减少的私人经济利益损失应小于因征税税收的变化对社会生产、人们生活产生的影响。通过税目、税率的调整、增减，可以促进经济结构、产业结构和市场行情的变化；税收的目的是促进积累和消费的协调，社会总需求和总供给的平衡，使社会健康、平稳地发展。所以，效率原则要求房地产税收的设计应同国家的房地产业政策、宏观经济政策相协调。效率原则还要求国家在征税上的费用支出要力求降到最低的限度，这样征收费用同税额的比例最小，税收的纯经济收入最高，这就是最小征税费用的出发点。最小征税费用原则要求税收在计征方法、征税手续等方面要简化。由于房地产税收的征收费用一般较高，因此，贯彻效率原则就更为必要。

（4）适度原则。税收适度原则，就是政府征税，包括税制的建立和税收政策的运用，应兼顾需要与可能，做到取之有度。这里，"需要"是指财政的需要，"可能"则是指税收负担的可能，即经济的承受能力。遵循适度原则，要求税收负担适中，税收收入既能满足正常的财政支出需要，又能与经济发展保持协调和同步，并在此基础上，使宏观税收负担尽量从轻。如果说公平原则和效率原则是从社会和经济角度考察税收所应遵循的原则，那么，适度原则是从财政角度对税收的量的基本规定，是税收财政原则的根本体现。

（5）法治原则。税收的法治原则，就是政府征税，包括税制的建立和税收政策的运用，应以法律为依据，依法治税。法治原则的内容包括两个方面：税收的程序规范原则和征收内容明确原则。前者要求税收程序法定：包括税收的立法程序、执法程序和司法程序法定；后者要求征税内容法定。

---

① 当税率为零时，税收自然也为零；而当税率上升时，税收也逐渐增加；当税率增加到一定点时，税收额达到抛物线的顶点，这是最佳税率，如再提高税率，则税收额将会减少，通常把税收随税率增加而减少的区间称为"拉弗禁区"，如专栏9-2所示。

专栏9-2 拉弗曲线

一般情况下,税率越高,政府的税收就越多,但税率的提高超过一定的限度时,企业的经营成本提高,投资减少,收入减少,即税基减小,反而导致政府的税收减少,描绘这种税收与税率关系的曲线叫作拉弗曲线。

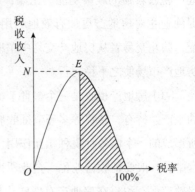

在经济学界,美国供给学派经济学家拉弗(Arthur B Laffer)知名度颇高。拉弗先生以其"拉弗曲线"而著称于世,并当上了里根总统的经济顾问,为里根政府推行减税政策出谋划策。

"拉弗曲线"的原理并不复杂,它是专讲税收问题的,提出的命题是:"总是存在产生同样收益的两种税率。"主张政府必须保持适当的税率,才能保证较好的财政收入。与拉弗同时代也同为供给学派经济学代表人物的裘德·万尼斯基(Jude Wanniski)对此作出了扼要解释:"当税率为100%时,货币经济(与主要是为了逃税而存在的物物交换不同)中的全部生产都停止了,如果人们的所有劳动成果都被政府所征收,他们就不愿意在货币经济中工作,因此由于生产中断,没有什么可供征收100%税额,政府的收益就等于零"。税率从0~100%,税收总额从零回归到零。"拉弗曲线"必然有一个转折点,在此点之下,即在一定的税率之下,政府的税收随税率的升高而增加,一旦税率的增加越过了这一转折点,政府税收将随税率的进一步提高而减少。设税率为E点是税收达到最大值N,则EN线以右的区域被称为税收禁区。"拉弗曲线"认为:税率高并不等于实际税收就高。税率太高,人们就被吓跑了,结果是什么经济活动都不发生,你反而收不上税来。只有在税率达到一个最优值时,实际税收才是最高的。

(资料来源:http://baike.baidu.com/view/140056.htm?fr=aladdin)

2. 房地产税收的特征

房地产税收是人类历史上最古老的税种之一,由于其课税对象的特殊性,使房地产税收呈现下列特征:

(1)房地产税收是一种比较稳定的税收来源。房地产税收以房地产为课税对象,房地产具有位置固定性、增值保值性等特点,一般情况下房地产价值在一定时期内呈现出比较稳定的或是增值状态,而且,房地产作为不动产,具有难以隐匿的特点,这些决定了以房地产为课税对象的房地产税收,具有稳定性特征。

(2)房地产税收一般具有较强的政策功能。房地产具有稀缺性的特点,尤其是土地资产，供给有限，需求又在不断增长。这一特点决定了各国政府在设计房地产税收时，赋予房地产税收较强的政策功能。比如，通过开征房地产保有税，加大房地产持有者的持有成本，促使业主对房地产更加有效地利用；通过征收适当的土地增值税，调节土地增值收益的分配，防止交易者从房地产交易中牟取暴利；通过调整有关房地产交易时的课税，干预和调控房地产市场使之平稳运行。

（3）房地产税收是一个多环节征收的税收体系。房地产税收的政策功能是通过对房地产的生产、持有、转移等多环节征收有关税收来实现的。围绕房地产的生产、交换、消费过程所形成的一个由各种税种相互作用、相互配合组成的一个统一的税收体系。在房地产生产过程中，一般要征收营业税、企业所得税等；在房地产的持有环节，一般要征收资产税性质的房地产保有税；在房地产有偿转让环节，一般征收土地增值税或所得税、契税和印花税等；在房地产赠与、继承等无偿转让环节，一般征收赠与税和继承税。

（4）房地产税收不仅包括财产税，而且还包括行为税、资源税。财产税是以纳税人所有或属其支配的财产为课税对象的一类税收。它以财产为课税对象，向财产的所有者征收。财产包括一切积累的劳动产品、自然资源和各种科学技术、发明创作的特许权等；房产税、契税等都属于房地产财产税。行为税是国家为了对某些特定行为进行限制或开辟某些财源而课征的一类税收。房地产税收征收的印花税就属于行为税；资源税是以各种应税自然资源为课税对象、为了调节资源级差收入并体现国有资源有偿使用而征收的一种税，城镇土地使用税、土地增值税就是房地产税收征收的资源税。

（5）房地产税收的征收成本一般较高。房地产的价值具有虚拟性的特点，其价格信息一般很难从市场中轻易获得，人们要得到某一房地产的价格水平，往往要花费一定的费用；同时房地产因位置差异、经济形势和政策变化等因素的影响，其价格具有可变性、多样性的特点，不同位置、不同时期的房地产的价格是不一样的。房地产价格的上述特点决定了与房地产价格水平相关联的房地产税收，其征收一般要花费比较高的成本费用。

9.2 我国的房地产税收制度

9.2.1 我国的房地产税收制度发展历程

自中华人民共和国成立以来，我国房地产税收制度经历了几十年的发展，形成了具有中国特色的房地产税收制度体系。具体来说，我国房地产税收制度的发展历程包括以下三个阶段。

1. 建设阶段

1950~1957年，该阶段房地产税收的税种主要是契税、营业税、印花税和城市房地产税。1950年初，我国税收制度建设的纲领性文件《全国税政实施要则》颁布，在全国范围内实现了税收立法、税收管理权和税种的统一。1951年颁布了《中华人民共和国城市房地产税收暂行条例》详细规定了我国城市房地产税的征税对象、税基、税率、减免额度及具体征收细节等。但从具体的税收设计来看，主要是将房产税和地产税进行了简单的合并。

2. 发展阶段

1958～1993年，该阶段房地产税收的税种主要为房地产税、印花税、契税、城市维护建设税、房产税、耕地占用税、城镇土地使用税、土地增值税、固定资产投资方向调节税。1958年及1966～1967年，我国分别尝试进行税收制度改革，但由于片面强调简化、合并的实现，使改革裹足不前。1973年为了简化税收制度，我国把对国有企业和集体企业征收的城市房地产税并入工商税，保留税种对房管部门、个人、外面侨民、外国企业和外商投资企业征收。直到1978年党的十一届三中全会的召开，我国的税收制度才进入了全面发展时期，这一时期我国的房地产税收制度体系发生了重大变化。1986年10月1日开征房产税以后，我国对房管部门及国内个人改征房产税，对外国侨民、外国企业和外商投资企业继续按照《中华人民共和国城市房地产税暂行条例》的规定征收房产税。这一时期，我国在原有的城市房地产税、印花税、契税的基础上，逐步开征了城市维护建设税、房产税、耕地占用税、城镇土地使用税等税种，形成了相互联系、相互补充的房地产税收体系。1991年4月16日国务院发布了《中华人民共和国固定资产投资方向调节税暂行条例》，对在我国境内进行固定资产投资的单位和个人，就其固定资产投资的各种资金进行征税，从1991年起施行。1993年颁布、1994年1月1日起执行《中华人民共和国土地增值税暂行条例》，开征了土地增值税。此后，其他相关税种也进行了改革。

3. 现阶段

1994年至今，现阶段房地产税收的税种主要包括营业税、房产税、城镇土地使用税、土地增值税、契税、耕地占用税、印花税、企业所得税、个人所得税、城市维护建设税、教育费附加、固定资产投资方向调节税（暂停征收）。我国现阶段房地产税收制度的基本框架是在1994年全面的税收制度改革后逐步形成的。随着我国改革开放的不断深入和社会主义市场经济体制的逐步完善，特别是在我国加入WTO以后，为统一内外税收制度，2007年第十届全国人民代表大会第五次会议通过了《中华人民共和国企业所得税法》，同时废止1991年4月9日第七届全国人民代表大会第四次会议通过的《中华人民共和国外商投资企业和外国企业所得税法》和1993年12月13日国务院发布的《中华人民共和国企业所得税企业所得税暂行条例》。同时，自2009年1月1日起，我国废止《城市房地产税暂行条例》，取消了城市房地产税、外资企业和外籍个人统一适用《中华人民共和国房产税暂行条例》。到目前为止，涉及房地产的税收主要有11种，即营业税、房产税、城镇土地使用税、土地增值税、契税、耕地占用税、印花税、企业所得税、个人所得税、城市维护建设税、教育费附加。至此，我国完成了对土地开发环节、占用环节、交易环节的全部税收规定，形成了一套相对完整的房地产税收体系。

专栏9-3　税收征收基础理论

1. 社会契约论（卢梭）：社会契约观念集大成者的卢梭（Rousseau）将国家起源于契约的理论作了最为系统的表述。对他而言，社会契约所要解决的根本问题就是"要寻找出一种结合的形式，使它能以全部共同的力量来维护和保障每个结合者的人身和财富"，"每个结合者及其自身的一切权利全部都转让给整个集体"。因此，在古典自然法学家们看来，国家起源于处于自然状态的人们向社会状态过渡时所缔结的契约；人们向国家纳税——让渡其自然的财产权利的一部分，目的是为了能够更好地享有他的其他的自然权利以及在其自然权利一旦受到侵犯时可以寻求国家的公力救济；国家征税，也正是为了能够有效地、最大限度地满足上述人们对国家的要求。无论如何，纳税和征税二者在时间上的逻辑关系应当是人民先同意纳税并进行授权，然后国家才能征税；国家征税的意志以人民同意纳税的意志为前提，所以，人民之所以纳税，无非是为了使国家得以具备提供"公共服务"（Public Services）或"公共需要"（Public Necessity）的能力；国家之所以征税，也正是为了满足其创造者——作为缔约主体的人民对公共服务的需要。

2. 凯恩斯主义（凯恩斯）：19世纪末以来至20世纪中叶，随着资本主义从自由走向垄断，西方资本主义国家也逐步从经济自由主义转向国家干预经济的凯恩斯主义；与此同时，作为国家宏观调控的经济手段之一的税收和法律手段之一的税法，其经济调节等职能被重新认识并逐渐加以充分运用。今天，在现代市场经济日益向国际化和全球趋同化方向发展的趋势下，世界各国在继续加强竞争立法，排除市场障碍，维持市场有效竞争，并合理有度地直接参与投资经营活动的同时，越来越注重运用包括税收在内的经济杠杆对整个国民经济进行宏观调控，以保证社会经济协调、稳定和发展，也就满足了人民对经济持续发展、社会保持稳定的需要。

3. 交换说（霍布斯、洛克等）：交换说认为国家征税和公民纳税是一种权利和义务的相互交换；税收是国家保护公民利益时所应获得的代价。"交换"（Exchange）是经济分析法学派运用经济学的理论和方法来分析法律现象时所使用的基本经济学术语之一。该学派认为，两个社会行为主体之间的相互行为，可以分为三种类型：第一种是对主体双方都有利的行为；第二种是对主体双方都不利的行为；第三种是对一方有利而对另一方不利的行为。经济分析法学家们把第一种行为称为交换，而把后两种都称为冲突。从这个意义上说，税收也可以被认为是交换的一部分；这种交换是自愿进行的，通过交换，不仅社会资源得到充分、有效地利用，而且交换双方都认为其利益会因为交换而得到满足，从而在对方的价值判断中得到较高的评价。而且在这种交换活动中，从数量关系上看，相互交换的权利总量和义务总量总是等值或等额的；所以不存在一方享有的权利（或承担的义务）要多于另一方的情况，也就不产生将一方界定为"权利主体"而将另一方界定为"义务主体"的问题。

4. 公共需要论（波斯纳）：经济分析法学派的代表人物波斯纳（R.A.Posner）认为，税收……主要是用于为公共服务（Public Services）支付费用的。一种有效的财政税（Revenue Tax）应该是那种要求公共服务的使用人支付其使用的机会成本（Opportunity Costs）的税收。但这就会将公共服务仅仅看作是私人物品（Private Goods），而它们之所以成其为公共服务，恰恰是因根据其销售的不可能性和不适当性来判断的。在某些如国防这样的公共服务中，免费搭车者（Free-Rider）问题妨碍市场机制提供（公共）服务的最佳量。所以，由于公共服务的消费所具有的非竞争性和非排他性的特征，决定其无法像私人物品一样由"私人部门"生产并通过市场机制来调节其供求关系，而只能由集体的代表——国家和政府来承担公共服务的费用支出者或公共需要的满足者的责任，国家和政府也就只能通过建立税收制度来筹措满足公共需要的生产资金，寻求财政支持。

5. 马克思主义（马克思）：马克思主义国家税收学说认为，税收既是一个与人类社会形态相关的历史范畴，又是一个与社会再生产相联系的经济范畴；税收的本质实质上就是指税收作为经济范畴并与国家本质相关联的内在属性及其与社会再生产的内在联系；税法的本质则是通过法律体现的统治阶级参与社会产品分配的国家意志。由此，国家分配论和国家意志论成为我国税收和税法本质学说的支配观点。根据这一理论，税收作为分配范畴与国家密不可分，"为了维持这种公共权力（即国家-引者注），就需要公民缴纳费用—捐税"；税收是国家凭借政治权力对社会产品进行再分配的形式；税法是国家制定的以保证其强制、固定、无偿地取得税收收入的法规范的总称。

（资料来源：http://baike.baidu.com/view/36890.htm?fr=aladdin#8）

9.2.2 我国现行房地产税收制度

我国现行房地产税收种类包括财产和行为税类、流转税类、特定目的及所得税类等，以下对这些税种的税收制度构成要素进行阐述。

1. 房地产财产和行为税类

（1）房产税

房产税是以房屋为征税对象，按房屋的计税余值或租金收入为计税依据，向产权所有人征收的一种财产税。

1）纳税人

房产税由产权所有人缴纳。产权属于全民所有的，由经营管理单位缴纳。产权出典的，由承典人缴纳。产权所有人、承典人不在房产所在地的，或者产权未确定及租典纠纷未解决的，由房产代管人或使用人缴纳。因此，上述产权所有人，经营管理单位、承典人、房产代管人或者使用人,统称房产税的纳税人。

2)征收范围与对象

房产税暂行条例规定,房产税在城市、县城、建制镇和工矿区征收。城市、县城、建制镇、工矿区的具体征税范围,由各省、自治区、直辖市人民政府确定。房产税的征税对象是房产。所谓房产,是指有屋面和围护结构,能够遮风避雨,可供人们在其中生产、学习、工作、娱乐、居住或储藏物资的场所。但独立于房屋的建筑物如围墙、暖房、水塔、烟囱、室外游泳池等不属于房产。但室内游泳池属于房产。

3)计税依据与税率

房产税的计税依据有两种,一种是从价计征、一种是从租计征。从价计征。按照房产余值征税的,称为从价计征。房产税依照房产原值一次减除10%~30%后的余值计算缴纳。扣除比例由省、自治区、直辖市人民政府在税法规定的减除幅度内自行确定。房产原值应包括与房屋不可分割的各种附属设备或一般不单独计算价值的配套设施。主要有:暖气、卫生,通风等,纳税人对原有房屋进行改建、扩建的,要相应增加房屋的原值。按照房产租金收入计征的,称为从租计征,房产出租的,以房产租金收入为房产税的计税依据。

房产税征收税率也有两种情形:按房产余值计征的,年税率为1.2%;按房产出租的租金收入计征的,税率为12%。从2001年1月1日起,对个人按市场价格出租的居民住房,用于居住的,可暂减按4%的税率征收房产税。

4)应纳税额

房产税应纳税额的计算分为以下两种情况,其计算公式为:

以房产原值为计税依据的:

$$应纳税额 = 房产原值 \times (1 - 10\% 或 30\%) \times 税率(1.2\%)$$

以房产租金收入为计税依据的:

$$应纳税额 = 房产租金收入 \times 税率(12\%)$$

5)减免税

我国《房产税暂行条例》规定的免税项目主要有:国家机关,人民团体,军队自用的房产;由国家财政部门拨付事业经费的单位自用的房产;宗教寺庙,公园,名胜古迹自用的房产;个人所有非营业用的房产;经财政部批准免税的其他房产。除前面规定的内容外,纳税人纳税确有困难的,可由省,自治区,直辖市人民政府确定,定期减征或者免征房产税。

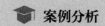 **案例分析**

房产税试点

鉴于房产税全国推行难度较大,从个别城市开始试点。2011年1月28日,上海、重庆开始试点房产税，2013年5月24日，房产税试点扩容被证实，将增加房产税改革试点城市。

从上海和重庆试点房产税的情况来看，上海方案只针对增量，并给予户籍居民家庭一定免征额；重庆方案则偏重高档住房，涉及存量与增量。在试点过程中也反映出诸如税基偏窄、计税依据也与国际惯例不符等问题。但是财政部财政科学研究所所长贾康认为："对于上海和重庆的试点不能仅从财政收入和房价调控的角度去看，两地试点的最大成效在于'制度破冰'。"这意味着地方税收体系建设迈出了重要的步伐，这对下一步深化分税制改革具有重要的探索意义。十八届三中全会传递出消息："加快房地产税立法并适时推进改革"；这在一定程度上说明，房地产立法的推进有可能为房地产交易、持有等各环节进行税费的调整，推进房地产市场调控向经济手段、市场手段转变。

案例启示：

案例阐述了房产税在上海和重庆的试点情况，这意味着地方税收体系建设迈出了重要步伐，这对下一步深化税制改革具有重要的探索意义。

（资料来源：http://baike.baidu.com/link?url=bvxcyvyL2KBmPUwD3qYuZVmhZZBiwOMEXneVKKElM6gSn19OE-R_2RUdjxF-a8BS1leBXfDpOJoDz-G32vtAQa）

（2）城镇土地使用税

城镇土地使用税是以开征范围的土地为征税对象，以实际占用的土地面积为计税标准，按规定税额对拥有土地使用权的单位和个人征收的一种行为税。

1）纳税人

城镇土地使用税的纳税人，是指承担缴纳城镇土地使用税义务的所有单位和个人。具体包括：拥有土地使用权的单位和个人；拥有土地使用权的单位和个人不在土地所在地的，其土地的实际使用人和代管人；土地使用权未确定的或权属纠纷未解决的，其实际使用人；土地使用权共有的，共有各方都是纳税人，由共有各方分别纳税。

2）征收范围和征收对象

城镇土地征收的范围为：城市、县城、建制镇和工矿区的国家所有、集体所有的土地；从2007年7月1日起，外商投资企业、外国企业和在华机构的用地也要征收城镇土地使用税。城镇土地使用税的征税对象是在城市、县城、建制镇、工矿区范围内的国有土地和集体所有的土地。

3）计税依据与税率

城镇土地使用税以实际占用的土地面积为计税依据。关于面积的测定有如下规定：凡有由省、自治区、直辖市人民政府确定的单位组织测定土地面积的，以测定的面积为准；尚未组织测量，但纳税人持有政府部门核发的土地使用证书的，以证书确认的土地面积为准；尚未核发出土地使用证书的，应由纳税人申报土地面积，据以纳税，待核发土地使用证以后再作调整。

城镇土地使用税适用地区幅度差别定额税率。按大、中、小城市和县城、建制镇、工矿区分别规定每平方米城镇土地使用税年应纳税额。城镇土地使用税每平方米年税额标准具体规定如下：大城市1.5~30元；中等城市1.2~24元；小城市0.9~18元；县城、建制镇、工矿区0.6~12元。

4）应纳税额计算

城镇土地使用税的应纳税额可以通过纳税人实际占用的土地面积乘以该土地所在地段的适用税额求得。其计算公式为：

全年应纳税额＝实际占用应税土地面积×适用税额

一般规定每平方米的年税额，大城市为0.50~10.00元；中等城市为0.40~8.00元；小城市为0.30~6.00元；县城、建制镇、工矿区为0.20~4.00元。房产税、车船使用税和城镇土地使用税均采取按年征收，分期交纳的方法。

5）减税、免税

城镇土地使用税税收优惠主要涉及：国家预算收支单位的自用地免税、国有重点扶植项目免税。下列土地由省、自治区、直辖市地方税务局确定减免城镇土地使用税：个人所有的居住房屋及院落用地；免税单位职工家属的宿舍用地；民政部门举办的安置残疾人占一定比例的福利工厂用地；集体和个人办的各类学校、医院、托儿所、幼儿园用地；房地产开发公司建造商品房的用地，原则上应按规定计征城镇土地使用税。

（3）耕地占用税

国家对占用耕地建房或者从事其他非农业建设的单位和个人，依据实际占用耕地面积、按照规定税额一次性征收的税为耕地占用税。

1）纳税人

凡占用耕地建房或者从事其他非农业建设的单位和个人均负有缴纳耕地占用税义务，具体分为：企业、行政单位、事业单位；乡镇集体企业、事业单位；农村居民和其他公民。

2）征税范围与对象

耕地占用税的征税范围包括纳税人为建房或从事其他非农业建设而占用的国家所有和集体所有的耕地。所谓"耕地"是指种植农业作物的土地，包括菜地、园地。其中，园地包括花圃、苗圃、茶园、果园、桑园和其他种植经济林木的土地。占用鱼塘及其他农用土地建房或从事其他非农业建设，也视同占用耕地，必须依法征收耕地占用税。占用已开发从事种植、养殖的滩涂、草场、水面和林地等从事非农业建设，由省、自治区、直辖市本着有利于保护土地资源和生态平衡的原则，结合具体情况确定是否征收耕地占用税。此外，在占用之前三年内属于上述范围的耕地或农用土地，也视为耕地。

3）计税依据与税率

耕地占用税以纳税人占用耕地的面积为计税依据，以平方米为计量单位。考虑到不同地区之间客观条件的差别以及与此相关的税收调节力度和纳税人负担能力方面的差别，耕地占用税在税率设计上采用了地区差别定额税率。税率规定：人均耕地不超过1亩的地区（以县级行政区域为单位，下同），每平方米为10～50元；人均耕地超过1亩但不超过2亩的地区，每平方米为8～40元；人均耕地超过2亩但不超过3亩的地区，每平方米6～30元；人均耕地超过3亩以上的地区，每平方米5～25元。经济特区、经济技术开发区和经济发达、人均耕地特别少的地区，适用税额可以适当提高，但最多不得超过上述规定税额的50%。

4）应纳税额

耕地占用税以纳税人实际占用的耕地面积为计税依据，以每平方米土地为计税单位，按适用的定额税率计税。其计算公式为：

$$应纳税额 = 实际占用耕地面积（m^2）\times 适用定额税率$$

5）税收减免

免征耕地占用税的情形有：军事设施占用耕地；学校、幼儿园、养老院、医院占用耕地。

减征耕地占用税的情形有：铁路线路、公路线路、飞机场跑道、停机坪、港口、航道占用耕地，减按每平方米2元的税额征收耕地占用税；根据实际需要，国务院财政、税务主管部门报国务院批准后，可以对前款规定的情形免征或者减征耕地占用税；农村居民占用耕地新建住宅，按照当地适用税额减半征收耕地占用税；农村烈士家属、残疾军人、鳏寡孤独以及革命老根据地、少数民族聚居区和边远贫困山区生活困难的农村居民免征或者减征耕地占用税。

（4）契税

契税是以所有权发生转移变动的不动产为征税对象，向产权承受人征收的一种财产税。应缴税范围包括：土地使用权出售、赠与和交换，房屋买卖，房屋赠与，房屋交换等。

1）纳税人

契税的纳税义务人是境内转移土地、房屋权属，承受的单位和个人。境内是指中华人民共和国实际税收行政管辖范围内。土地、房屋权属是指土地使用权和房屋所有权。单位是指企业单位、事业单位、国家机关、军事单位和社会团体以及其他组织。个人是指个体经营者及其他个人，包括中国公民和外籍人员。

2）征收范围与对象

中华人民共和国境内转移土地、房屋权属，承受的单位和个人为契税的纳税人，均应缴纳契税。契税的征税对象是境内转移的土地、房屋权属。具体包括：国有土地使用权的出让，由承受方缴纳；土地使用权的转让，除了考虑土地增值税，另由承受方缴纳契税；房屋买卖，即以货币为媒介，出卖者向购买者过渡房产所有权的交易行为。

3）计税依据与税率

契税的计税依据：国有土地使用权出让、土地使用权出售、房屋买卖，为成交价格；土地使用权赠与、房屋赠与，由征收机关参照土地使用权出售、房屋买卖的市场价格核定；土地使用权交换、房屋交换，为所交换的土地使用权、房屋的价格的差额。前款成交价格明显低于市场价格并且无正当理由的，或者所交换土地使用权、房屋的价格的差额明显不合理并且无正当理由的，由征收机关参照市场价格核定。

契税实行3%～5%的幅度税率。实行幅度税率是考虑到中国经济发展的不平衡，各地经济差别较大的实际情况。因此，各省、自治区、直辖市人民政府可以在3%～5%的幅度税率规定范围内，按照该地区的实际情况决定。

4）应纳税额

应纳税额以人民币计算。转移土地、房屋权属以外汇结算的，按照纳税义务发生之日中国人民银行公布的人民币市场汇率中间价折合成人民币计算。其计算公式为：

$$契税应纳税额＝计税依据×税率$$

5）减免税

有下列情形之一的，减征或者免征契税：国家机关、事业单位、社会团体、军事单位承受土地、房屋用于办公、教学、医疗、科研和军事设施的，免征；城镇职工按规定第一次购买公有住房的，免征；因不可抗力灭失住房而重新购买住房的，酌情准予减征或者免征；财政部规定的其他减征、免征契税的项目。

（5）印花税

印花税是对经济活动和经济交往中书立、领受具有法律效力的凭证的行为所征收的一种税。

1）纳税人

在中华人民共和国境内书立、领受《中华人民共和国印花税暂行条例》所列举凭证的单位和个人，都是印花税的纳税义务人，应当按照规定缴纳印花税。

2）征收范围和对象

印花税具体征税范围如下：经济合同、产权转移书据、营业账簿。在中华人民共和国境内书立、领受《中华人民共和国印花税暂行条例》所列举凭证的单位和个人，都是印花税的纳税义务人，应当按照规定缴纳印花税。具体有：立合同人；立据人；立账簿人；领受人；使用人。

3）计税依据与税率

印花税以应纳税凭证所记载的金额、费用、收入额和凭证的件数为计税依据，按照适用税率或者税额标准计算应纳税额。适用的税率有两种形式，即比例税率和定额税率。

4）应纳税额

应纳税额计算公式：

$$应纳数额＝应纳税凭证记载的金额（费用、收入额）×适用税率$$

$$应纳税额＝应纳税凭证的件数×适用税额标准$$

5）减免税

下列凭证免纳印花税：已缴纳印花税的凭证的副本或者抄本；财产所有人将财产赠给政府、社会福利单位、学校所立的书据；经财政部批准免税的其他凭证。

2．房地产流转税类

（1）土地增值税

土地增值税是指转让国有土地使用权、地上的建筑物及其附着物并取得收入的单位和个人，以转让所取得的收入包括货币收入、实物收入和其他收入为计税依据向国家缴纳的一种税赋，不包括以继承、赠与方式无偿转让房地产的行为。

1）纳税人

转让国有土地使用权及地上建筑物和其他附着物产权、并取得收入的单位和个人为纳税人。

2）征收范围与对象

一般来说，土地增值税只对"转让"国有土地使用权的行为征税，对"出让"国有土地使用权的行为不征税；土地增值税既对转让国有土地使用权的行为征税，也对转让地上建筑物及其他附着物产权的行为征税；土地增值税只对"有偿转让"的房地产征税，对以"继承、赠与"等方式无偿转让的房地产，不予征税。

土地增值税的征税对象是转让国有土地使用权、地上的建筑物及其附着物所取得的增值额。增值额为纳税人转让房地产的收入减除《条例》规定的扣除项目金额后的余额。

3）计税依据与税率

土地增值税计税为纳税人转让房地产所取得的增值额。土地增值额为纳税人转让房地产所取得的收入减去税法规定的扣除项目金额后的余额。转让房地产所取得的收入，包括货币收入、实物收入和其他收入。计算增值额的扣除项目：取得土地使用权所支付的金额；开发土地的成本、费用；新建房及配套设施的成本、费用，或者旧房及建筑物的评估价格；与转让房地产有关的税金；财政部规定的其他扣除项目。

土地增值税实行四级超率累进税率，见表9-1。

土地增值税率表　　　　　表9-1

级数	增值额与扣除项目金额的比率	适用税率	速算扣除系数
1	不超过50%的部分	30%	0
2	超过50%～100%的部分	40%	5%
3	超过100%～200%的部分	50%	15%
4	超过200%的部分	60%	35%

4）应纳税额：土地增值税应纳税额的计算公式为：

$$应纳税额＝增值额×适用税率－扣除项目金额×速算扣除系数$$

案例分析

土地增值税计算案例

某房地产开发公司于2009年1月受让一宗土地使用权,根据转让合同支付转让方地价款6000万元,当月办好土地使用权权属证书。2009年2月至2010年3月中旬该房地产开发公司将受让土地70%(其余30%尚未使用)的面积开发建造一栋写字楼。在开发过程中,根据建筑承包合同支付给建筑公司的劳务费和材料费共计5800万元;发生的利息费用为300万元,不高于同期银行贷款利率并能提供金融机构的证明。3月下旬该公司将开发建造的写字楼总面积的20%转为公司固定资产并用于对外出租,其余部分对外销售。2010年4~6月该公司取得租金收入共计60万元,销售部分全部售完,取得的销售收入14000万元。该公司在写字楼开发和销售过程中,共计发生管理费用800万元、销售费用400万元。(说明:该公司适用的城市维护建设税税率为7%;教育费附加征收率为3%;契税税率为3%;其他开发费用扣除比例为5%)。

解析:首先计算扣除项目:

1. 取得土地使用权所支付的金额

应扣除的契税=6000×3%=180万元

应扣除的土地成本=(6000+180)×70%×80%=3460.8万元

2. 房地产开发成本

应扣除的开发成本=5800×80%=4640万元

3. 房地产开发费用

应扣除的开发费用=300×80%+(3460.8+4640)×5%=645.04万元

4. 与转让房地产有关的税金

已缴纳的营业税=60×5%+14000×5%=703万元

已缴纳的城建税和教育费附加=3×(7%+3%)+700×(7%+3%)=70.3万元

5. 其他扣除项目

加计扣除=(3460.8+4640)×20%=1620.16万元

第二步,计算增值额应缴纳的土地增值税的增值额:

14000-(700+70+3460.8+4640+645.04+1620.16)=2864(万元)

第三步,计算增值率:

增值率=2864÷11136×100%=25.72%

25.72%<50%,适用级数1的30%的税率。

最后,计算应缴纳的土地增值税:

土地增值税税额=2864×30%-11136×0=859.2万元

5）减免税

有下列情形之一的，免征土地增值税：纳税人建造普通标准住宅出售，增值额未超过扣除项目金额的20%的；因国家建设需要依法征用、收回的房地产。

因城市规划、国家建设的需要而搬迁，由纳税人自行转让原房地产的，经税务机关审核，免征土地增值税。个人因工作调动或改善居住条件而转让原自用住房，凡居住满5年及以上的，免征土地增值税；居住满3年未满5年的，减半征收土地增值税。以房地产作价入股进行投资或联营的，转让到所投资、联营的企业中的房地产，免征土地增值税。对于一方出地，一方出资金，双方合作建房，建成后按比例分房自用的，暂免征土地增值税等多种情况。

（2）营业税

营业税是对在中国境内提供应税劳务、转让无形资产或销售不动产的单位和个人，就其所取得的营业额征收的一种税。

1）纳税人

在中国境内提供应税劳务、转让无形资产或销售不动产的单位和个人均为纳税人。

2）征收范围与对象

营业税的征收范围可以概括为：在中华人民共和国境内提供的应税劳务、转让无形资产、销售不动产。

征收对象是对在中国境内提供应税劳务、转让无形资产或销售不动产的单位和个人，就其所取得的营业额征收的一种税。

3）计税依据与税率

营业税的计税依据是提供应税劳务的营业额、转让无形资产的转让额或销售不动产的销售额，统称为营业额。营业税适用税率依据行业的不同有不同的规定：交通运输业、建筑工程业、邮电通信业、文化体育业，税率为3%；金融保险业、广告服务业、转让无形资产、销售不动产，税率为5%；娱乐休闲业，税率为20%。

4）应纳税额：营业税应纳税额=计税营业额×适用税率

营业额是指纳税人提供应税劳务、出售或出租无形资产及销售不动产向对方收取的全部价款和价外费用。价外费用包括向对方收取的手续费、基金、集资费、代收款项及其他各种性质的价外收费。

5）减免税

《中华人民共和国营业税暂行条例》规定，下列项目免征营业税：养老院、托儿所、幼儿园、残疾人福利机构提供的育养服务，婚姻介绍，殡葬服务。残疾人员个人提供的劳务，即残疾人员本人为社会提供的劳务。医院、诊所和其他医疗机构提供的医疗服务。学校和其他教育机构提供的教育劳务，学生勤工俭学提供的劳务。农业机耕、排灌、病虫害防治、植保、农牧保险以及相关技术培训业务，家禽、牲畜、水生动物的配种和疾病防治。纪念馆、博物馆、文化馆、美术馆、展览馆、书画院、图书馆、文物保护单位举办文化活动的门票收入,宗教场所举办文化活动的门票收入,科研单位取得的技术转让收入等多种情况。

(3) 城市维护建设税(以下简称城建税)

城建税是随增值税、消费税和营业税附征并专门用于城市维护建设的一种特别目的税。

1) 纳税人

1994年税制改革后,凡是缴纳增值税、消费税、营业税的单位(不包括外商投资企业、外国企业和进口货物者)和个人为城市维护建设税的纳税人。

2) 征收范围与对象

城市维护建设税的征税范围包括城市、县城、建制镇以及税法规定征税的其他地区。按照现行税法的规定,城市维护建设税的征收对象是在征税范围内从事工商经营,缴纳"三税"(即增值税、消费税和营业税,下同)的单位和个人。任何单位或个人,只要缴纳"三税"中的一种,就必须同时缴纳城市维护建设税。

3) 计税依据与税率

纳税人实际缴纳的增值税、消费税、营业税税额为计税依据。适用税率按纳税人所在城市、县城或镇等不同的行政区域分别规定不同的比例税率。具体规定为:①纳税人所在地在市区的,税率为7%。这里称的"市"是指国务院批准市建制的城市,"市区"是指省人民政府批准的市辖区(含市郊)的区域范围。②纳税人所在地在县城、镇的税率为5%。这里所称的"县城、镇"是指省人民政府批准的县城、县属镇(区级镇),县城、县属镇的范围按县人民政府批准的城镇区域范围。③纳税人所在地不在市区、县城、县属镇的,税率为1%。

4) 应纳税额

城市维护建设税应纳税额的计算比较简单,计税方法基本上与"三税"一致,其计算公式为:

$$应纳税额=(实际缴纳增值税+消费税+营业税税额)×适用税率$$

5) 减免税

城市维护建设税的征免规定:①对出口产品退还增值税、消费税的,不退还已缴纳的城市维护建设税。②海关对进口产品代征的增值税、消费税,不征收城市维护建设税。③对"三税"实行先征后返、先征后退、即征即退办法的,除另有规定外,对随"三税"附征的城市维护建设税,一律不予退(返)还。

(4) 教育费附加

教育费附加是对缴纳增值税、消费税、营业税的单位和个人征收的一种附加费。

1) 纳税人

凡缴纳增值税、消费税、营业税的单位和个人,均为教育费附加的纳费义务人;凡代征增值税、消费税、营业税的单位和个人,亦为代征教育费附加的义务人。

2) 征收范围与对象

征费范围同增值税、消费税、营业税的征收范围相同。凡缴纳增值税、消费税、营业税的单位和个人,代征增值税、消费税、营业税的单位和个人,均为征收对象。凡是缴纳增值税、消费税和营业税的外商投资企业、外国企业和外籍人员纳税人也需按规定缴纳城市维护建设税和教育费附加。

3）计税依据与税率

以纳税人实际缴纳的增值税、消费税、营业税的税额为计费依据；教育费附加征收率为"三税"税额的3%。

4）应纳税额

应纳教育费附加＝（实际缴纳的增值税、消费税、营业税三税税额）×3%

5）减免税

对海关进口的产品征收的增值税、消费税，不征收教育费附加。对由于减免增值税、消费税、营业税而发生退税的，可以同时退还已征收的教育费附加。但对出口产品退还增值税、消费税的，不退还已征的教育费附加。对机关服务中心为机关内部提供的后勤服务所取得的收入，在2003年12月31当前，暂免征收教育费附加等多种情况。

3．特定目的及所得税类

（1）固定资产投资方向调节税

1991年4月16日，国务院将建筑税改为固定资产投资方向调节税，发布了《中华人民共和国固定资产投资方向调节税暂行条例》，从当年1月1日起施行。税制改动后实行差别税率，具体适用税率为0%、5%、10%、15%、30%五个档次。为了鼓励投资、扩大内需，促进经济发展，根据国务院的决定，固定资产投资方向调节税已经从2000年起暂停征收。

（2）企业所得税

企业所得税是指对中华人民共和国境内的企业（居民企业及非居民企业）和其他取得收入的组织以其生产经营所得为课税对象所征收的一种所得税。

1）纳税人

所有实行独立经济核算的中华人民共和国境内的内资企业或其他组织，均为企业所得税的纳税人，具体包括以下6类：国有企业、集体企业、私营企业、联营企业、股份制企业、有生产经营所得和其他所得的其他组织。

2）征收范围与对象

企业所得税的征税对象是纳税人取得的所得。包括销售货物所得、提供劳务所得、转让财产所得、股息红利所得、利息所得、租金所得、特许权使用费所得、接受捐赠所得和其他所得。居民企业应当就其来源于中国境内、境外的所得缴纳企业所得税。

3）计税依据与税率

纳税人取得的所得为税收计税的依据；企业所得税的税率为25%。非居民企业在中国境内未设立机构、场所的，或者虽设立机构、场所但取得的所得与其所设机构、场所没有实际联系的，应当就其来源于中国境内的所得缴纳企业所得税，适用税率为20%。

4）应纳税额

企业每一纳税年度的收入总额，减除不征税收入、免税收入、各项扣除以及允许弥补的以前年度亏损后的余额，为应纳税所得额。

企业以货币形式和非货币形式从各种来源取得的收入，为收入总额。包括：销售货物收入；提供劳务收入；转让财产收入；股息、红利等权益性投资收益；利息收入；租金收入；特许权使用费收入；接受捐赠收入；其他收入。不征税收入包括：财政拨款；依法收取并纳入财政管理的行政事业性收费、政府性基金；国务院规定的其他不征税收入。企业实际发生的与取得收入有关的、合理的支出，包括成本、费用、税金、损失和其他支出，准予在计算应纳税所得额时扣除。应纳税额的计算原则为：企业的应纳税所得额乘以适用税率，减除依照本法关于税收优惠的规定减免和抵免的税额后的余额，为应纳税额。

5）减免税

国家对重点扶持和鼓励发展的产业和项目，给予企业所得税优惠。企业的下列收入为免税收入：国债利息收入；符合条件的居民企业之间的股息、红利等权益性投资收益；在中国境内设立机构、场所的非居民企业从居民企业取得与该机构、场所有实际联系的股息、红利等权益性投资收益；符合条件的非营利组织的收入等。企业的下列所得，可以免征、减征企业所得税：从事农、林、牧、渔业项目的所得；从事国家重点扶持的公共基础设施项目投资经营的所得；从事符合条件的环境保护、节能节水项目的所得；符合条件的技术转让所得等。

专栏9-4　国外主要国家的房地产业税制概况

英国的房地产业税制：

社会契约观念集大成者的卢梭（Rousseau）将国家起源于契约的理论作了最为系统的表述。英国是一个房地产税制比较完善的国家，专门对房地产课征的税种只有住宅税、营业税、遗产税与赠与税。房地产税是地方财政重要的收入来源，所征集的税款一般专项用地方基础设施建设和教育事业，在地方经济中发挥着极其重要的作用。英国的住宅税是对居民的住宅依据其资本价值课征的地方税种，其纳税人为年满18周岁的住房所有者或承租者。住宅税是英国最大的地方税种，以英格兰为例，住宅税在本级收入中的比重高达45%左右，在地方财政总收入中的比重也稳定在15%左右。地方政府课征此税就是为地方财政筹集充足的收入，以弥补财政支出与其他收入之间的不足部分的差额。营业税也称为非住宅税，其课税对象为营业性的房地产，如商店、写字楼、仓库和其他非住宅性的房地产。住宅税不同的是，英国的营业税从1990开始被划为中央税种，地方征缴的营业税收入上交中央财政后汇入专项基金然后由中央财政依据各地的人口基数，将这一基金作为转移支付资金，以一定的比例在各地区之间进行分配，由此可见，虽然属于中央税种，但是最终营业税的税款还是会作为专项返还给地方财政，返还后的营业税收入占中央向地方转移资金的25%左右，占地方财政总收入的比重也在15%以上，在地方财政收入体系中的地位非常重要。

作为调节土地房产合理利用和个人财富的重要工具，可以看出英国房地产业的税制体系比较完善，主要有以下特征：尽管英国的土地配置是以土地公有制为主的国家控制市场的模式，但是其房地产却有明显的私有性质，因为虽然英国的全部土地属于英王所有，但是实际上全英90%的土地为私人所有，其土地私有的比重远远高于美国和日本。在英国能够交易的只是一定时限内的土地使用权，而非房地产权的全部内容，并且要通过土地批租市场进行交易；英国房地产业税制充分贯彻市场经济原则和低税原则，这有利于实现房产税的效率资源配置效应，充分发挥房地产税的经济杠杆作用，促进房地产业的发育和成长。

美国的房地产业税制：

房地产业是美国的经济支柱之一，其产值占美国GDP的10~15%，房地产税收收入占有政府财政收入的相当大的比例，美国州政府的财政收入70%以上来源于房地产业，且有递增的趋势。从税权划分上看，美国实行联邦、州地方三级政府各有侧重税种、税权彼此独立的课税制度，其中，联邦政府以所得税为主，州和地方政府以销售税和财产税为主。遗产税和赠与税是对因继承、赠与而取得房地产等财产的承受人课征的一种财产税。在美联邦一级死者遗留的财产额征收税赋，称为遗产税。开征遗产与赠与税，不仅可以增加国家财政收入，而且可以运用税收杠杆调节社会财富分配，促进社会稳定。遗产税的计征标准是被继承人死亡时候所遗留的财产的价值，但是在计征时必须扣除被继承人所欠的债务、葬丧费用等。遗产税采用累进税率，最低税率为3%，最高税率为77%，由于美国税法规定价值超过60万美元的遗产每次赠送价值超过100美元的物品才进行征税，而美国房地产的价格不高，旧房经过折旧价值更低，因而实际上很少课征。我们不难看出，美国的房地产税制具有以下几个特点：主要房地产税种的税收立法权和课税收入均归地方政府，是地方财政收入的主要来源，因而是典型的地方税种；整个房地产税制结构中，财产税性质的房地产税，即不动产价值税是主要的房地产税种，所得税性质的房地产税是非独立的次要税种；房地产税的重点课税对象是城市房屋、土地；由上述特点决定了美国政府课征房地产税的主要目的在于为地方公共服务筹措资金、调整收入分配，而房地产税收的资源配置目的显然处于相对次要的地位。

（资料来源：杨芷晴，中外房地产税的比较研究［J］时代经贸，2007.01）

本章实训

【实训任务一】

某房地产企业土地增值税纳税筹划案例分析

税费成本作为房地产企业除了建安成本和土地成本外的第三大成本，越来越引起人们的关注，税务筹划的重要性不言而喻。而房地产企业涉及的税种多，其中土地增值税作为房地产业的重要税种，具有较大的纳税筹划空间，所以对土地增值税进行税收筹划有利于房地产企业降低成本、增加利润、提升企业竞争力、实现企业价值最大化。

1. 分解销售收入筹划土地增值税

随着消费水平的不断提高，由开发商统一组织装修的精装房逐步取代毛坯房成为市场的主流产品。而房地产销售应负担的土地增值税增值率越高，适用的税率就越高，因此如果按毛坯房的价格和装修价格分别与购房者签订房屋销售合同和房屋装修合同，通过分开销售，区分经营收入，即可降低土地增值税预征阶段的计税额减少资金占用，又能降低清算阶段的增值率，减少应纳税所得额，达到节税目的。

例：某房地产企业出售一栋带装修的房屋，总售价10000万元（含装修费），土地增值税的扣除项目金额为4000万元，增值额6000万元。筹划前，按含装修总价10000万元销售，则增值率＝6000/4000×100%＝150%，应纳土地增值税＝6000×50%-4000×15%＝2400万元。经过筹划，分别按7000万元和3000万元签订房屋出售合同和房屋装修合同，其中不含装修费用的房屋出售价格为7000万元，允许扣除成本 3000万元，房屋装修价格 3000万元，增值额为4000万元，则增值率＝4000/3000×100%＝133%，应纳土地增值税＝4000×50%-3000×15%＝1550万元。由此可见，筹划后应纳土地增值税额减少 850（2400-1550）万元，显然房地产企业采用分业态分别定价销售的筹划手段，可以大幅降低税负。

2. 合理增加可扣除项目以降低增值额

《土地增值税暂行条例》规定，计算增值额的扣除项目有取得土地使用权所支付的金额、开发土地的成本费用、新建房及配套设施的成本费用、与转让房地产有关的税金和财政部规定的加计扣除5项。并且规定纳税人建造普通标准住宅出售，增值额未超过扣除项目金额20%的，免征土地增值税。据此房地产企业可以适量的增加成本费用支出，使得扣除项目加大，以达到免征土地增值税的目的。

例：某房地产企业开发一个普通标准住宅，项目主体工程完成，小区公共配套建设处于规划筹建阶段，根据设计方案，项目预计投入公共配套费700万元，土地增值税的总可扣除项目金额为8000万元，预计取得销售收入10000万元。

经测算，增值额 ＝10000-8000＝2000万元，增值率＝2000/8000＝25%，应纳土地增值税 ＝2000×25%＝500万元。经筹划，公司对小区公共配套设计方案进行修改，增加投入300万元，这时可扣除项目金额 ＝8000＋300×（1＋20%）＝8360万元，增值额＝10000-8360＝1640万元，增值率＝1640/8360×100%＝19.62%，免征土地增值税。经过税务筹划后，不仅节省了土地增值税500万元，税前利润增加200（500-300）万元，而且提高了小区配套的标准，增加了项目竞争力。

【实训任务二】

房地产税制结构优化设计

请与你的团队成员紧密合作，在老师的指导下，应用所学到的知识，分组依据国家统计局网站数据进行房地产税制结构分析，并提出优化方案。

1. 实训准备

（1）分组确定调查的房地产税收构成。建议分为四个小组，分别实施对开发环节、交易环节、保有环节房地产税收进行资料的收集。

（2）收集资料前认真分工，详细了解各环节房地产税收构成基本情况，拟定收集的工作方案。

（3）准备好数据表格、签字笔。

2. 实训过程

（1）进行资料收集。

（2）团队合作处理数据资料。

（3）小组讨论得出统计数据分析结论。

（4）提出税制结构优化方案

3. 实训结束

（1）实训总结分工。

（2）制作汇报PPT。

（3）演讲汇报。

（4）教师和行业专家共同评分。

【实训步骤】

第一步：确定收集的房地产税收资料

（1）项目团队集思广益，遴选收集各环节房地产税收。

（2）对确定的收集资料进行初步研究，确定具体内容、范围、收集的目的和需要解决的问题。

第二步：工作策划

（1）深入研究收集对象，确定收集资料的起始时间和收集途径。

（2）收集相关背景资料，咨询相关专业人士，拟定工作方案。

（3）对团队成员进行分工和必要的技术培训。

第三步：收集调研资料

（1）收集对象相关的静态资料（二手资料），对收集的资料进行研究，熟悉调研主题和调研对象。

（2）实施收集工作。

第四步：调查资料的整理与分析

（1）对采用各种方法收集的对象信息进行筛选、勘误和整理，形成资料库，存档以供今后调研使用。

（2）对整理后的资料和数据进行调查的简要分析。

（3）提出分析结论，并据此进行方案优化设计。

思考与练习

1. 房地产企业开发过程不同阶段，能进行税收筹划的税种有哪些？
2. 房地产税收筹划的现实意义何在？
3. 税收筹划包含哪些内容？
4. 不同环节房地产税收构成内容有何不同？
5. 各环节房地产税收占总额的比重如何？
6. 针对房地产税制结构问题，要怎样优化？

拓展知识

税收筹划

"税收筹划"又称"合理避税"。它来源于1935年英国的"税务局长诉温斯特大公"案。当时参与此案的英国上议院议员汤姆林爵士对税收筹划作了这样的表述："任何一个人都有权安排自己的事业。如果依据法律所做的某些安排可以少缴税，那就不能强迫他多缴税收。"这一观点得到了法律界的认同。经过半个多世纪的发展，税收筹划的规范化定义得以逐步形成，即"在法律规定许可的范围内，通过对经营、投资、理财活动的事先筹划和安排，尽可能取得节税（Tax Savings）的经济利益。"进行税收筹划须遵循不违背税收法律规定；事前筹划；效率原则。同时税收筹划具有合法性：税收筹划是在法律法规的许可范围内进行的，是纳税人在遵守国家法律及税收法规的前提下，在多种纳税方案中，做出选择税收利益最大化方案的决策，具有合法性；税收筹划具有事前筹划性；税收筹划具有明确的目的性。

税收筹划包含的内容有：

（1）避税筹划：是指纳税人采用非违法手段（即表面上符合税法条文但实质上违背立法精神的手段），利用税法中的漏洞、空白获取税收利益的筹划。避税筹划既不违法也不合法，与纳税人不尊重法律的偷逃税行为有着本质的区别。国家只能采取反避税措施加以控制（即不断地完善税法，填补空白，堵塞漏洞）。

（2）节税筹划：是指纳税人在不违背立法精神的前提下，充分利用税法中固有的起征点、减免税等一系列的优惠政策，通过对筹资、投资和经营等活动的巧妙安排，达到少缴税甚至不缴税目的的行为。

（3）转嫁筹划：是指纳税人为了达到减轻税负的目的，通过价格调整将税负转嫁给他人承担的经济行为。

（4）实现涉税零风险：是指纳税人账目清楚，纳税申报正确，税款缴纳及时、足额，不会出现任何关于税收方面的处罚，即在税收方面没有任何风险，或风险极小可以忽略不计的一种状态。这种状态的实现，虽然不能使纳税人直接获取税收上的好处，但却能间接地获取一定的经济利益，而且这种状态的实现，更有利于企业的长远发展与规模扩大。

学习资源

1. 课题组. 宏观调控下房地产税收状况及对策研究—以泉州市为例［J］. 金融纵论（财经观察）2009.
2. 网易公开课：房地产金融学，税收及杠杆，http://open.163.com/movie/2010/5/4/I/M807ASTRN_M807T984I.html.
3. 陈耀东. 浅议房地产企业土地增值税纳税筹划［J］；财税研究. 2014（01）.

本章小结

广义的房地产税，是指房地产开发经营中涉及的税，包括城镇土地使用税、土地增值税、房产税、契税、印花税、城市维护建设税、营业税、企业所得税、个人所得税等；狭义的房地产税，是指以房地产为课税依据或者主要以房地产开发经营流转行为为计税依据的税，包括营业税、土地增值税、城镇土地使用税、房产税、契税和印花税六种。房地产税收的征收要讲求财政、公平、效率、适度、法治的原则。房地产税收是一种比较稳定的税收来源，是一个多环节征收的税收体系，具有较强的政策功能，征收成本一般较高，不仅包括财产税，而且还包括行为税、资源税。

房地产经济周期与宏观调控 10

房地产经济周期　10.1
房地产经济宏观调控的含义　10.2
房地产经济宏观调控是市场经济的本质要求　10.3
房地产宏观调控的主要政策手段　10.4

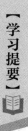

【学习提要】 本章主要介绍房地产经济宏观调控的含义，宏观调控对房地产业的影响，房地产经济的周期性波动及原因。通过本章的学习，能够熟悉房地产经济宏观调控的方式，理解房地产经济调控的主要政策手段和工具。

案例引入

美国房地产泡沫、世界经济不平衡与金融危机

对于世界经济不平衡与金融危机的关系，存在两种不同的观点。一种观点认为世界经济不平衡是金融危机产生的根源。顺差国庞大的"过剩储蓄"最终引发了金融危机。而另一种观点则认为愈演愈烈的世界经济不平衡却并不必然造成金融危机，而是同金融危机一样，根源于美国国内经济的某些扭曲。两者差别在于将危机的根源归于外因还是内因。研究证明：美国房地产泡沫（美国国内经济扭曲的重要表现）在造成金融危机的同时，促进了世界经济不平衡的扩大。

美国在互联网经济泡沫破灭之后，经济缺乏增长点，为了避免经济陷入衰退，在长期宽松的货币政策下，孕育了房地产及金融创新的过度繁荣，这是用泡沫替代泡沫的做法，并不可持续，最终必将导致更大的衰退。所以说，世界经济显著不平衡与金融危机的根源都在于美国国内因素：正是由于美国过度消费需求的存在，才使得外贸盈余国家的生产供给存在市场，从而造成全球经济某种程度上的整体过热，世界经济显著不平衡才得以实现；美国对外融资（美元回流）主要是通过出售美元"硬质产"（AAA级债券）得以实现，而其在制造更多"硬资产"过程中，借助房地产市场的繁荣，将风险较大的次级房地产抵押贷款作为资产池，并且未能有效控制金融创新所带来的系统性风险，最终从根本上导致金融危机的发生。

金融危机本质上是金融系统脆弱性的极端性体现，其源于美国金融业的脱离实体经济需求、自我创造需求的过度发展（美国金融部门的盈利占到整个美国企业盈利的40%以上）。这种经济结构的扭曲，经济过分虚拟化的发展模式，事实证明是不可持续的。金融过度所带来的资产泡沫，在很大程度上助长了美国的"过度消费"，进而引发了以中国为首的东亚经济体出口部门的"过度生产"。当该模式以金融危机爆发作为其终结标志后，势必"倒逼"中国等出口导向的经济体增长模式的转变。因此，对于中国来讲，扩大内需，促进消费，寻求一个更为均衡的经济发展增长模式，势在必行且刻不容缓，其将决定中国今后10年的经济前景。

金融危机是经济发展史的一部分，其更多是对经济的一种短期冲击与急剧调整，而在经济全球化的趋势下，世界经济不平衡却是个长期的过程。在此背景下，各主要经济体无论是

其短期的货币政策、汇率政策，还是长期经济发展模式都将发生深刻的变化。可以预言，这将成为全球化后全球经济可持续发展所要面临的最大挑战。

（资料来源：陈晓亮，韩永辉，邹建华．美国房地产泡沫、世界经济不平衡与金融危机-兼驳金融危机根源外部论［J］．国际金融，2012（2）：63-71）

思考：1. 世界经济不平衡是金融危机产生的根源吗？

2. 为什么说世界经济不平衡与金融危机的根源都在于美国国内因素？

3. 在这种国际形势下，我国应该怎么做？

答：1. 不是。

2. 正是由于美国过度消费需求的存在，才使得外贸盈余国家的生产供给存在市场，从而造成全球经济某种程度上的整体过热，世界经济显著不平衡才得以实现；美国对外融资（美元回流）主要是通过出售美元"硬质产"（AAA级债券）得以实现，而其在制造更多"硬资产"过程中，借助房地产市场的繁荣，将风险较大的次级房地产抵押贷款作为资产池，并且未能有效控制金融创新所带来的系统性风险，最终从根本上导致金融危机的发生。

3. 对于中国来讲，扩大内需，促进消费，寻求一个更为均衡的经济发展增长模式，势在必行且刻不容缓，其将决定中国今后10年的经济前景。

10.1 房地产经济周期

所谓周期是指一种依次反复循环运动的过程。经济周期最初被定义为：在主要以工商企业形式组织其活动的那些国家中，所看到的总体经济活动的波动形态。一个周期包含许多经济领域在差不多相同时间所发生的扩张，跟随其后的是衰退、收缩和复苏，后者又与下一个周期的扩张阶段相结合。经济周期本质上反映了经济增长过程中呈现出有规律的起伏波动、循环往复的运行特征。与宏观经济运行过程中的周期波动一样，房地产业在发展过程中也存在周期波动现象，房地产业呈现出扩张和收缩、繁荣和衰退交替发生的有规律的周期波动。对房地产周期波动规律进行研究和探讨，可以为政府制定和完善相关的房地产业政策，对房地产市场实行有效的宏观调控提供科学依据，尽可能避免或减少由房地产周期波动带来的损失。

10.1.1 经济周期理论

经济学中关于经济周期的研究，已有200多年历史，直到当代仍然是各国经济学家关注的问题。马克思关于经济周期的理论，揭示了资本主义条件下经济周期性波动的规律性及其成因，但其基本原理具有普遍适用性。

经济周期是指国民经济整体经济活动随着时间的变化而出现的扩张和收缩交替反复运动的过程。现代经济周期理论认为，经济周期是建立在经济增长率的相对变化上。其所指的经济周期是指经济增长率上升和下降的交替运动过程。经济周期理论主要是对经济周期产生的原因进行剖析的理论。其要点有经济周期的阶段、经济周期的类型、经济周期的成因。

一般经济学家将经济周期分为四个阶段，即繁荣阶段、衰退阶段、萧条阶段和复苏阶段。或者将其分为扩张和收缩两大阶段和两个转折点，即谷底到扩张、峰顶到衰退。扩张阶段是总需求和国民经济活动的上升时期，同时相伴随的是国民经济其他变量如就业水平、产出水平、价格水平、货币供应量、工资水平、利率和利润水平等的上升。而衰退阶段则是总需求和国民经济活动的下降时期，同时相伴随的是国民经济其他变量的下降。虽然各个变量上升或下降的速度和时间先后有很大差异，但在经济周期的扩张阶段或衰退阶段，相应的上升或下降的趋势十分明显。

对经济周期的类型，经济学家通过不同指数的衡量，以及各变量侧重点的不同，根据时间的长短分别提出了各种不同的周期类型，主要类型有短周期、中周期和长周期。短周期是由美国经济学家基钦（Joseph Kitchen）提出来的，他认为经济周期实际上有大周期和小周期两种，小周期平均长度多为40个月，大周期是小周期的总和。经济学界把他提出的短周期（40个月左右）称为基钦周期。中周期是由法国经济学家朱格拉（C·Joglar）提出来的，他认为经济周期的平均长度为9~10年，以国民收入，失业率和大多数经济部门的生产、利润和价格的波动为其标志。这种周期又称为"朱格拉周期"。长周期是由苏联经济学家康德拉捷夫（N·D·Kondratier）提出的，他认为，经济发展中有一种较长的循环，平均长度为50年左右，这种周期是与各时期的主要发明、新资源的利用相联系的，又称为"康德拉捷夫周期"。

对经济周期的认识和把握对国民经济的发展是相当重要的，一方面就是要承认经济周期存在的客观必然性，另一方面则要进行深入细致的研究，提出一定理论用来解释经济周期的产生和运动，并通过一定的模型来预测经济变动。

一个完整的、有说服力的、能够用于解释和预测社会经济运动的经济周期理论应当能够说明，经济体系本身具有产生周期性波动的功能以及经济波动的原动力来自外界的冲击。在经济周期理论中乘数和加速数模型即符合上述条件。这种周期理论认为在影响经济波动的各种经济变量中，投资变量起着相当关键的作用。经济学家注意到，从长期来看，消费行为、储蓄行为和收入之间的关系是大致稳定的，但是投资行为与收入之间的关系却具有不稳定性。一般说来，投资的少量变动会引起收入的较大变动，反过来，收入的少量变动也将引起投资需求的较大变动，正是这种不稳定的关系使经济形成周期性的波动。

关于经济周期的原因，各国经济学家有着各自不同的观点。其中主要的理论观点如：①有效需求不足；②投资状况的变化；③货币信用的过度膨胀；④对未来预期信心不足等等，都力图从一定的角度来解释经济周期的原因，以便于采取相应的对策。马克思则更着重从资本主义经济制度及内在的经济矛盾分析资本主义国家经济危机的成因，从而揭示了资本主义国家的经济危机产生的客观必然性。

10.1.2 房地产经济周期的阶段及特点

房地产经济周期是指房地产市场曲线围绕着市场均衡水平上下波动，而呈现出相似性、重复性、循环性特征的一种规律。而房地产价格、租金、房地产开发投资增长率、房地产销售增长率、建筑开工量、建筑竣工量、吸纳率、空置率等房地产经济指标的波动，是房地产周期现象的具体表现。与经济周期的类型相似，房地产周期一般也存在长周期、中周期和短周期等类型。

在房地产周期波动过程中，房地产业扩张与收缩相交替的两大阶段和复苏、繁荣、衰退、萧条循环往复的四个环节。如图10-1所示，在一个完整的房地产周期中（$A \to E$），从谷底到峰顶$A \to C$为上升阶段，从峰顶到谷底$C \to E$为下降阶段。又可以把上升和下降两个阶段分为四个环节。从谷底到谷底，或者从峰顶到峰顶，房地产业增长经历了一个完整的上升和下降阶段，成为一个房地产周期。房地产周期是围绕趋势线上下起伏，波浪式演变。尽管每一轮房地产周期波动也可能存在一定的差别，但其本质特征是不变的。

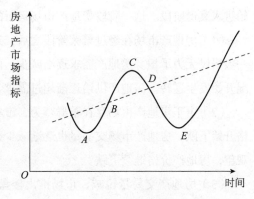

图10-1 房地产经济周期波动过程

1. $A \to B$属于复苏期

这一阶段房地产市场运行的特征和过程是：

（1）这一阶段始于前一次周期循环的波谷，此时房地产供给大于需求，房地产供求处于非均衡状态。在这一阶段初期，期房价格仍然低于现房价格，购房者大部分因为自用而进入市场，炒家很少，房地产交易量较低，但楼价止跌趋稳。

（2）经过房地产市场复苏的初期，市场信心开始逐步恢复。房地产开发投资渐增，购房者开始增多，少数炒家开始入市。随着需求增加，存量房地产被市场吸纳，房地产交易量逐步回升，推动市场逐渐走出低谷。房地产价格和租金从稳定状态过渡到增长状态，市场预期开始好转。

（3）随着房地产市场回升，人们对市场走势预期充满乐观情绪，购房者特别是炒家进一步涌入，不但出现现房价格上涨，期房价格也回暖，房地产市场交易尤其是存量房交易日趋活跃，房地产投资开发逐步加速增长。

2. $B \to C$属于繁荣期

这一阶段房地产市场运行的特征和过程是：

（1）房地产需求继续以一定速度增长，房地产供给逐渐吃紧。房地产价格和租金开始快速上涨。由于房地产开发商对未来收益的预期大大提高，开发商的开发与建设规模进一步增大。其他行业的企业也因市场极度乐观和高额利润而进入房地产市场，房地产投资量剧增，存量房和新开发建设项目大量推出，各级市场的成交量激增。

（2）在房地产市场预期乐观的刺激下，个人和机构的房地产消费、投资都迅速增长。

（3）房地产市场新开发建设项目和存量房价格快速上涨，房地产投机增加，交易量急剧上升，房地产泡沫出现膨胀。限制或打击房地产投机的呼声日益成为社会的共识，政府运用土地政策、货币政策和财政政策等对房地产市场进行调控。

3．C→D属于衰退期

当过高的楼价把自用型购房者挤出市场，主要依靠投机资金支撑时，房地产市场也就开始进入衰退阶段。这一阶段房地产市场运行的特征和过程是：

（1）房地产市场在经过繁荣阶段之后，过高的新开发建设房地产和存量房地产的价格使一般居民无力承担。房地产需求逐渐减少，而新竣工项目陆续进入市场，房地产市场供求状况开始发生逆转。房地产供给逐渐超过需求，房地产的空置率开始上升。

（2）由于房地产市场存在羊群行为，市场上的利空消息会导致人们跟风抛售，房地产价格开始下跌，房地产市场交易量也逐渐减少，市场预期悲观，房地产投机者纷纷抛售，买家观望，房地产价格继续下跌。

（3）房地产交易量锐减，市场推出楼盘减少，一些实力较差、抗风险能力较弱的房地产开发商可能会因为资金债务等问题而宣告破产，房地产从业人员减少，失业率和破产率上升。

4．D→Z属于萧条期

这一阶段房地产市场运行的特征和过程是：

（1）由于供求矛盾日益尖锐，房地产市场销售竞争加剧，房地产价格继续下跌建设房地产价格加速下降而大大低于存量房地产价格。

（2）伴随房地产价格大幅下跌，房地产交易量锐减。市场逐渐萎缩，物业的市场流动性在这个阶段降到很低，甚至处于"有价无市"状态。大多数房地产企业将不能正常运作，市场的停滞标志着整个房地产周期已进入谷底，并在谷底持续一段时间。

（3）房地产企业破产现象比较普遍，甚至一些实力雄厚的大型公司也在所难免。房地产市场在经过较长时间的消化吸纳空置的存量房地产过程后，将迎来下一轮房地产周期循环的复苏阶段。

> **专栏10-1　美国的房地产周期性波动**
>
> 美国房地产市场虽然经过上百年发展，经历过多次周期，其中比较明显的几次波动周期是：①1923～1926年间佛罗里达房地产泡沫，这期间佛罗里达地价出现了惊人的升幅，随后泡沫迅速破碎后，激化了美国的经济危机，引发了华尔街股市的

崩溃，最终间接导致了20世纪30年代的世界经济大危机。②1967至1972住宅公寓市场泡沫，因为二次世界大战结束后出身的人群（"婴儿潮"）长大成人，需要大量的出租房子住。同时，政府颁布了有关税收政策法案，使得拥有公寓出租不动产在税收方面有很多优惠，刺激了公寓购买需求，造成了二次大战后第一次房地产市场高峰。到1975年，美国的房地产市场崩盘。③1982年开始又一轮的房地产上涨，这也是由于美国政府的税收、财政等措施刺激而引起的。到了1986年时，政府出台了新的税收修正法案，从而使房地产逐步走向高峰，但是在"9·11"事件后结束。④2001年开始此轮房地产景气，"9·11"事件和网络泡沫破灭之后，为了防止引发经济衰退，美联储大幅降息，将联邦基金利率从2001年1月的6.5%降至2003年6月的1%，使利率水平创下四十年来新低，导致美国进入了负实际利率时代，在美联储逐步降低基准利率的宽松货币政策作用下，在房地产信贷机构不断放宽住房贷款条件情况下，美国房地产市场飞速发展。⑤2007年初，美联储连续上调贷款利率，次贷危机爆发。之前低利率政策大大刺激了美国房地产市场上的投资扩张，使得美国的房价迅速上扬，再加上美国的一些贷款机构实施零首付政策，使得房价越推越高，泡沫越来越大。伴随着利率的调升，还款人的负担越来越重。同时，不断下跌的房价又使得相当数量的投资购房者手中的房屋资产急剧缩水。在这两种压力下，还款人不得不放弃房产，拒交贷款，次级抵押贷款公司即成为直接的受害者，而持有资产抵押债券的投资者也就成为间接受害者。美国房地产市场开始进入下行期。

10.1.3　房地产经济周期的影响因素

1．人口数量和结构

人口的周期性变化与房地产周期波动直接相关。人口是房地产市场的主体，在其他条件不变的情况下，一个国家或者地区的人口总量决定了住宅等房地产需求的大小。一般来说，这种需求随着人口的增长而增长。一些国家在特定的历史条件下出现的生育高峰，形成了"婴儿潮"现象，随着年龄的推移对房地产产生较大的需求。从人口的城乡结构看，城市化过程中所导致的城市人口增多，将会改变城市人口总量和城市人口结构，相应地也会改变房地产需求总量和结构。另外，人口家庭规模的变动也会导致房地产市场的波动，即使总人口数量不再增加，但家庭规模的小型化也会影响房地产需求的总量和结构。而有的国家出现了人口老龄化及人口负增长，将会减少房地产需求。

> **讨论与思考**
>
> 2012年末，我国65岁以上人口占比不到13%，但预计到21世纪中叶，我国65岁以上人口占比将达到35%，逼近当前日本的水平。结合当前我国人口老龄化的客观趋势，讨论其对我国房地产市场带来的影响？

2．总产出和收入波动

总产出或人均收入的波动是直接反映经济周期波动的指标。总产出或者收入的波动会直接影响到房地产投资、房价、空置率等房地产市场的一系列指标，对包括中国在内的经验研究表明，代表房地产周期的房地产投资增长率与代表宏观经济的总产出增长率的波动高度一致。一般而言，当人均收入呈现快速增长，宏观经济处于高度景气时，人们对未来收入和经济增长的前景乐观会倾向于从银行过度融资，从而增加杠杆、推高房价进而推动房地产投资。一旦宏观经济景气不再，收入下滑，此时一方面将减少房地产需求，另一方面在过去景气状态下积累的债务仍在，极易造成贺雪所说的债务性通货紧缩，从而导致房地产市场和宏观经济的恶性循环。

3．通货膨胀率

通货膨胀因素影响房地产名义价格与真实价值变动，在价格机制作用下，进而导致房地产经济运行出现扩张或收缩性变化。一般来说，在通货膨胀持续高涨的年代，房地产价格出现明显上涨趋势。通货膨胀因素使房地产的保值与增值功能更加显著，进而影响房地产业增长。物价上涨引发通货膨胀后，导致货币价值下降，消费者宁愿持有实物资产而放弃货币资产，具有较强保值和升值潜力的房地产便成为消费者抵御物价上涨的有效投资渠道，从而推动房地产投资活动增加。相反，当物价下降特别是出现通货紧缩后，作为实物资产的房地产名义价值会有所下降或缩水，使房地产投资行为和投资规模受到影响。所以，通货膨胀因素对房地产周期波动的影响显著。

> **专栏10-2 日本的通货膨胀与房地产崩盘**
>
> 20世纪90年代初，经历了30年的经济飞涨后，日本楼市、股市相继崩盘，开始陷入经济危机的泥淖。
>
> 回顾日本1985~1991年楼市的走势可以发现，大约经历了几个重要节点：
>
> 1985年日元开始升值，日本政府为了刺激国内经济，货币供应量连续每年超过10%，造成市场上资金极其充沛；
>
> 1986年大量资金进入房地产；

1987年日本房价飙升3倍；

1988年房价下降、地王拉升房价；

1990年银行继续大规模贷款导致通货膨胀，物价疯涨；

1991年房价再次下降、楼市崩盘。

20世纪90年代初日本爆发的房地产泡沫破裂，是世界各国历史上迄今为止最大也是最深的一次房地产危机，今天中国的房地产发展正进入快速增长时代，十多年房价只涨不跌的规律，让越来越多的人更加确信房价保值不跌的神话，然而历史总有着惊人的相似，回顾日本房地产的崩盘始末，或许对中国房地产的未来走势有着一些启示。

二战后50年，日本经济取得了举世瞩目的辉煌成就。20世纪90年代初期日本仅用几年时间连续赶超意大利、法国、英国和德国，成为亚洲第一强国和仅次于美国的世界第二大强国。日本的贸易和制造业直逼美国，在电子汽车钢铁和造船等领域更是将美国打得毫无"招架之力"。日本经济实力达到美国一半，外汇储备超过4000亿美元，占世界外汇储备的50%。日本人成为世界上最富有的人，土地成为世界上最昂贵的土地。弹丸岛国的日本房地产总价值超过地大物博的整个美国，日本平均房地产价格是美国的100倍，东京大阪的价格是纽约、芝加哥的几十倍。日本人买下纽约最有代表性的建筑洛克菲勒中心和美国人最骄傲的产业好莱坞影片公司。尤其是日元大幅度升值使得日本人极其富有备感自豪，资金指处所向披靡。伴随"国富民强"，大量新资金没有去处，只好集中和积聚在十分有限的土地上，造成土地和房屋的含金量越来越高，价格和泡沫与日俱增。

日本房地产发展在世界各地中有其特殊性。日本土地狭小，人口众多，加上经济高度发达，房地产开发从战后一片废墟上建立起来。伴随经济和房地产开发，土地价格尤其是主要城市的土地价格不断上涨，高度垄断集中，1985年东京大阪的土地价格比战后初期猛涨了10000倍。但是如果以为日本房地产泡沫破裂是客观原因造成的，是无可避免的，那是不正确的。实际上即使是1985年泡沫已经相当严重，如果没有后来5年时间中执行的一系列错误政策，泡沫破裂还是可以避免的。1985年日元升值以及对升值错误的估计和预期，将日本直接推入泡沫破裂前的"最后疯狂"。在5年短暂的"辉煌和灿烂"之后，日本经济和房地产陷入了已经长达14年的萧条和低迷。由此可见，包括日本在内的世界各国房地产泡沫以及破裂，都不能归咎于客观原因。日本主要的错误政策是：

（1）利率太低，资金泛滥，引导失误监管失控。1985年9月美英德法日五国财长聚会纽约的广场饭店，就争执许久的日元升值达成协议。之后一年时间里日元对美元升值一倍以上，由此对出口造成巨大冲击。日本政府为了刺激国内经济，完成外向型向内需型经济过渡,连续五次降低利率放松银根,基础利率跌至历史最低点,货币供应量连续每年超过10%,1998年超过15%,造成市场上资金极其充沛。但是由于当时日本上下对日元升值和经济转型的困难认识和准备不足,大量资金并不如政府所希望的那样流入制造业和服务业,而是流入容易吸纳和"见效"的股市楼市,造成股市楼市价格双双飙升。1985年以后的4年时间中,东京地区商业土地价格猛涨了2倍,大阪地区猛涨了8倍,两地住宅价格都上涨了2倍多。在此过程中日本政府并没有采取有效措施引流资金和监管资金,而是听之任之。

(2)盲目扩大信贷,滥用杠杆作用。在资金泛滥的情况下,原本应该紧缩的信贷不仅没有紧缩,相反进一步扩张,推波助澜火上加油。为了追逐高额利润,日本各大银行将房地产作为最佳贷款项目,来者不拒有求必应。1990年危机已经一触即发,但是银行继续大规模贷款。这一年在东京证券交易所上市的12家日本最大银行向房地产发放贷款总额达到50万亿日元,占贷款总额的四分之一,五年间猛增2.5倍。尤其错误的是为了扩大杠杆作用增加利润,日本银行违反国际清算银行的巴塞尔协议,将持股人未实现利润当作资本金向外出借,造成流通领域里的货币数量进一步扩张。1991年日本银行总贷款额达到当年国民生产总值的90%,而美国仅为37%。为了争夺利润和分享市场,日本上千家财务公司和投资公司等非银行机构也不顾政策限制,跻身于房地产金融行业,直接或间接向房地产贷款,总额高达40万亿日元。可以说日本金融机构是房地产泡沫的最大鼓吹者和最后支撑者,为泡沫源源不断输送能量直到最后一刻。

(3)投资投机成风,股市楼市连动,管理监督形同虚设。日本和我国香港完全一样,股市和楼市"一荣俱荣,一损俱损",这种情况进一步加剧了泡沫的严重程度。当时日本居民从股市中赚了钱投资到楼市中去,从楼市中赚钱投资到股市中去。无论从那一个市场赚钱都十分容易,很多人所赚之钱比一辈子工作积蓄的钱多得多。股市楼市比翼双飞,同创一个又一个"高度"。1985到1988年日本GDP增长16%,土地市值和股票市值分别增长81%和177%。1989年底日经指数达到历史最高点近39000点,房地产价格也同创历史最高。这段时间里,房价日长夜大,数月甚至数天价格又上涨了。人们千方百计从各个地方借钱投向房地产,炒作和投机成风,很多人辞去工作专职炒楼。人们用证券或者房产作抵押,向银行借钱再投资房地产。银行则认为房地产价格继续上涨,由此作抵押没有风险,所以大胆放款,造成大量重复抵押和贷款,监督管理形同虚设,资金链无限拉长,杠杆作用无限扩大。但是市场转折后立即就形成"中子弹效应",一个被击破,个个被击破。日本大公司也不甘寂寞,在炒楼中扮演着重要角色,利用关系进行土地倒买倒卖,数量极大倒手率又极高,每倒一次价格就飙升一次。在此过程中政府很少的应对政策也严重滞后。大公

> 司倒卖土地的情况一直持续到1992年政府增收94%重税后才被迫停止。
>
> 　　泡沫破裂后许多日本居民成为千万"负翁",家庭资产大幅度缩水,长期背上严重的财务负担,在相当长的时间里严重影响正常消费。日本银行及非银行机构的不良债务高达100万亿日元,最后成为坏账的达到几十万亿日元。倒闭和被收购的银行和房地产公司不计其数,大量建筑成为"烂尾楼"。建筑业饱受重创,1994年合同金额不足高峰期的三分之一,国民经济陷入长达十年的负增长和零增长。
>
> 　　日本的沉痛教训应该在中国房地产发展进程中引以为戒。
>
> （资料来源：http://wenku.baidu.com/view/2110a5272f60ddccda38a043.html）

4. 利率

利率对房地产周期的影响一般表现在两个方面：一是对房地产开发投资的影响,银行贷款是房地产开发资金的重要来源,利率的高低会直接影响开发成本和利润；二是对房地产消费需求的影响,利率高低影响到消费者的贷款信心、还款压力和支付能力等。利率的"价格比较"作用也一定程度上体现出利率在房地产周期波动中的引导作用。利率本质上是资金的价格表现,房地产投资的利润率和内部收益率、利率具有可比性,只有当房地产投资的收益率高于利率时,房地产开发商才借贷资金,反之就会退出信贷市场。当中央银行开始降低利率时,债券利率也随之降低,消费者将决定利用当前更为便宜的融资来建造或购买房地产,住宅和商业房地产的价格开始上涨,租金收入上涨超过了成本增加。在利率下降的情况下,房地产业开始扩张,对房地产开发用地需求的增长,推动土地价格上涨。当消费能力和工业产能达到顶峰后,租金开始下降,房地产空置率上升,房地产价格出现下滑。可见,在一轮房地产周期波动中,利率具有极其重要的影响作用。

5. 汇率和国际资本流动

汇率虽然不是房地产周期波动的直接影响因素,但在经济全球化的背景下,汇率通过改变外资对东道国房地产市场的投资发挥作用。在开放经济条件下,资产价格不仅受自身供求因素的影响,也越来越多地受到汇率变动的影响。从经验来看,一国(地区)货币升值或贬值,都有可能对本国(地区)的房地产价格变化产生影响。例如,20世纪90年代,大量资本流入美国,使美元持续坚挺,与之相伴随的是美国利率的下降以及股票价格与房地产价格的上涨。再如1997年亚洲金融危机发生后,大多数发生危机的经济体伴随着本国货币急剧贬值而出现了股票价格下跌与房地产价格下跌的"三重危机"现象。在中国,人民币升值预期下的大量外资流入,对中国2000年以来的房地产价格上涨起到了推波助澜的作用。汇率的变动和大量国际资本的流入或流出,将对东道国资产市场产生冲击,导致资产价格的暴涨暴跌。

6. 房地产市场的"羊群行为"

人们存在从众心理是一种普遍的现象,这就使房地产经济运行过程中产生"羊群效应",

越来越多的家庭或厂商在同一时期进入或退出房地产市场，以致在房地产市场出现投机行为。而房地产投机活动，对房地产周期波动产生推波助澜的作用。在房地产投资、建设、交易和使用过程中出现不同类型的房地产投机行为，使房地产经济的运行受到冲击，"羊群行为"不但强化房地产周期波动的趋势，而且还加剧房地产周期波动的深度和广度。

7．政策调整

影响房地产周期波动的政策因素很多，主要包括与房地产业密切相关、敏感程度高的土地政策、财政政策、货币政策、投资政策、产业政策、经济体制改革等。这些具有反周期性质的宏观政策因素，在短期内对房地产市场运行状况的影响是较为显著的。在经济扩张政策与经济紧缩政策的相互交替作用下，政府政策的"相机抉择"能够在一定程度上削减房地产周期波动的幅度。政策调整或体制改革，也可能导致一轮房地产周期的出现。

10.2 房地产经济宏观调控的含义

在房地产经济运行过程中，由于经营的垄断性、位置的不可移动性、住房的社会性，以及市场调节的滞后性、盲目性和短期性等原因，房地产市场会出现"失灵"现象。为了弥补这种失灵，国家必须对房地产市场进行干预和管理，这是完善房地产市场经济制度、规范房地产经济运行的必然要求。

10.2.1 宏观调控的含义

宏观调控指国家为了促进市场发育，规范市场运行，优化经济结构，保持国民经济持续、稳定、协调增长，引导推动社会全面进步所采取的经济措施。它是政府对国民经济的总体管理，是对社会经济总体的调节与控制。

宏观调控的过程是国家依据市场经济规律，运用调节手段和调节机制，实现资源的优化配置，为微观经济运行提供良好的宏观环境，使市场经济得到正常运行和均衡发展的过程。

宏观经济调控的领域主要是有关国家整体经济布局及国计民生的重大领域，容易产生"市场失灵"的经济领域，私人的力量不愿意进入的领域。

10.2.2 房地产经济宏观调控的含义

房地产业作为国民经济的重要组成部分，涉及社会稳定和发展，是有关国计民生的重大产业，是国家高度关注和重点调节的领域。房地产经济宏观调控是国家经济宏观调控的重要组成部分。

根据宏观调控的含义，房地产经济宏观调控指国家运用经济、法律和行政等手段和市场机制，从宏观上对房地产业的经济运行进行监督、指导、调节和控制，实现房地产业与国民经济协调发展的管理活动。

10.2.3 房地产经济宏观调控的目标

房地产业与其他产业相比既有共同性又有特殊性。因此对房地产经济的宏观调控，既要服从全社会的国民经济宏观调控的总目标，从全局出发考虑，又要根据房地产业本身的特点和特殊要求来设定房地产经济宏观调控的具体目标。

1．调节供求关系，实现房地产经济总量的基本平衡

房地产经济总量平衡是保证房地产市场正常运行和健康发展，优化房地产资源配置，保持房价基本稳定的必要条件，是房地产经济宏观调控的首要目标。房地产经济总量平衡指房地产的供给总量和需求总量的平衡。房地产商品的供给总量指某一时期（一般为一年）内全社会或某一地区内由多种所有制经济主体投资建造的各类房地产商品的总和。房地产商品的需求总量指某一时期（一般为一年）内全社会或某一地区内包括投资性的生产用房（主要指厂房、商业用房、办公用房等）需求和消费性的生活用房（主要指住宅和娱乐设施等）需求两大方面的房地产市场需求的总量。由于房地产市场的供给和需求是随各种经济因素的变动而经常发生变化的，因此，宏观调控的目标是使房地产总供给和总需求的基本平衡。

在实现房地产经济总量的基本平衡时，有以下几点需要注意：首先，房地产商品的位置固定性特性使其供给和需求具有相当强的地区性，所以要在一个地区或城市内实现供求平衡。其次，房地产市场需求存在着潜在需求和有效需求之分。潜在需求指房屋消费的欲望，而有效需求指有支付能力的现实需求，房地产经济总量的基本平衡是房地产商品的供给总量与有效需求总量的平衡，而非潜在需求。第三，房地产经济作为国民经济的一个子系统，不仅要实现自身的供求平衡，还要实现房地产经济总量与整个国民经济总量，特别是地区经济总量的平衡发展。

2．优化房地产业结构，提高资源配置效率

优化房地产业结构，充分合理利用房地产资源，提高资源配置效率是房地产经济宏观调控的重要目标。优化房地产业结构主要包括房地产业结构协调和结构优化两个方面。结构协调主要是指房地产业的结构与现阶段经济发展水平相适应，二者以合适的比例关系协调发展；结构优化指房地产业结构的升级换代。

产业结构最优化主要包括两个方面的内容：首先，房地产业的发展与其他产业、与地区经济和整个国民经济的发展相适应，既能与其他产业保持合适的比例，以保证国民经济协调发展，又能带动相关产业和国民经济的发展。我国现阶段房地产业增加值在国民生产总值中所占比例偏低，具有较大的增长空间。其次，房地产业内部的供给结构与市场需求结构相协调，生产用房与消费用房符合市场需求的比例。一般来说居住房地产在房地产业中占主体地位，但现在养老房地产、商业房地产和旅游房地产等的占比在逐渐扩大。同时，应根据居民收入结构合理安排高、中、中低档房建设，以满足不同层次的需求。

> **专栏10-3　房地产经济的总量平衡与结构平衡的关系**
>
> 　　从总体上说，房地产经济的总量平衡和结构平衡是互相制约、互相促进的。总量平衡是结构平衡的前提和基础，总量平衡了，结构平衡就较易实现；而结构平衡则是总量平衡的重要保证，结构平衡可以促进总量平衡。

3. 促进房地产价格合理化，保持房价的基本稳定

在整个价格体系中，处于基础价格重要地位的房地产价格，在市场经济中具有重要的功能和作用。首先，作为基础性价格，房地产价格水平一定程度上决定着市场总体价格水平。房地产价格不仅决定着生产成本和一切商品市场价格的真实程度，还在一定程度上对整个市场消费价格起决定作用。因为住房的价值量在家庭消费支出中占绝对比重，住房价格在全社会消费价格中的权重相应较大，在一定程度上决定着整个市场的消费价格。其次，住房作为重要的消费资料，其价格对调节居民的生活水平有重要的作用，是关系居民切身利益的重大经济问题和社会问题。住房价格水平低，能增强居民的购房能力，相应提高居民的居住水平和居住质量，反之则会降低居民的居住水平和质量。再次，价格是市场经济最重要的调节机制，房地产价格还发挥着调节房地产市场供求总量和结构的重要作用。表现为商品房价格高，开发商有利可图，增加开发量，从而增加供给；房价高，消费者减少购买，从而缩小需求。反之商品房价格低，开发商无利可图，缩减开发量，从而减少供给；房价低，促使消费者购买，从而增加需求。因此，利用价格杠杆调节商品房供求，尽量化解供不应求和供大于求的矛盾，实现供求总量平衡。同时，不同类型和档次的房地产价格结构的合理化，还可以促使商品房供给结构与消费结构相适应，从而促使房地产结构平衡。

在市场经济条件下，要保持房价的基本稳定（将房价保持在一个合理的界限内），不仅需要市场机制的调节，还需要政府的调控。政府可以运用经济、法律、行政等手段，运用市场机制，在一定程度上调控房价。表现在：通过税收政策和对土地价格的控制，影响房地产开发成本，促进房地产价值构成合理化；通过财政政策和信贷政策，调节房地产供求，促使房地产市场供求平衡，从而实现房价的基本稳定；通过法律法规和工商行政管理等手段，制止乱涨价、价格欺诈等违法行为，规范房地产市场价格秩序，将房价纳入法制化轨道。因此，应把市场调节和宏观调控有机地结合起来，实现房价的基本稳定。

> **? 讨论与思考**
>
> 　　问：（1）你认为在经济起飞阶段，房地产价格会呈现出一种什么样的趋势？
> 　　（2）你认为房价上涨的幅度在什么范围内算是合理的？

（3）房价的基本稳定是否指房价固定不变？

答：（1）从世界各国的经验来看，在经济起飞阶段，由于土地等稀缺资源价格的上涨和市场需求拉动等因素的作用，房地产价格必然呈现出一种上升趋势，关键在于控制房价上涨的幅度。

（2）一般规律是房价上涨的幅度要小于居民可支配收入增长的幅度，并与房屋升值的幅度相协调。

（3）不是，房价的基本稳定指房价的涨幅保持在一个合理的界限内，避免商品房价格暴涨暴跌。

4. 确保房地产业可持续发展，更好地满足生产生活需要

通过房地产业的可持续发展，满足生产建设各方面的需求，促进国民经济的增长，同时，满足居民住房消费的需求，保证居民居住水平不断提高，这是对房地产经济实施宏观调控的最终目标。因为房地产具有自然、经济和社会特性，所以要实现房地产业的可持续发展，须解决好包括土地资源的永续利用，住宅业的稳定协调发展，房地产市场完善与人居环境改善在内的自然、经济和社会等多个方面的内容，实现房地产业的持续、稳定和健康发展。

房地产业要实现持续、稳定和健康发展，需注意三个方面的内容：首先，房地产业不仅要考虑当前的发展，还要为今后的长远发展创造必要的条件，绝不能片面地追求当前的发展而损害今后的发展。其次，房地产业要保持适当的增长速度，避免忽高忽低、大起大落的波动。第三，房地产业应按比例协调发展，既有正常的发展速度，又有比例关系的相对平衡，同时实现经济、社会、生态等综合效益。

❓ 讨论与思考

2014年7月，继呼和浩特正式发文全面取消限购政策之后，众多城市迅速跟进，对现行的住房限购政策进行调整或取消，限购松绑的城市数量迅速增多。截至8月10日，全国已有36个城市在限购方面有不同程度的松动：占所有限购城市46个比例为78%。预计年内还将有6个左右城市会出台不同力度的松绑限购政策，也就是除一线城市外，都将肯定在年内调整和取消限购政策。

问：对现行的住房限购政策进行调整或取消，对我国房地产市场有何影响？

答：随着地方政府更多刺激性政策的出台，市场销售会有所好转，在下半年出现阶段性

> 企稳，但在中央政府不出台重大强刺激政策的前提下，市场整体趋势不会改变，市场整体仍将保持回落态势。

10.3 房地产经济宏观调控是市场经济的本质要求

市场经济与计划经济相对应，是市场对资源配置起基础性调节作用的经济体系。在这种体系下产品和服务的生产及销售完全由自由市场的自由价格机制引导。市场经济一经产生，便成为最具效率和活力的经济运行载体。迄今为止，全世界绝大多数国家都纷纷走上了市场经济发展之路。市场机制是市场经济的总体功能，是经济成长过程中最重要的驱动因素。它通过市场供求的变化、价格的波动、主体对利益的追求来调节经济运行的机制，构成要素主要有市场供求机制、价格机制、竞争机制等构成。以工业化为核心的现代生产力的成长过程是在市场运行机制的驱动下进行的。市场机制是经济社会化和经济全球化发展不可缺少的重要方面，但市场机制配置资源存在一定的缺陷。

10.3.1 市场机制配置资源的缺陷

1．垄断问题

分工的发展使产品之间的差异不断拉大，资本规模扩大和交易成本的增加，阻碍了资本的自由转移和自由竞争。技术进步、市场扩大和兼并，促使市场垄断的出现，也减弱了竞争的程度和作用。竞争是市场经济中的动力机制，竞争的减弱使技术进步受到抑制，不利于经济的发展。

2．失业问题

当资本为追求规模经营，提高生产效率时，劳动力被机器所代替。而且，市场经济运行的周期变化，对劳动力的需求不稳定。即当经济不景气的时候，劳动者失业的可能性就会增加。失业是市场机制作用的后果，不仅不利于社会的稳定和经济的发展，也不符合扩张的市场与消费的需要。

3．财富分配问题

市场机制遵循的资本与效率原则存在"马太效应"[①]。一方面，从市场机制自身作用看，资本拥有越多在竞争中越有利，效率提高的可能性也越大，财富也越集中；另一方面，资本家对雇员的剥削，造成财富差距进一步被拉大，影响消费水平，使市场相对缩小，进而影响

---

① 马太效应（Matthew Effect），指强者愈强、弱者愈弱的现象，广泛应用于社会心理学、教育、金融以及科学等众多领域。

生产，使社会经济资源不能实现最大效用。

4．外部负效应问题

外部负效应指在生产和消费过程中的成本外部化对其他主体造成的损害。生产或消费单位为追求更多利润，也许会放任外部负效应的产生与蔓延。如某些企业为了减少治污成本，增加企业利润，将工业废水不加处理地排放，造成污染，影响生态环境，对社会带来危害。

5．区域经济不协调问题

市场机制的作用会扩大区域间的不平衡现象，使发展起点较高、经济条件优越的地区，因为可以支付较高的资源要素价格而吸引更多的优质资源，以发展当地经济。而落后地区会因优质要素资源的流失而越发落后，区域经济差距就会拉大。此外，不同地区可能会在利益的驱使下，在使用自然资源过程中出现相互损害的问题，即可能会产生区域经济发展中的外部负效应，这种现象也会扩大区域间经济发展不协调的问题。

6．公共产品供给不足问题

公共产品指消费过程中具有非排他性和非竞争性的产品，即能为绝大多数人共同消费或享用的产品或服务，如国防、公安司法、义务教育、公共福利事业等。生产公共产品与市场机制的作用是矛盾的。生产者一般不会主动生产公共产品，但公共产品是全社会成员所必须消费的产品，它的满足状况也反映了一个国家的福利水平。因此，公共产品生产的滞后与社会成员与经济发展需要之间的矛盾十分突出。

7．公共资源过度使用问题

有些生产主要依赖于公共资源，如渔民捕鱼就是以江湖河流这些公共资源为主要对象。公共资源既在技术上难以划分归属，又在使用中不易明晰归属，再加上市场机制不能提供制度规范，生产者受市场机制追求最大化利润的驱使，往往会过度使用公共资源。

10.3.2 房地产经济的宏观调控的重要意义

在完备的充分竞争的市场中，由于价格和竞争等市场机制的作用，生产者和消费者在追求自身利益最大化的过程中，自愿达成了双方均能接受的合约，商品价格达到均衡，稀缺资源得到合理配置，社会福利达到最大化。但在现实中并不存在完备的充分竞争的市场，所以需要政府来调节市场机制，弥补市场缺陷，纠正市场失灵。

1978年12月中共十一届三中全会之后，在新的历史条件下，实行改革开放。1984年中共十二届三中全会提出发展有计划的商品经济。1992年中共十四大提出发展社会主义市场经济。中国的市场经济是同社会主义制度结合在一起的，是有中国特色的市场经济。首先，在所有制结构上，以公有制为主体，多种所有制经济共同发展。在社会主义条件下，公有制经济不仅包括国有经济和集体经济，还包括混合所有制经济中的国有成分和集体成分，而且公有制形式可以多样化，一切反映社会化大生产规律的经营方式都可以大胆利用。其次，在分配制度上，实行以按劳分配为主体，多种分配方式并存的制度，把按劳分配和按生产要素分配结合起来，坚持效率优先，兼顾公平。这不仅有利于资源配置的优化，促进经济发展，还有利于保持社会稳定。在社会主义条件下，通过运用包括市场在内的各种调节手段，既可以鼓励先进，实现效率优先，合理拉开收入差距，又可以对过高的收入进行调节，兼顾公平，防止两极分化，逐步实现共同富裕。第三，在宏观调控上，把人民的眼前利益与长远利益、局部利益和全局利益结合起来，更好地发挥计划和市场两种手段的长处。

房地产经济的宏观调控是房地产资源优化配置的需要，加强房地产业在国民经济中的重要地位和作用的需要，同时也是保证我国房地产经济可持续发展的需要。

1. 房地产资源优化配置的需要

市场经济要求市场对资源配置起基础性调节作用。房地产经济作为国民经济的重要组成部分，是社会主义市场经济的一个子系统。因此，按照市场经济的要求，须充分发挥市场机制对房地产资源配置的基础性调节作用。但由于市场配置资源存在自发性、滞后性、分化性和盲目性等缺陷，容易造成波动，影响经济稳定。因此，为弥补市场失灵，提高房地产资源配置效率，保证房地产业持续、稳定、健康发展，政府必须对房地产经济进行宏观调控。

2. 加强房地产业在国民经济中的重要地位和作用的需要

房地产业在国民经济中的重要地位和作用决定了必须对它实施宏观调控。构成房地产的土地和房屋是重要的社会资源，其合理配置直接关系到国民经济的可持续发展。房地产业同国民经济的其他产业关联度大，能带动相关产业和国民经济的发展，是基础性、先导性产业。随着房地产业创造的产值在国民生产总值中所占比重的增长，房地产经营收入日益成为政府财政收入的重要组成部分，所以房地产业成为国民经济的重要支柱产业。因此，对房地产经济的宏观调控是加强房地产业在国民经济中的重要地位和作用的需要。

3. 保证我国房地产经济可持续发展的需要

我国房地产经济处于起步阶段，存在发展不稳定，地区间发展不平衡，竞争无序，市场运行不规范，房地产价格秩序混乱，价格体系尚未理顺，作为市场主体的房地产企业生产经营活动操作不规范，房地产供给结构不合理，需求增长过快等问题。因此，要实现房地产经济的可持续发展，需要政府的宏观调控。

社会主义市场经济体制从建立到完善是一个新的历史跨越，也是一个艰难而伟大的实践。这要求转变政府职能，改善宏观调控，解决好市场失灵的问题。房地产经济是国民经济的重要组成部分，房地产业在国民经济中具有先导性、基础性的重要作用，是国民经济的支柱产业之一，再加上房地产的特殊性，更加需要政府对房地产经济实施宏观调控。因此，对房地产经济实施宏观调控是市场经济的本质要求，也是社会经济发展的需求。

10.4 房地产宏观调控的主要政策手段

为了实现房地产经济宏观调控的目标，政府必须运用适当的政策措施进行有效的调节和控制。房地产经济宏观调控的主要政策手段有：产业政策、货币政策、财政政策、投资政策、法律手段、行政手段和计划手段等。

10.4.1 房地产经济宏观调控中的产业政策

产业政策是指国家根据国民经济发展的内在要求，调整产业结构和产业组织形式，从而提高供给总量的增长速度，并使供给结构能够有效地适应需求结构要求的政策措施。从内容上说，产业政策可以分为产业的组织政策、产业结构政策、产业技术政策和产业布局政策等，从性质上看又分为产业促进政策和产业抑制政策两种。房地产产业政策，是政府通过产业定位、产业发展规划和政策导向，对一定时期房地产业发展制定并实施的基本政策，以此引导房地产业与国民经济相协调的、稳定健康的发展。它是对房地产经济实施宏观调控的重要政策手段。

1. 房地产产业政策的目标

产业政策一般包括政策目标和政策手段两个方面。房地产产业政策目标，是政府根据经济发展需要和房地产业的现实状况所制定的发展目标。主要有以下三个方面：①房地产业发展水平目标。房地产业是国家重要的产业部门，既可以带动相关产业发展，促进国民经济的增长，同时又受到其他产业和整个国民经济发展水平的制约。房地产产业政策的首要目标就是要提高房地产业的发展水平，要根据国民经济整体水平和国民经济发展要求，在生产要素和生产资源得到充分保证的基础上，以房地产商品的市场需求为依托，生产出能够满足消费者需要的房地产商品，扩大房地产业的经济规模。②房地产业内部结构协调目标。房地产业内部存在着多种房地产业态，例如工业用房（厂房）、商业用房、办公用房、居住用房（住宅）、文化娱乐用房以及其他各类用房等。在经济发展的不同阶段，不同类型房地产的需求有所差异，因此，在着力提高房地产业总体发展水平的同时，必须注意市场需求的变化和产业发展的阶段性特点，协调各种房地产产品的供给数量，适时开发新的房地产产品业态，优化房地产业的内部结构。而结构优化反过来又可以促进经济效益的提高。③房地产业效益目标。这里所说的效益目标包括宏观效益和微观效益两个方面。由于房地产业的发展对经济建设、环境建设和居民生活关系密切，因此宏观效益应是经济效益、社会效益和生态效益的统一。微观效益包括劳动生产率、投资回报率和资本利润率等。提高微观经济效益是房地产企业追求的目标，它必须服从宏观效益。只有把宏观效益和微观效益统一起来，才能达到房地产资源配置的高效率。

2. 房地产产业政策的实施手段

房地产产业政策的目标是通过一定的产业政策手段实现的。由于房地产产业政策是一种方向性、导向性的政策措施，因而其实施的方法主要是运用间接的经济性的调控手段，并辅之以必要的行政控制手段。具体来说，包括：①间接的市场调节手段。政府通过财政政策、货币政策、投资政策、技术政策等调节房地产供求关系，充分发挥市场在资源配置中的决定性作用，引导房地产业按政府设定的方向和目标进行经济活动。如按房地产经济运行现实状况，运用税收政策、信贷政策，支持或抑制房地产业的发展速度，使其与相关产业和整个国民经济的发展相适应，稳定健康的发展。②信息引导手段。政府可以利用所掌握的产业发展现状、房地产开发建设总量和结构、市场销售情况、需求变化方向等信息定期发布，使房地产企业获得正确的信息资源；同时，还可以公布中长期的房地产产业政策，使企业明确发展方向。科学的经济信息，诱导房地产企业进行正确的投资决策，及时调整内部结构，稳定市场，促使房地产业正常发展。③直接的行政控制手段。针对房地产业发展中的倾向性问题，政府还可以运用行政权力，对房地产业的发展方向进行直接的行政控制，如城市规划控制、土地供应量控制，以及实施住房制度改革，调整住房政策等，使房地产业的发展符合国民经济发展的整体要求。

3. 房地产产业政策的层次

房地产业本身的特点决定了房地产产业政策也划分为三个层次。

第一个层次是关系国民经济全局的房地产发展政策。这种政策又分为两种类型：一是国家在国民经济和社会发展规划中制定的有关房地产业发展的未来谋划，它主要是规定房地产业的经济地位、作用、发展方式等问题，如我国在"十二五"规划中就提出了"规范房地产市场秩序，抑制投机需求，促进房地产业平稳健康发展"、"研究推进房地产税改革"等政策主张，对于房地产相关部门制定更加细化的实施政策提供了依据；二是房地产业发展的专项规划和政策，它主要规定的是房地产业发展的规模和速度、影响商品房市场供给量和市场需求量的相关政策等。如《全国房地产业发展"十三五"规划》、《"十三五"城镇住房建设规划和中长期建设规划》等，这些都是关于房地产整体持续健康发展的指导性产业政策。

专栏10-4　"城镇化"催生房地产发展新格局

2014年3月16日，《全国新型城镇化规划（2014—2020）》颁布，是今后一个时期指导全国城镇化健康发展的宏观性、战略性、基础性规划。城镇化是我国扩大内需的最大潜力所在；城镇化和市民化齐头并进，会形成巨大的内部需求，同时也将推动房地产行业发展，尤其是二三线城市房地产行业的迅猛增长。

从需求的角度来看，推进房地产市场发展主要有两方面。一方面是集中爆发的存量需求，另一方面快速推进的城镇化引发了同步飙升的增量需求。从2000年到2013年，中国城市化率从36.22%提高到53.7%，提高了17.48个百分点，新增城镇人口约2亿余人，这部分人口的住房需求是个庞大的数字，假设人均住房面积为30平方米，那么2亿人口的住房需求量将达到60亿m^2。

第一，城市群发展壮大，拉动房地产业迅猛发展。从2005年到2010年，我国13个国家级城市群的商品住宅销售额占全国地级以上城市比例从79.92%增长到了80.84%，集中度进一步提高。新型城镇化背景下，国家级城市群加快转型升级，新兴城市群加速崛起，将以其一体化的规模经济、范围经济效应推动房地产业迅猛发展。

10 房地产经济周期与宏观调控

> 第二，城镇化质量提高，房地产业与经济及社会发展进一步匹配。新型城镇化意味着先通过工业化、信息化、农业现代化提供大量的非农岗位，再为这部分逐步脱离土地致富的"新的城里人"提供长久安身的住所，从而有效突破片面土地城镇化带来的陷阱。在大量非农业就业机会支撑之下，城市社会和经济将趋向于更加繁荣与稳定，房地产业与之更匹配，也将获得更大的发展动力。
>
> 第三，随着中小城市能级提升，房地产业市场更加广阔。在城市群内部实际上存在着不同的圈层结构，核心城市的扩散存在着紧密的圈层效应，房地产市场更是如此。未来新型城镇化的发展过程中，邻近经济实力强劲的核心城市将给中小城市房地产业的发展带来巨大的发展机遇，距离核心城市的地理距离起到重要作用。伴随着中小城市的进一步崛起，中国房地产市场容量将进一步提升。
>
> （资料来源：孙秀峰，超级房企布局"城镇化"时代，生活报，有补充）

第二个层次是房地产行业内部的各类政策。主要包括：土地使用制度政策、城镇住房制度及其基本政策、产业内部各类房地产商品比例结构政策、房地产综合开发和综合经营政策、培育和完善房地产市场体系政策、房地产行业管理政策等。

第三个层次是各类房地产政策体系中更为具体化的政策。如规范土地市场的一级土地市场国家垄断政策、土地使用权出让与转让政策、征地拆迁政策等；规范房地产市场运行的房地产市场交易政策、房地产价格政策、房屋租赁政策、物业管理政策等；实施城镇住房制度的住房供应政策、住房公积金制度、住房分配政策等。

专栏10-5 从海外经验看租售同权政策对房市影响

（1）中央和地方政府密集出台租赁新规，鼓励"租售同权"，其政策出台的背景：构建房地产长效机制，高房价下保障民生的诉求。"租售同权"在7月17日广州的租赁新政中被明确提出，7月20日住建部等9部委出台租赁新政，地方政府密集跟随。1998年房改以来，我国房价出现持续大幅上涨，一线城市房价10年6倍涨幅，房价收入比高企，深圳以39.8倍位列全球第一，居民购房压力大。为稳定房价，政府提出构建房地产长效机制。租售同权及租赁市场发展是加快房地产市场供给侧改革和建立购租并举住房制度的重要内容，也是实现住有所居目标的重大民生工程。

（2）"租售同权"政策本质：主要围绕户籍权益和公共服务权益，各地同权程度不同。目前购房所享权利远远超过租房，"租售同权"意味着大方向上，"租"的权利要向"住"靠拢。产权层面，购房拥有房屋产权，而租赁不拥有房屋产权，主要受合同法约束，权利不明晰。鉴于承租人和出租人的商业合同关系不会改变，租赁权利不会超越房屋产权;房屋附加值层面，房屋产权、户籍与公共服务的交叉捆绑使得购房享有的公共服务权利远远超过租房，公共服务是租售同权的"权"的本质所在。当前出台的"租售同权"政策有两个主要特点：①先"住"后"权"政策导向明确；②同权的形式和程度不一，包括无锡、济南等的"租房可落户"，杭州的"租购同分"，成都、合肥等的"有条件的享受基本公共服务"等。

（3）国外经验：在公共资源上基本已经同权，得益于住房体系完善、租赁市场占比高、立法到位等。国内要实现租售同权，关键在于：其他住房政策的完善、户籍与公共权益的松绑以及供给侧上优质资源的扩张。德国：住房是国家福利体系的一部分，租赁市场占比近半，"四大支柱"立法保障，租金管制、解约保护到位。新加坡：类似保障住房的组屋占比82%，居者有其屋。美国：租售同权，租赁占比37%，LIHTC计划、畅通的融资渠道保障租赁供给，HCVP促租赁需求，住房体系完善。

（4）受制于公共资源分配不均和户籍与公共服务的捆绑关系难以在短期消除。"租售"在很长一段时间都不可能完全同权，租售同权或将在不同城市出现分化。资源高度紧缺的核心一线城市主要同教育权，二线城市设一定门槛同户籍权，其他城市则探索直接同户籍权。

（5）对房价、房租的短期、长期影响：租售同权是房地产长效机制的有力抓手，影响主要在于长期，而短期影响相对有限。房价：长期，租售同权分流购房需求将降低房地产波动性，促进房地产稳定发展；短期，因难以撼动市场核心矛盾（住房配套的稀缺资源的供需不平衡），进而单一依赖"租售同权"政策来抑制房价的作用短期有限。房租：长期稳步上涨，短期上涨不明显。房租是消费品，和收入关系更为密切，我国房租收入弹性长期在1左右。因此租售同权增加租赁需求叠加长期收入上涨将带动租金稳步上涨，短期房租上涨不明显。

（资料来源：从海外经验看租售同权政策对房市影响，http://www.sohu.com/a/201020157_204629）

区分上述三个层次，主要目的在于明确不同层次的房地产产业政策的决策机构应有的权力和所承担的决策责任，以确保房地产产业政策的科学性。

10.4.2 房地产经济宏观调控中的货币政策

1. 货币政策的涵义和主要任务

一般意义上的货币政策，是指一个国家的中央银行通过一定的措施调节货币供应量，进而控制货币的投放量和需求量，最终达到总量平衡目的的政策手段。总量平衡即社会总供给和总需求的平衡。社会总供给是指能够向市场提供的各种最终产品和劳务，它是由投资量和投资规模决定的，与货币投放量直接相关。社会总需求指的是有效需求，它是由货币供应量及其周转速度所体现的现实购买力形成的。调节货币供应总量，就可以使之体现的社会总供给与社会总需求的规模相适应。所以，货币政策是宏观调控最重要的手段。

运用货币政策对房地产经济实施宏观调控，核心是控制投入到房地产业上的货币供应量，主要体现在以下三方面：一是控制货币投放量，以保证货币供应适应房地产业发展的需要；二是控制房地产业的投资规模，使房地产市场供给量与需求量达到动态平衡；三是控制房地产信贷总规模，使之既能满足房地产开发经营和支持居民购房的资金需求，又能防止过度膨胀，确保信贷平衡。

2．货币政策的主要工具

货币政策对房地产经济宏观调控的作用是通过一定的金融工具来实现的。主要有：

（1）利率政策。利率是货币信贷政策最重要的杠杆。国家可以通过银行运用利率杠杆来调节流入房地产业的货币投放量。当信贷规模过大、资金供应紧张时，提高贷款利率，使房地产开发融资成本上升，抑制开发量；住房消费信贷利息负担加重，减少住房消费贷款，抑制住房需求量。反之，降低贷款利率，则作用相反。

（2）公开市场业务。公开市场业务，是指中央银行在公开市场上，通过买卖有价证券的办法来调节货币供应量，从而调节社会总供给和总需求的金融业务活动。当国民经济出现衰退时，中央银行可以在公开市场上买进有价证券，增加货币供应量，从而刺激投资和消费，促进经济复苏。而当出现经济过热、通货膨胀时，则卖出有债证券，回笼货币，减少货币供应量，从而抑制投资和消费需求，促进经济稳定。公开市场业务不仅从总体上调节房地产供给和需求，而且通过买卖住宅债券，直接调节投入房地产开发和消费的货币供应量，达到控制房地产经济总供给和总需求趋向平衡的目的。

（3）法定存款准备金率。这是指政府规定的商业银行向中央银行交存的存款准备金占总存款量的比例。中央银行通过提高或降低存款准备金数量，影响商业银行的贷款能力，从而控制信贷总量。提高存款准备金率，提高商业银行向中央银行交存的法定准备金，可以使商业银行收缩信贷，从而紧缩货币供应量，抑制投资和消费增长。反之，降低存款准备金率，减少商业银行向中央银行交存的法定准备金，使商业银行可贷资金量增加，扩大货币供应量，鼓励投资，刺激消费。存款准备金率的高低，通过商业银行信贷投放量，使房地产信贷扩张或收缩，从而使房地产总供给和总需求得以有效控制。

（4）再贴现率。再贴现率是指中央银行对商业银行及其他非银行金融机构的再贷款利率。各商业银行主要通过两种方式向中央银行贷款：一是将各种票据如国库券等政府公债，向中央银行再贴现；二是用自己所拥有的政府债券和其他财产为担保，向中央银行贷款。中央银行运用提高或降低贴现率的办法来调节货币投放量。当经济过热时，中央银行通过提高再贷款标准和利率，限制商业银行的融通资金量，紧缩信贷；反之，当经济衰退时，则中央银行通过降低再贷款标准和下调再融资利率，扩大商业银行融通资金量，扩张信贷。再贷款利率的高低直接影响商业银行的信贷规模，从而也调节其对房地产开发投资和消费的贷款总量。

上述金融工具所体现的货币政策对整个国民经济都发挥着关键性的调节作用。作为国民经济重要组成部分的房地产业，它的开发建设和消费都离不开金融业的信贷支持。政府运用货币政策，合理安排流入房地产业的资金总量，就可以达到控制和调节房地产经济发展水平的目的。

专栏10-6 货币政策关键要素对房地产市场的影响途径

房地产兼具消费与投资双重属性，M2、新增贷款、利率等货币要素与房地产市场量价变化息息相关。1998年我国开展住房市场化改革，数年来房地产市场量价规模不断扩大：2000年全国商品房销售面积、销售额分别为1.86亿平方米、3935亿元，2013年末已上升至13.06亿平方米、8.14万亿元。在此期间，宽松的货币政策推动市场上行幅度加大，而货币政策紧缩转向也随之带来房地产市场的量价增速放缓。

1. 货币供应量

在我国，货币供应量统计口径主要分为三个层次：M0、M1、M2，内涵逐渐外延。M1是通常所说的狭义货币量，即现金加上部分活期存款，流动性较强，是国家中央银行重点调控对象；M2就是M1加上企事业单位定期存款、居民储蓄存款等，此类存款不能直接变现，但经过一定的时间和手续后也能转变为现实购买力，因此M2既反映比较活跃的需求，也反映潜在的需求。

由于研究期短、数据样本少以及我国市场的独特性，国内以往的研究成果对货币供应量如何影响房地产市场的结论不一，但随着近年来金融业与房地产业市场化水平均得到显著提升，货币供应对房地产市场量价变化的影响途径也日渐清晰。

2. 信贷结构

我国整体货币投放规模逐年扩大，在此过程中，信贷结构问题逐渐引起关注。信贷结构，是指信贷资金的具体投向，在各个行业、产业、区域以及不同贷款期限上的配置。我国经济结构逐渐转型升级，货币政策中对信贷结构的调整，不仅关系到金融机构自身的资产运作，更是经济发展导向的体现，有助于推动社会经济良性发展。

截至2014年上半年，我国新增人民币贷款增速放缓，总体规模继续扩大。但从结构上来看，支持实体经济发展的导向更为清晰，工业、服务业贷款增长均较为迅速，而房地产贷款则表现平稳。尤其值得关注的是，上半年新增个人购房贷款9389亿元，较去年同期少增239亿元，个贷额度紧缩在影响房地产市场预期的同时直接导致购房需求推迟入市。另一方面，随着棚改等民生工程的推进，保障性住房开发贷款在信贷结构中占据越来越重要的位置。

3. 利率

利率变化具有自动调节资金供求的作用，从需求方面看，若经济主体认为融资成本过高，融资需求就会下降，货币信贷增长放缓，利率会随之回落，进而形成新的均衡。从供给方面看，货币信贷供给增加会使利率水平下降，从而自发起到调节资金供求的作用。

具体至房地产业，随着我国房地产市场的逐步发展，需求结构呈现分化，从购买目的角度主要分为自住需求及投资需求，在此之中又区分为高端、中端及低端需求。对于自住群体来说，房地产是一项重要的耐用消费品；对投资需求而言，它则是具备财富储存功能的投资品。在当前贷款购房成为主流方式的背景下，无论对于何种需求，贷款利率的变化将直接影响购房成本的变化，从而影响购房者的消费和投资计划。

同时，随着利率市场化的推进，银行等金融机构对于开发企业融资需求的选择性差异也在逐渐加大。优质品牌房企往往可以更加低廉的成本通过银行贷款获取资金。随着银行贷款从紧、信托降温、私募过窄等因素影响，中小房企融资难度不断加大。融资成本的差异侧面推动了房地产行业集中度不断提升。

（资料来源：中国指数研究院．我国货币政策变化对房地产市场影响显著，http://hn.house.qq.com/a/20141028/012861_all.htm）

10.4.3 房地产经济宏观调控中的财政政策

财政政策，就是政府运用财政收支的各种工具，通过调节国民收入分配、再分配的方向和规模，以达到经济总量平衡和结构平衡目的的政策手段。在宏观调控中，财政政策具有最直接、最有效的作用。对房地产经济的宏观调控，财政政策也同样起着十分重要的作用。

财政政策的主要内容包括两个方面：一是政府的财政收入政策；二是政府的财政支出政策。

1．税收政策

财政收入政策主要是税收政策，通过税种和税率的变动，来调节社会总供给和总需求。税收对房地产经济宏观调控的作用主要体现在以下两方面：①税收对房地产市场消费需求的调节作用。在房地产市场交易中，税种增加、税率提高，将使市场需求减少；反之，则相反。②税收对房地产市场供给的调节作用。对房地产开发企业的税种增加、税率提高，导致开发成本上升，投资的预期收益减少，抑制房地产投资增长率，促使其下降；反之，税种减少，税率下降，投资的预期收益增加，促进房地产开发投资增长率上升。

专栏10-7　我国房产税的发展历程

房产税是以房屋为征税对象，按房屋的计税余值或租金收入为计税依据，向产权所有人征收的一种财产税。现行的房产税是第二步利改税以后开征的。

房产税在中国发展的具体历程大致如下：

1949年——中华人民共和国建立后，政务院发布《全国税政实施要则》（1950年）将房产税列为开征的14个税种之一。

1951年8月——政务院发布《中华人民共和国城市房地产税暂行条例》，将房产税与地产税合并为房地产税。

1973年——简化税制，把对国有企业和集体企业征收的城市房地产税并入工商税，保留税种只对房管部门、个人、外国侨民、外国企业和外商投资企业征收。

1984年——改革工商税制，国家决定恢复征收房地产税，将房地产税分为房产税和城镇土地使用税两个税种。

1986年9月15日——国务院发布《中华人民共和国房产税暂行条例》，同年10月1日起施行，但对住宅免征。

2008年12月31日——国务院公布了第546号令，自2009年1月1日起废止《城市房地产税暂行条例》，外商投资企业、外国企业和组织以及外籍个人，依照《中华人民共和国暂行条例》和内资企业一样缴纳房产税。

2010年9月29日——财政部、国税总局、住房和城乡建设部已经着手准备房地产税的推进工作，传上海、重庆的房地产税试点已经是箭在弦上。

2010年10月30日——传深圳市委市政府会同各部门召开紧急会议，讨论房产税在深圳试点的落实工作，此次房产税征收试点"2个月内将在深圳落实实施"。

2010年11月2日——深圳地税局相关人士开始辟谣。

2011年1月28日——中国的两座直辖市重庆和上海，正式启动对个人住房征收房产税的改革试点工作。

2012年8月12日——30余省市地税部门为开征存量房房产税做准备。

2013年2月20日——温家宝召开国务院常务会议，研究部署继续做好房地产市场调控工作，要求扩大个人住房房产税改革试点范围。

2013年5月18日——国务院批转发展改革委《关于2013年深化经济体制改革重点工作的意见》，确定扩大个人住房房产税改革试点范围，并明确由财政部、税务总局会同住建部等负责。

2013年2月20日——国务院确定扩大个人住房房产税改革试点范围。

（资料来源：刘娇娇．房产税在中国发展的具体历程，广州日报，2013年11月20日。）

2．财政支出政策

财政支出对调节国民收入的分配和再分配，调节社会总需求，调节生产和供给，调整产业结构等方面都有重要作用。从对房地产经济的调节和控制来讲，首先，在财政支出中，增加或减少对房地产开发投资量，会直接影响投资品需求和房地产商品供给量。如近年来国家为扩大内需，增加对住宅建设的投资，既促进了房地产业的发展，又拉动了整个国民经济增长。其次，在财政支出中增加职工工资，实施住房消费补贴，增强了居民购房能力，扩大了住房消费，直接拉动了住房消费需求。再次，通过财政支出结构的变动来调节房地产业在国民经济中的比重，调节房地产业内部各类房地产的比例。如房地产开发建设中，通过增加住宅建设投资、压缩办公用房、商业用房投资，促使房地产业内部结构逐步趋向合理。

10.4.4 房地产经济宏观调控中的投资政策

投资政策是指政府作为宏观经济管理者，根据国民经济发展的总体目标和产业政策的导向，对投资方向、投资规模和投资结构进行调节的政策手段。在市场经济条件下，由于企业是市场经济的主体，也是投资主体，因而除了政府投资可以直接控制之外，主要运用经济手段进行诱导，以达到宏观调控的目标。

1．房地产投资规模控制

房地产投资规模直接关系到房地产业的增长速度及其在国民经济发展中的地位和作用的发挥。房地产投资规模受到一系列因素的制约，因此，政府对房地产投资规模的控制，应重点把握以下准则：①投资目标准则。房地产投资是全社会固定资产投资的重要组成部分，受到一定时期国家经济发展和结构调整总目标的制约，房地产投资规模必须服从宏观经济总目标的要求，避免盲目扩张或过于滞后，寻求一个比较合理的、与国民经济发展相协调的规模。②投资品保证准则。投资品是投资的物质基础。房地产投资必须具备钢材、水泥、木料等建筑材料、土地资源以及相应的配套基础设施条件。必须以此为根据确定投资规模。超过这个限度，会因投资品缺乏而停工待料；如果投资规模过小，也会造成投资品积压，资源浪费。③市场需求准则。任何投资都会形成现实的和未来的生产能力和市场供给，最终都要受到市场需求的制约。房地产投资规模的确定，必须建立在社会对房地产商品市场需求的基础上。20世纪90年代初，由于房地产投资的高回报率，曾误导一些房地产企业盲目扩大投资，不顾市场需求状况，而到20世纪90年代中期建成的商品房集中上市，造成阶段性供给过剩，商品房大量空置，这是一个深刻的教训。所以，政府实施投资政策，要充分利用各种手段，引导房地产企业正确进行投资决策，把房地产投资规模控制在一个合理的区间内。

2．房地产投资结构控制

这里所说的房地产投资结构，是指房地产业内部资金投向各种类型和各个方面的比例关系。主要包括：①房地产投资的客体结构，即投资于生产用房、商业用房、办公用房、游乐设施和住宅等方面各种房地产类型，一般来说住宅建设投资应占主体地位，在住宅中尤以满足中等和中低收入家庭需要的普通商品住宅为主。②房地产投资的时间结构，即房地产投资在各个年份均衡增长，以与市场需求增长相适应。避免因过于集中而引起大起大落，造成阶段性供求失衡。③房地产投资的空间结构，即房地产投资要素在全国各地区中比例关系的合理配置，力求做到地区分布相对平衡。目前我国的房地产投资70%左右集中在东南沿海经济发达地区，过于集中，而中西部地区则相对落后，应作出适当调整。

10.4.5 房地产经济宏观调控中的法律手段

市场经济是法制经济，国家通过规范经济活动的准则来调节市场经济的有序运行。对房地产业进行宏观调控的法律手段，是指政府通过立法和司法，运用法律、法规来规范房地产经济运行秩序，引导房地产业健康发展的方法和手段。法律手段具有强制性、规范性、稳定性，并具有普遍的约束性，是间接宏观调控的重要手段。

广义上的房地产法，是指调整房地产经济关系的各种法律和法规的总和。具体来说，就是指调整公民之间、法人之间、公民与法人及国家之间在房地产权属、开发建设、交易管理等与房地产相关的各种社会关系的法律规范的总称。狭义的房地产法仅指直接调整房地产关系的法律法规，如《中华人民共和国城市房地产管理法》等。与一般法律相比，房地产法具有以下特征：①主体的多样性。任何组织和个人都会与房地产发生这样那样联系，由此形成涉房利益关系，从而使房地产法律关系的权利主体和义务主体呈现多样性。②调整关系的综合性。房地产法调整的房地产关系较为复杂，既包括房地产所有者、使用者、经营者依法享有的所有权、使用权和经营权等各种社会关系，又包括房地产开发、经营、管理以及涉外房地产等各项活动及其引起的纵向、横向的社会关系，因而综合性特征十分突出。③调整手段的交叉性。房地产法属经济法、行政法、民事法下的子法，自然就有三种基本法采用手段的叠合交叉的特点。④权属的基础性。作为不动产的房屋财产和土地财产，其转移并非实际物体发生移位，而是权利主体发生变动（交易和转让），房地产权属的设定转移都必须办理权属登记，所以房地产法律规范是一个以权属为基础的法律规范。运用法律手段规范房地产经济运行，必须充分考虑房地产法的上述特点。

房地产法律手段的调控，是通过立法和司法来实现的。立法是指地产法规的制定。房地产法律体系应当包括：土地征用、土地批租、房地产企业的开发经营、住宅建设、房地产交易以及租赁、抵押、房地产产权登记、房地产估价、房地产金融、房地产售后服务和中介服务等内容，它主要调整房地产方面的经济法律关系、民事法律关系和行政法律关系。我国已公布的房地产法规主要有《土地管理法》、《城市房地产管理法》以及一些有关的条例等，但缺门较多，如住宅法、物权法尚未出台，很不健全，借鉴国外的经验还需花大力气建立房地产法律体系。同时，还要加强房地产司法。近年来随着房地产交易活动的扩大，涉及房经济纠纷明显增多，加强司法工作，能够及时、准确、公正地解决各种纠纷，有力地打击违法犯罪活动，维护正常的房地产经济运行秩序，促进房地产业发展。

10.4.6 房地产行业的行政管理和规划管理

1. 房地产行业行政管理的必要性

行政手段包括行政政策法令、规划以及少量的指令性计划手段等,它是直接的宏观调控手段。相对其他行业来说,房地产行业的行政管理和计划管理更为必要。这是因为:第一,房地产开发与城市建设的发展关系极为密切,盲目布点和开发会导致城市布局结构失衡,而由于房地产是不动产,位置固定,一旦出现失衡,调整极为困难,或者要花费很大代价来调整,因此,必须由政府出面进行统一的城市规划,制定必要的行政法规来加以严格管理。第二,土地是稀缺资源,不能再生,城市土地的合理利用和开发,是直接关系到城市建设可持续发展的重大问题,只有政府通过行政手段,统一管理土地,加强土地规划,才能保证土地资源配置的高效率,避免浪费。第三,市场机制配置房地产资源固然能发挥基础性的调节作用,但同时也存在着盲目性、滞后性等缺陷和弱点,容易引起大起大落等不稳定性,造成供求失衡。因此,政府必须通过行政手段和计划手段,实施必要的行政管理,直接干预房地产经济活动,以保证房地产业的健康发展。正因为上述理由,世界各国政府都加强了对房地产业的行政管理,房地产开发经营已成为各国政府行政干预最深的一个领域。

2. 房地产行业行政管理的内容和作用

房地产行政管理的内容及其作用,大致可概括为以下几方面:

(1)加强土地管理,实施可持续发展战略。土地政策是宏观调控的重要手段。为了保证土地、特别是城市土地的合理利用和节约使用,发挥土地资源的最大效能,政府必须通过行政立法、行政手段等措施,加强土地管理。为此各国政府都制定了《土地法》,我国也已颁布了《土地管理法》,各省市也颁布了一些地区性的土地行政管理条例。针对我国人多地少的国情,更应节约土地,防止滥占耕地等浪费土地资源的情况发生。城市的土地管理,主要是控制土地使用总规模和使用性质、使用方向,实行土地有偿、有期限、有计划使用制度,通过建房基地计划供应控制房地产开发总规模。土地的利用不仅要满足当代人的需要,而且必须考虑后代人的土地需求,以不损害后代人的利益为原则。因此,必须坚定地实施可持续发展战略。

(2)制定房地产开发建设规划,协调与国民经济发展的关系。房地产业是国民经济的重要组成部分,既受到国民经济特别是地区经济的制约,又能促进国民经济和地区经济的发展。适应国民经济发展的要求,各级政府和相关部门要根据实际情况制定房地产开发建设计划,把房地产投资纳入社会总投资规模之中,控制投资增长速度和开发建设规模。计划手段主要突出战略性、宏观性和政策性,应以中长期指导性计划为主,实行必要的指令性计划。

(3)搞好城市规划,保证房地产开发符合城市发展的方向。城市规划是政府行使对房地产业行政管理,调控房地产开发的重要手段。世界各国的中央政府和地方政府都运用《城市规划法》或《城市规划条例》来规范房地产开发行为。城市规划是城市建设发展的整体布局,而房地产综合开发则是其中的一个局部,房地产开发应服从于城市规划的管理,必须坚持从全局出发的原则,才能达到经济效益、社会效益和环境效益的统一,政府通过城市规划对房地产开发进行控制,引导房地产开发向健康的方向发展。我国的城市规划滞后、朝令夕改的现象比较严重,这一调控手段尚未得到有效的发挥。因此要进一步搞好城市规划,强调城市规划的严肃性和全面性,真正发挥其对房地产开发的调控作用。

3. 我国房地产行政管理的发展与完善

近十多年来,我国政府对房地产行业的行政管理采取了一系列重大改革措施,如土地使用制度改革、城镇住房制度改革、房地产行政管理体制改革,并制定了一些专项房地产法律法规,加强了规范化、法制化管理,但仍跟不上房地产业迅速发展、开发规模日益扩大的形势需要。进一步发展和完善对房地产行业的行政管理仍是一项重大任务。一是要认真研究市场机制调节与房地产行政管理的关系,既不能越俎代庖,也不能放任不管。分清哪些由市场机制调节,哪些应由行政管理,把该管的认真管好。二是要正确处理管理与服务的关系,增强以服务为中心的管理观念,为市场经济主体提供优势服务。三是要把国有房地产企业的资产管理与行政管理区分开来,建立国有资产管理和经营机构,专司国有房地产企业的资产管理职责,精简房地产行政管理机构,专司宏观调控职能。四是要健全房地产行政管理体系,加强管理的力度,简化管理的手续,为改变施政机构杂乱、政出多门的状况,可以采取联合办公的形式,集中处理行政管理事务,使之既便捷又达到高效管理的目的。五是要坚持依法管理,增强行政管理的透明度,体现公开、公平、公正的原则,加强民主管理和科学管理,提高管理水平。

思考与练习

1. 房地产经济周期分哪些阶段?各自有何特点?
2. 举例说明房地产经济周期的影响因素。
3. 房地产宏观调控有哪些政策手段?各自有何利弊?
4. 搜集相关资料对讨论国外房产税的征收对我国有何借鉴意义。

拓展知识

房地产经济周期的传导机制

房地产经济周期波动可以看成是房地产经济系统对外部冲击的响应曲线,即在来自房地产经济系统以外的随机性或周期性因素的冲击下,通过房地产经济系统内部传导机制的作用下,出现周期波动的经济运行轨迹。外在冲击机制是系统外在的冲击通过系统内部传导而发生的经济活动,来源于外生变量的自发性变化。内在传导机制是指经济系统内部结构特征所导致的经济变量之间的必然联系和对外在冲击的反应。大多数经济周期模型的内在传导机制表现为围绕稳定平衡点的衰退震荡。经济系统本身的经济周期自我推动,使每一次扩张为衰退创造条件，而每一次衰退又为复苏和扩张创造条件。而连续不相关的外在冲击通过传导机制影响产出，使自我推动的经济周期持续时间和振幅不规则地变动，产生连续且相关的现实周期波动。内部传导机制方面可作如下分析：

（1）利益驱动机制和竞争机制：供应商在有利可图的情况下增加投入，无利可图时减少投入。这是利益驱动机制最直观和最简明的表述。竞争机制则体现了市场中"适者生存"的规律。一方面，利益驱动机制和竞争机制造成了房地产经济波动，但另一方面，房地产商的趋利避害和相互竞争客观上也减缓了波动的加剧。

（2）供求机制和价格机制：供求机制是市场经济运行的普遍机制。市场中商品的供应量和需求量发生变动会导致价格变动，同时价格和其他许多因素的变动也会引起供求变化。价格是市场经济中的信息源泉，企业从价格中看到利润的大小而决定是否进入市场，价格的跌涨左右消费者的消费行为。

（3）乘数-加速数机制：在经济增长中，乘数-加速数机制反映构成总需求的投资和消费之间的作用和反作用过程，以及对总产出的影响。投资支出是总需求的构成部分，为响应产出变化而增加投资，将会通过乘数来增加生产，这又回过头来在加速数的作用下影响进一步的投资。如此循环往复，产生连锁反应。这个机制在房地产经济活动中同样存在。

（4）信贷-利率机制：信用制度的产生极大地促进了生产力的发展，但同时也加重了生产过剩的危机和商业危机。信用制度使利率机制加入到经济周期波动的传导机制中，影响生产者和消费者的行为，加剧了经济波动。利率是外生变量，由于房地产的开发投资与消费都需要大量资金，使利率对投资与消费都产生重要影响。

（5）产业关联机制：产业关联机制反映了国民经济各产业之间前向、后向以及旁侧的关联效应。有的产业主要有前项关联效应，需要超前发展，否则就会对经济产生阻尼效应。有的产业主要具有后向关联效应，需要与具有前向关联效应的产业协调发展。对于房地产经济系统来说，投资部门、建筑部门、中介部门相互间的利益关系、结构关系等关联机制，成为房地产系统的内部传导机制。

（6）经济增长制约机制：任何国家的经济扩张与收缩都不可能是无限度的，存在着扩张的上限约束和收缩的下限约束。房地产经济扩张要受到土地资源、人力资源以及资金的约束；房地产经济收缩则要受到人类生存的基本需要的约束。外部冲击机制是由外生因素导致的，包括：财政政策、货币政策和投资政策冲击，体制变动的冲击、国际政治和经济冲击等。

房地产周期波动的冲击-传导过程就是随机的或者周期性的外生因素冲击，然后通过外部冲击机制传达到房地产经济系统内部，进而引起系统内部的内生因素发生变化，内生因素的变化又由于内部传导机制的存在而引起房地产经济产生周期波动。

（资料来源：罗辉. 中国房地产的周期波动影响因素与传导机制分析［J］. 市场论坛，2011，5：14-16）

学习资源

1. 刘红. 房地产周期与经济周期的互动机理研究 [M]. 北京：新华出版社，2010.
2. 我国历年房地产宏观调控政策（1978～2013年）. http://wenku.baidu.com/view/59e59d17647d27284b7351ab.html.

本章小结

房地产经济周期是指房地产市场曲线围绕着市场均衡水平上下波动，而呈现出相似性、重复性、循环性特征的一种规律。在房地产周期波动过程中，房地产业扩张与收缩相交替的两大阶段和复苏、繁荣、衰退、萧条循环往复的四个环节。汇率、利率、总产出和总收入的波动、政策、人口等都会影响房地产的周期性波动。房地产经济宏观调控指国家运用经济、法律和行政等手段和市场机制，从宏观上对房地产业的经济运行进行监督、指导、调节和控制，实现房地产业与国民经济协调发展的管理活动，房地产经济宏观调控是市场经济的本质要求。

参考文献

[1] 马克思. 资本论 [M]. 北京：人民出版社，1975.

[2] 中共中央编译局. 马克思恩格斯全集 [M]. 北京：人民出版社，1974.

[3] 亚当·斯密. 国民财富的性质和原因的研究（上册）[M]. 北京：商务印书馆，1972.

[4] 阿弗里德·马歇尔. 经济学原理 [M]. 北京：华夏出版社，2006.

[5] Ebenezer Howard. Garden cities of tomorrow [M]. New York: Classic books international, 2010.

[6] 戴维·罗默. 高级宏观经济学（第三版）中文版 [M]. 上海：上海财经大学出版社，2009.

[7] 保罗·萨缪尔森. 经济学（第16版）[M]. 北京：华夏出版社，2002.

[8] 约翰·冯·杜能. 孤立国对农业和国民经济的关系 [M]. 北京：商务印书馆，1997.

[9]（美）戴维. W. 沃克. 牛津法律大词典 [Z]. 北京：光明日报出版社，1988：524.

[10] 沃尔德·克里斯塔勒. 德国南部的中心地原理 [M]. 北京：商务印书馆，1998.

[11] 程恩富，徐慧平. 政治经济学（第三版）[M]. 北京：高等教育出版社，2004.

[12] 中国大百科全书（法学卷）[Z]. 北京：中国大百科全书出版社，1984.

[13] 李德华. 城市规划原理 [M]. 北京：中国建筑工业出版社，2001.

[14] 栾贵勤. 城市经济学 [M]. 上海：上海财经大学出版社，2007.

[15] 周伟林，严冀. 城市经济学 [M]. 上海：复旦大学出版社，2004.

[16] 陈秀山，张可云. 区域经济理论 [M]. 北京：商务印书馆，2004.

[17] 高洪深. 区域经济学（第三版）[M]. 北京：中国人民大学出版社，2010.

[18] 谢经荣，吕萍，乔志敏. 房地产经济学 [M]. 北京：中国人民大学出版社，2013.

[19] 窦坤芳. 房地产经济学基础 [M]. 重庆：重庆大学出版社，2007.

[20] 王国力，林志伟. 房地产开发、产权、产籍与法律制度 [M]. 北京：机械工业出版社，2008.

[21] 简德三，张学文. 房地产经济学 [M]. 上海：上海财经大学出版社，2012.

[22] 丁芸，武永春. 房地产经济学 [M]. 北京：首都经济贸易大学出版社，2008.

[23] 赵旭. 房地产经济学 [M]. 北京：化学工业出版社，2013.

[24] 朱巧玲. 政治经济学 [M]. 武汉：华中科技大学出版社，2010.

[25] 张文洲. 房地产经济学 [M]. 武汉：武汉理工大学出版社，2011.

[26] 金俭. 房地产法的理论与实务 [M]. 南京：南京大学出版社，1995.

[27] 张跃庆，王德起，丁芸．房地产经济学［M］．北京：中国建材工业出版社，2009．

[28] 张永岳．房地产经济学［M］．北京：高等教育出版社，2006．

[29] 仉建涛，崔朝栋．政治经济学［M］．开封：河南大学出版社，2009．

[30] 田素霞，董健文．政治经济学［M］．济南：山东人民出版社，2009．

[31] 高群，樊群．房地产经济学［M］．北京：机械工业出版社，2013．

[32] 赵旭．房地产经济学［M］．北京：化学工业出版社，2013．

[33] 高波．现代房地产经济学导论［M］．南京：南京大学出版社，2007．

[34] 董藩，丁宏，陶斐斐．房地产经济学［M］．北京：清华大学出版社，2012．

[35] 张永岳，陈伯庚，孙斌艺．房地产经济学［M］．北京：高等教育出版社，2005．

[36] 王全民．房地产经济学［M］．沈阳：东北财经大学出版社，2002．

[37] 钱国靖．房地产经济学［M］．北京：中国建筑工业出版社，2010．

[38] 刘守英，周飞舟，邵挺．土地制度改革与转变发展方式［M］．北京：中国发展出版社，2012．

[39] 王莹，唐晓灵．房地产经济学［M］．西安交通大学出版社，2010．

[40] 孔凡文．房地产开发与管理［M］．大连理工大学出版社，2006．

[41] 苗长川．房地产经营与管理［M］．清华大学出版，2009．

[42] 施建刚．房地产开发与管理［M］．同济大学出版社，2006．

[43] 石海均，王宏．房地产开发［M］．北京大学出版社，2010．

[44] 李江，洪青．金融学案例教程［M］．杭州：浙江大学出版社，2010．

[45] 殷红，张卫东．房地产金融［M］．北京：首都经济贸易大学出版社，2008．

[46] 龙胜平，方奕．房地产金融与投资概论．［M］北京：高等教育出版社，2006．

[47] 刘亚臣．房地产经济学．［M］．大连：大连理工大学出版社，2009．

[48] 刘长滨，周霞．房地产金融［M］．北京：中国电力出版社，2008．

[49] 张洪力，薛妹．房地产经济学［M］．北京：机械工业出版社，2008．

[50] 王莹，唐晓灵．房地产经济学［M］．西安：西安交通大学出版社，2010．

[51] 汪晖，陶然．中国土地制度改革：难点、突破与政策组合［M］．北京：商务印书馆，2013．

[52] 建设部课题组．住房、住房制度改革和房地产市场专题研究［M］．北京：中国建筑工业出版社，2007．

[53] 朱亚鹏．住房制度改革：政策创新与住房公平［M］．广州：中山大学出版社，2007．

[54] 张琦，曲波．怎样让人人住有所居——如何理解住房制度改革［M］．北京：人民出版社，2008．

[55] 建设部住宅与房地产业司，建设部住房制度改革办公室．当前住房制度改革政策问答［M］．北京：中国物价出版社，1998．

[56] 国务院住房制度改革领导小组办公室、中国城镇住房制度改革研究会．中国住房制度

改革［M］．北京：改革出版社，1996．

［57］康耀江，张健铭，文伟．住房保障制度［M］．北京：清华大学出版社，2011．

［58］中国注册会计师协会．税法［M］．北京：经济科学出版社，2012．

［59］巴曙松．我国上市房地产企业税收缴纳情况分析［J］．内蒙古金融研究，2010．

［60］杨芷晴．中外房地产税的比较研究［J］时代经贸，2007．

［61］任旭峰．经济理论演进中的土地概念辨析［J］．山东社会科学，2011（6）：101．

［62］刘园，何卓航．房地产业与国民经济关系探析［J］．中国住宅设施，2011：26．

［63］董金玲，刘传哲．美国次级债市场的运作机制及其危机启示［J］．中国管理信息化，2008，1．

［64］杭东．完善我国房地产价格形成机制的思考［J］．上海：上海房地，2014，197：17-18．

［65］刘开瑞，张馨元．个人住房抵押贷款证券化的设计研究．经济经纬［J］．2010，(3)：126-129．

［66］宋爽．我国房地产价格波动影响因素的研究［D］．南京：南京财经大学，2013．

［67］李洪德．中国房地产价格的影响因素研究［D］．黑龙江：黑龙江大学，2011．

［68］李艳双．房地产业与国民经济协调发展研究［D］．天津：天津大学，2003．

［69］中华人民共和国国家统计局．我局印发《三次产业划分规定》［EB/OL］．http://www.stats．gov．cn/tjgz/tjdt/200305/t20030519_16460．html．2003-5-20．